Menschen bewegen – Caritas

Bernhard Frings

Menschen bewegen – Caritas

Lebensbilder aus 100 Jahren Caritasverband für die Diözese Münster (1916–2016)

Aschendorff
Verlag

Herausgegeben vom Caritasverband für die Diözese Münster e.V.

Umschlagabbildung: jock+scott / photocase.de
Umschlaggestaltung: Philipp Czogalla

Herstellung: Caritas Werkstätten Heftzwecke, Arnsberg

www.aschendorff-buchverlag.de

Printed in Germany
Gedruckt auf säurefreiem, alterungsbeständigem Papier ∞

ISBN 978–3–402-13148-0

FSC www.fsc.org
MIX
Papier aus verantwortungsvollen Quellen
FSC® C009051

Inhalt

Geleitwort des Bischofs von Münster Dr. Felix Genn IX

Vorwort des Diözesancaritasverbandes Münster XI

Hinführung 1

Dienst am Nächsten und organisierte Caritas im 19. und 20. Jahrhundert 3

Lebensbilder 17

Bemerkungen und Ausblick 21

Clara Hellraeth (1865–1942) 26

Der Katholische Fürsorgeverein für Mädchen, Frauen und Kinder 26

Lebensbild 27

Luise Floß (1875–1938) 36

Katholische Trinkerfürsorge und katholischer Mädchenschutz . . 36

Lebensbild 39

Professor Heinrich Weber (1888–1946) 47

Die Verbindung von Caritasarbeit und Caritaswissenschaften im Bistum Münster 47

Lebensbild 48

Domkapitular Theodor Holling (1888–1964)
Prälat Dr. Joseph Tenspolde (1886–1959) 58

Der Caritasverband für die Diözese Münster und seine Leitung 1920–1961 58

Lebensbild Domkapitular Theodor Holling 59
Lebensbild Prälat Dr. Joseph Tenspolde 74

Hubert Veroliemolen (1889–1941) 81
Ein Idealbild kirchlich-caritativen Wirkens 81
Lebensbild 82

Prälat Alexander Wähning (1889–1960)
Prälat Ernst Laackman (1888–1968) 89
Geistliche Direktoren, Rendanten, Geschäftsführer 89
Lebensbild Prälat Alexander Wähning 90
Lebensbild Prälat Ernst Laackman 98

Schwester M. Reginalda (Elisabeth) Kuß (1922–2000) 109
Ordensschwestern und Krankenpflege nach 1945 109
Lebensbild 112

Margarete Hillebrand (1915–2006)
Änne Kasper (1910–1999) 121
Im Geist des hl. Vinzenz von Paul: Elisabeth-/Caritas-Konferenzen im Bistum Münster 121
Lebensbild Margarete Hillebrand 124
Lebensbild Änne Kasper 132

Prälat Heinrich Tellen (1914–1972) 141
Caritas in Umbruchzeiten: die 1960/70er Jahre im Bistum Münster 141
Lebensbild 142

Bernhard Tryba (1922–2009) 154
Wandel der Behindertenhilfe 154
Lebensbild 157

Wilfried Knievel (1933–2008) 168
Diözesancaritasverband Münster seit den 1970er Jahren: Fachbereiche und Kommissionen 168
Lebensbild 170

Bernd Bietmann (1936–2005) 182
Regionale Caritasverbände im Bistum Münster 182
Lebensbild 186

Schwester M. Nikola (Renate) Ackfeld (1938–2011) 197
Strukturen der Heimerziehung nach 1945 und das Vinzenzwerk Handorf 197
Lebensbild 201

Leitungsverantwortliche des Diözesancaritasverbands für die Diözese Münster 212

Abkürzungen 213

Bildnachweis 216

Geleitwort

Caritas als liebende Sorge um den anderen, gerade auch hilfebedürftigen Menschen, gehört zum „Markenkern" der christlichen Kirchen – um es mit einem modernen Begriff zu sagen. Der Auftrag, sich der Notleidenden anzunehmen, kommt von Jesus selbst: „Was ihr dem geringsten meiner Brüder getan habt, das habt ihr mir getan." Konkret heißt das für Ihn, Hungrigen zu essen zu geben, Fremde und Obdachlose aufzunehmen, Nackten Kleidung zu geben, Kranke wie auch Gefangene zu besuchen (Mt 25,31–46). In seiner Enzyklika „Deus caritas est" hat Papst Benedikt formuliert: *„Im Laufe der Zeit und mit der fortschreitenden Ausbreitung der Kirche wurde [dann] ihr Liebesdienst, die Caritas, als ein ihr wesentlicher Sektor zusammen mit der Verwaltung der Sakramente und der Verkündigung des Wortes festgelegt."* (Deus caritas est, 22)

Die Herangehensweise an diesen Auftrag hat sich in rund 2.000 Jahren immer wieder gewandelt, aber jeder Christ ist unverändert zu caritativem Handeln aufgefordert. War in der Frühzeit des Christentums die soziale Arbeit direkt den Bischofshäusern zugeordnet, oblagen diese Tätigkeiten später vor allem den Klöstern, aber auch Spitälern, Bruderschaften und anderen Gruppierungen. Ausdrücklich betont Papst Benedikt, dass die christliche Liebestätigkeit des „barmherzigen Samariters" auch organisierter Strukturen bedürfe, die heute in der „diözesanen, nationalen und internationalen" Caritas bestehen. Diese Institutionen „müssen das ihnen Mögliche tun, damit die Mittel dafür und vor allem die Menschen bereit stehen, die solche Aufgaben übernehmen", und gerade deren „berufliche Kompetenz" fördern. (Deus caritas est, 31)

In dieser Verpflichtung steht auch der Caritasverband für die Diözese Münster. Nur in dieser neuen Organisationsform konnte die Caritas zum Zeitpunkt der Gründung des Verbands vor 100 Jahren angemessen auf die sozialen Nöte als Folge von Industrialisierung und Krieg reagieren. Auch heute stellt er seine Notwendigkeit stetig unter Beweis. Gerade in unserer arbeitsteiligen Welt ist es umso wichtiger, die 2.600 Dienste und Einrichtungen der Caritas im Bistum Münster zum Beispiel durch Fortbildungen oder Interessenvertretung zu unterstützen.

Die heute erreichte Qualität der Caritas-Arbeit entsteht dabei aus dem Zusammenspiel der verschiedenen Ebenen. Mit immer neuen Ideen reagieren die haupt- wie ehrenamtlichen Mitarbeiterinnen und Mitarbeiter auf einen Bedarf an Hilfe, den sie in der täglichen Begegnung mit den Patienten, Klienten oder Bewohnern erspüren. Aufgegriffen vom Diözesancaritasverband entstehen daraus neue Angebote, für die auf politischer Ebene die strukturellen und finanziellen Rahmenbedingungen geschaffen werden.

So gelingt es, die Unterstützung für hilfsbedürftige, kranke und alte Menschen in nie dagewesenem Umfang zu organisieren. Dabei wird weder der "Markenkern" aufgegeben, noch erstarrt dieses Hilfe-System an seiner Größe und Komplexität. Wie das gelingt, wird in dieser Festschrift offenbar: Es sind die Menschen, die mit ihrem Engagement, ihrer Kreativität und ihrer festen Glaubensüberzeugung die Entwicklung vorantreiben.

Sie können uns Vorbild sein und sie machen uns Mut. Sie zeigen uns, was sich mit Begeisterung und festem Willen bewegen lässt. Immer wieder hat Gott diese Caritas-Menschen zur rechten Zeit an den richtigen Ort gesetzt und durch sie gewirkt. Mir ist nicht bange, dass dies weiterhin geschehen wird, damit die Caritas in der Diözese Münster und mit ihr der Diözesancaritasverband auch in Zukunft Gottes Liebe zu den Menschen bringen können.

Die Lektüre dieser Festschrift mag dazu beitragen, Menschen zu motivieren, sich diesem Werk der Nächstenliebe zur Verfügung zu stellen.

Dr. Felix Genn
Bischof von Münster

Vorwort

Um die Menschen geht es der Caritas. Und es sind die Menschen, die sie bewegen und sie in ihrer Entwicklung vorantreiben. Sie stehen deshalb im Vordergrund dieses Buches zum 100-jährigen Bestehen des Caritasverbandes für die Diözese Münster.

Wir nutzen diesen Anlass, ein Stück zurückzublicken und die Entwicklung der Caritas dieser Zeitspanne in Lebensbildern von „Menschen der Caritas“ nachzuvollziehen. Wir haben versucht, aus den verschiedenen Bistumsregionen und caritativen Arbeitsfeldern Menschen zu finden, die der Caritas-Arbeit ein Gesicht gegeben und sie mit ihrem Engagement geprägt haben. Dabei sind wir uns bewusst, dass diese kleine Zahl nur stellvertretend für viele andere stehen kann.

Diese Persönlichkeiten waren meist in leitenden Positionen tätig, nur deshalb gibt es von ihnen Überlieferungen und Bildmaterial. Die vielen tausend, die hinter ihnen standen und mit nicht weniger Einsatz Caritas gelebt haben, vergessen wir jedoch nicht. Erst sie haben möglich gemacht, was die hier beschriebenen Menschen angestoßen und vorangetrieben haben.

Der Armen, Kranken, Waisen und Alten hat sich die Kirche von jeher angenommen, viele Einrichtungen und auch Fachverbände wie der Sozialdienst katholischer Frauen oder die Vinzenz-Konferenzen sind älter als der 1916 geründete Caritasverband für die Diözese Münster. Doch Industrialisierung und Erster Weltkrieg erzeugten so viel Not, dass weit mehr soziale Hilfen und vor allem neue Organisationsformen erforderlich waren. Obwohl dem ersten Caritassekretär von seinem Büro aus – ein Raum in seiner Privatwohnung – nur bescheidene Ressourcen zur Verfügung standen, konnte er mit den vielen, auf den unterschiedlichen Feldern tätigen „Menschen der Caritas“ die notwendigen Schritte auf den Weg bringen.

In dieser Tradition verstehen wir uns nach wie vor als der Teil der Caritas, der die Arbeit vor Ort nach Kräften unterstützt und die Dienste anbietet, die sinnvoller zentral gebündelt werden, um gemeinsam für die Menschen da zu sein. Deshalb feiern wir nicht das Jubiläum der Geschäftsstelle des Diözesancaritasverbandes, sondern das erfolgreiche Wirken der gesamten Caritas in der Diözese Münster in den vergangenen 100 Jahren.

Josef Leenders	Heinz-Josef Kessmann
Vorsitzender	Diözesancaritasdirektor

Hinführung

Der langjährige Pressesprecher der Caritas im Ruhrbistum Essen, Rudi Löffelsend, beschrieb 2003 in einem Artikel, warum es aus seiner Sicht bei der Caritas „ganz schön anstrengend" sein könne:

„‚Einheit in der Vielfalt', ein altes Schlagwort im katholischen Verbandswesen, das hierzulande so ausgeprägt ist wie in keinem anderen Land. Selbst bei der organisierten Caritas ist dies ein prägendes Merkmal. Ich bin ja schon ziemlich lange dabei, durch meinen Job als Pressesprecher auch mit fast allem, was die weite Welt der Caritas zu bieten hat, vertraut; aber eben nicht ganz, weil es eine Unzahl von Fachverbänden gibt. Alles hat seine Herkunft, seine Deutung aus einer bestimmten Epoche, seine Begründung in der katholischen Soziallehre und dem Subsidiaritätsprinzip. Dennoch: Es ist nicht so einfach im Alltag und für alle, die nicht tief drin stecken."[1]

Diese Einschätzung hat nichts an Aktualität verloren und trifft in großem Maß auch auf das Bistum Münster zu, wo 2015 immerhin ca. 2.600 katholisch-soziale Dienste und Einrichtungen existieren und sich etwa 55.000 haupt- und 30.000 ehrenamtliche Mitarbeiter in den unterschiedlichsten Bereichen betätigen. Manche der hier erfassten caritativen Häuser und Gruppierungen haben bis ins 19. Jahrhundert zurückreichende Wurzeln, andere sind erst in den letzten Jahrzehnten entstanden. Alle zusammen stehen jedoch für den immensen Wandel, den die Caritas seitdem durchlaufen hat.

Aber im Bistum Münster bestand bereits ein dichtes „caritatives Sozialnetzwerk"[2], als im Sommer 1916 der „Caritasverband für die Diözese Münster" als „Vereinigung der caritativen katholischen Wohltätigkeitsanstalten, Vereine, Pfarreien, Stiftungen und Korporationen in der Diözese" – so in dessen erster Satzung als Zweck des Verbands formuliert – gegründet wurde. Daher war den Verantwortlichen von Anfang an klar, dass die von diesen verschiedenen Einrichtungen und Gruppierungen angebotenen Hilfen durch unterschiedliche Prägungen und vielfach eigenständige Strukturen bestimmt waren. Nicht zuletzt deshalb schlossen sie ausdrücklich „Eingriffe in die Tä-

1 „Kirche von unten" – bei der Caritas manchmal ganz schön anstrengend, in: Caritas in NRW 3/2003, S. 9.

2 Vgl. Meike Wagener-Esser, Organisierte Barmherzigkeit und Seelenheil. Das caritative Sozialnetzwerk im Bistum Münster von 1803 bis zur Gründung des Diözesancaritasverbandes 1916, Altenberge 1999.

tigkeit der einzelnen caritativen Vereine“ aus.[3] Seit 1921 umfasst der Diözesancaritasverband Münster zudem nur noch den rheinisch-westfälischen Bistumsteil, da im Oldenburger Münsterland ein eigener Landescaritasverband ins Leben gerufen wurde.

Wie lässt sich nun vor diesem Hintergrund in einer Festschrift die 100-jährige Geschichte eines Diözesancaritasverbands nachzeichnen? Ein Anspruch auf Vollständigkeit dürfte generell nur schwer zu erfüllen sein, und eine ausschließliche Beschreibung der Aktivitäten der Verbandszentrale – also der Geschäftsstelle – könnte der Vielfalt ehren- wie hauptamtlicher caritativer Hilfen im Bistum nicht annähernd gerecht werden. Außerdem müsste auf anschauliche Weise zu erkennen sein, dass caritatives Wirken trotz aller organisatorischen Notwendigkeiten von seinen Ursprüngen her entscheidend auf Mitmenschlichkeit gegründet ist.

Eine Antwort auf diese Anfragen können Lebensbilder von „Menschen der Caritas“ sein. Denn sie bieten die Möglichkeit, anhand des spezifischen Wirkens dieser Personen wenn auch nicht alle, so doch viele caritative Felder in den Blick zu nehmen. Dabei lassen sich durch einen entsprechenden Aufbau der einzelnen Biografien auch über die jeweilige Lebenszeit hinaus Entstehung und Entwicklung der Hilfsbereiche bis in die Gegenwart darstellen. Außerdem eröffnen sich unterschiedliche Perspektiven, sofern nicht nur die Leitungsebenen des Diözesanverbands wie auch der Einrichtungen und Dienste, sondern ebenso direkt „vor Ort“ tätige Helfer beleuchtet werden.

Bei der sorgfältigen Auswahl dieser Lebensbilder gilt es gleichzeitig, trotz der Größe des Bistums Münster möglichst viele verschiedene ländliche und städtische Regionen abzubilden, zu denen bis zur 1958 erfolgten Errichtung des Bistums Essen weitaus mehr Teile des Ruhrgebiets als heute zählten. Des Weiteren wird – auf 100 Jahre verteilt – ein halbwegs ausgewogenes Verhältnis zwischen Männern und Frauen, Geistlichen bzw. Ordensleuten und Laien sowie Hauptamtlichen und Ehrenamtlichen angestrebt. Schließlich sollten verständlicherweise nur „Menschen der Caritas“ Eingang in die Liste finden, die bereits verstorben sind.

Lebensbilder sind grundsätzlich nur in ihrer Zeitgebundenheit wirklich nachzuvollziehen. Dies betrifft etwa das familiäre Umfeld, das meist nachhaltig Grundeinstellungen prägt. Für Lebensbilder, die zudem Zusammenhänge

3 Satzungen für den Diözesan-Caritasverband Münster v. 26. Juli 1916, in: Archiv DiCV Münster, Ordner Ordnungen und Satzungen.

caritativen Wirkens verdeutlichen sollen, spielen darüber hinaus besonders die gesellschaftlichen, sozialpolitischen und kirchlichen Rahmenbedingungen der betreffenden Zeitspanne in ihren regionalen Bezügen sowie mit ihrer Vor- und Nachgeschichte eine wichtige Rolle. Nicht zuletzt zwei Weltkriege mit ihren vielfältigen Folgen erwiesen sich auch für die Caritas als einschneidende Ereignisse. Ein grober Leitfaden kann die Einordnung der Lebensbilder erleichtern helfen.

Dienst am Nächsten und organisierte Caritas im 19. und 20. Jahrhundert

Caritas zwischen Säkularisation und dem Ende des Kaiserreichs (1800–1918)

Die ersten dieser Biografien betreffen Personen, die in das von Preußen bestimmte Deutsche Kaiserreich hinein geboren wurden. Dreiklassen-Wahlrecht und das auch nur für Männer, starkes Nationalbewusstsein sowie strenge bürgerliche Normen, aber auch im Zuge der Industrialisierung enorm wachsende Städte mit einem hohen Anteil an Arbeitern kennzeichneten mit wenigen Stichwörtern diese Epoche. Für die Stellung der Katholiken innerhalb dieses Gefüges war der Kulturkampf (1871–1886/87) – also die Auseinandersetzung des preußischen Staats mit der katholischen Kirche – ein Meilenstein. Gerade im Bistum Münster wurde er mit großer Härte geführt. Er rief für Jahrzehnte beim katholischen Bevölkerungsteil ein Gefühl des Unterdrücktseins hervor und festigte gleichzeitig das so genannte „katholische Milieu“.[4]

Einen wichtigen Bestandteil dieses Milieus bildete das weite Feld der Caritas. Dabei waren noch zu Beginn des 19. Jahrhunderts die caritativen Wirkungsmöglichkeiten im Zuge der Säkularisation drastisch eingeschränkt worden, da etwa die Klöster aufgehoben wurden und die kirchlichen Instanzen das Verfügungsrecht über ihre sozialen Stiftungen verloren. Rund 50 Jahre später kristallisierten sich jedoch drei neue tragende Säulen caritativen Wirkens heraus, die nicht selten miteinander verzahnt waren: caritativ-tätige Ordensgemeinschaften, Laien-Vereine und Anstalten.

4 Vgl. Wilhelm Damberg, Moderne und Milieu 1802–1998 (= Geschichte des Bistums Münster, Bd. 5), Münster 1998.

In der Diözese Münster waren beispielsweise mit den Clemensschwestern (bereits 1808), den Mauritzer Franziskanerinnen, Vorsehungsschwestern, Schwestern Unserer Lieben Frau, Franziskanerinnen von der Buße und der christlichen Liebe, Schwestern vom Guten Hirten, Töchtern vom Hl. Kreuz und den Hiltruper Missionsschwestern Gemeinschaften ins Leben getreten, die ihre Mutter- bzw. Provinzhäuser in der Diözese Münster hatten. Die Schwestern galten als entscheidende personelle Basis für die Gründung von Krankenhäusern und anderen Anstalten, die wiederum oftmals in Trägerschaft von Stiftungen oder Pfarrgemeinden standen. Auf Pfarrebene bemühten sich vermehrt etwa Vinzenz- und Elisabethvereine vor allem um die Linderung materieller Not. Ihre Mitglieder sahen durch ihr caritatives Engagement nicht zuletzt die Möglichkeit, sowohl das eigene Seelenheil als auch dasjenige der Hilfsbedürftigen zu befördern. Dieses ebenfalls wieder belebte Verständnis kam gerade beim Almosengeben zum Ausdruck.

Allerdings sah sich auch die Caritas im Bistum Münster während des letzten Viertels des 19. Jahrhunderts durch die so genannte „Soziale Frage" nachhaltig gefordert. Denn die Industrialisierung erreichte nach und nach auch das Diözesangebiet – zunächst am Südrand des rheinisch-westfälischen Teils und entlang der niederländischen Grenze. Damit verbunden war eine immense Bevölkerungswanderung in die Städte, in denen eine breite industrielle Unterschicht, das Proletariat, entstand.

Die große Armut dieser Menschen zeigte völlig neue Problemstellungen auf, die mit den traditionellen Formen tätiger Nächstenliebe allein nicht mehr zu bewältigen waren. Z. B. führten die schlechten Wohnbedingungen und hygienischen Verhältnisse zu einem Anwachsen von Krankheiten wie etwa Tuberkulose, zu Alkoholismus, Verwahrlosung der Kinder und Jugendlichen oder zu Prostitution. Neue Vereine wie der „Verein für katholische Arbeiterkolonien in Westfalen" (1887) oder der „Katholische Fürsorgeverein für Mädchen, Frauen und Kinder" (KFV Münster: 1902) nahmen sich bewusst dieser Aufgaben an, wobei ihre Mitglieder aus bürgerlichen Gesellschaftsschichten stammten.

Für das zukünftige caritative Handeln erhielten zum zweiten die in den 1880er Jahren verabschiedeten Sozialgesetze (Krankenversicherung, Unfallversicherung, Alters- und Invaliditätsversicherung) immer größere Bedeutung. Sie betrafen zwar vorerst nur einen relativ kleinen Bevölkerungsanteil und konnten nur typische Lebensrisiken abdecken. Denn im Falle des individuellen Scheiterns eines Menschen musste nach wie vor die Fürsorge greifen. Trotzdem veränderten die Gesetze die traditionellen caritativen Denk- und Handlungsmuster. So verschob die Absicherung zentraler Risiken der Arbeiter durch die zunehmende Übernahme von Kosten für Pflege oder Altersversorgung durch Arbeitnehmer, Arbeitgeber und den Staat auch den Beitrag der Caritas immer mehr von den direkten materiellen Hilfen in Richtung Personalgestellung und Trägerschaft von Einrichtungen.

Zudem hatte gerade im Bereich der kommunalen Armenfürsorge eine wachsende Professionalisierung und Bürokratisierung „Sozialer Arbeit" eingesetzt, sodass hier nach und nach ehrenamtliches Engagement zurückgedrängt wurde. Obwohl die neuen Strukturen kirchlicherseits anerkannt wurden, riefen sie doch auch Kritik hervor. So monierten Kirchenvertreter eher rückgewandt, dass nun den Hilfen die persönliche Begegnung fehle und daher aus Nächstenliebe erfolgendes barmherziges Verhalten nicht mehr möglich sei.

Dagegen reagierte der 1880 als Zusammenschluss rheinischer Industrieller und so genannter Arbeiterfreunde gegründete Verband „Arbeiterwohl" mit seinem langjährigen Generalsekretär, dem Priester und Reichstagsabgeordneten Franz Hitze, auf diese Entwicklungen mit zukunftsweisenden Vorschlägen. Zudem ermutigte und bestätigte Papst Leo XIII. 1891 mit der ersten Sozial-Enzyklika „Rerum Novarum" diese katholische Sozialbewegung, die im Bistum Münster einen hohen Stellenwert besaß. Immerhin richtete die Philosophische Fakultät der „Akademie" Münster – seit 1902 wieder Universität – zwei Jahre später einen Lehrstuhl für Christliche Sozialwissenschaften ein, der bis 1920 der einzige im Deutschen Reich bleiben sollte. Erster Lehrstuhl-Inhaber war Franz Hitze.

Die wissenschaftliche und sozialpolitische Auseinandersetzung mit der „Sozialen Frage" wirkte sich bald auf die praktische Caritastätigkeit aus. Es zeigte sich immer deutlicher, dass die weiterhin unübersehbare Vielfalt der caritativen Bemühungen gerade im Zeichen der großen sozialen Probleme einer Gesamtplanung bedurfte. Als im Oktober 1891 in Bocholt die elfte Generalversammlung des Verbands „Arbeiterwohl" stattfand, wurde diese Notwendigkeit zu einem zentralen Punkt der Veranstaltung. Der Tagungsort war offenbar mit Bedacht gewählt, da die Textil-Stadt Bocholt wegen ihrer Wohlfahrtseinrichtungen für Arbeiter und ihres regen kirchlich-sozialen Vereinslebens bekannt war. Die Versammlung kritisierte besonders die mangelnde Publizität wie Koordination der katholischen Wohltätigkeit. Der Grundgedanke eines Zusammenschlusses der breit gefächerten caritativen Vereine und Anstalten bestimmte fortan immer wieder die Diskussionen der Caritasvertreter in der Diözese Münster.

Am 9. November 1897 gründete der bischöfliche Kaplan Lorenz Werthmann in Freiburg den „Caritasverband für das katholische Deutschland“, der 1909 in „Deutscher Caritasverband“ (DCV) umbenannt wurde – evangelischerseits war bereits 1848 der Central-Ausschuss der Inneren Mission ins Leben getreten. Dabei flossen auch die Erfahrungen der Caritasarbeit im Bistum Münster in die neuen Strukturen ein. Als Ziel des DCV galt die planmäßige Förderung aller caritativen Initiativen im katholischen Deutschland. Diese konfessionelle Abgrenzung blieb bis auf wenige Ausnahmen von großer Bedeutung. Die Gründung weiterer Caritasverbände und Fachorganisationen, aber auch die Schaffung einer wissenschaftlichen Basis sowie caritative Bildungs- und Öffentlichkeitsarbeit sollten ein erfolgreiches Wirken gewährleisten.

Der wichtige Unterbau in Form diözesaner und örtlicher Caritasverbände kam jedoch kaum voran. Hauptgrund waren die fehlende Anerkennung und Unterstützung durch die meisten deutschen Bischöfe, die ihren Einfluss auf den DCV nicht ausreichend gegeben sahen. Daher existierten 1915 lediglich acht Diözesancaritasverbände und 25 Ortscaritasverbände.[5]

Der Erste Weltkrieg führte auch in dieser Frage zu einem Kurswechsel. Er bedeutete für alle Bereiche des gesellschaftlichen Lebens in Deutschland einen tiefgreifenden Einschnitt. Vielfach ergaben sich extreme Anforderungen, die nur durch neue spezifische Wege gemeistert werden konnten. Dies galt auch für fürsorgerische Maßnahmen, da nun außerhalb der traditionellen Armenfürsorge im Rahmen der so genannten Kriegswohlfahrtspflege etwa die Familien der eingezogenen Soldaten oder Kriegsversehrte wie -hinterbliebene zu versorgen waren. Daneben etablierte sich die Kriegsfürsorge, um der anwachsenden Massennotstände, die immer weitere Bevölkerungsteile erfassten, Herr zu werden. Letztlich wurde der Krieg zum „Vater des Sozialstaats“. Nun unterstützte nicht mehr die private Wohltätigkeit die öffentliche

5 Andreas Henkelmann, „Wir sind nicht eine Organisation von hauptamtlichen Kräften, wir sind eine Gemeinschaft caritativer Gemeinden!“ Pfarrcaritas als Profilbildung des Deutschen Caritasverbandes im Wohlfahrtsstaat, in: ders. u.a., Abschied von der konfessionellen Identität? Diakonie und Caritas in der Modernisierung des deutschen Sozialstaats seit den sechziger Jahren, Stuttgart 2012, S. 62.

Fürsorge, sondern private Fürsorgeinstitutionen erhielten für ihre Aktivitäten umfangreiche öffentliche Mittel.[6]

In dieser Situation erkannten auch die Bischöfe, dass die Caritas dringend handlungsfähiger Dachverbände bedurfte. Zudem waren Strukturen erforderlich, die die immer unzureichendere Finanzierung des DCV sicherstellen sollten. 1916 entschied die Fuldaer Bischofskonferenz schließlich, den DCV anzuerkennen. Im Gegenzug erhielten die Bischöfe mehr Mitspracherechte.

Nun kam es auch zur Gründung weiterer Diözesancaritasverbände, wobei dies in der Diözese Paderborn bereits 1915 geschehen war. Es folgten 1916 die Diözesen Fulda, Köln, Münster, Osnabrück, Trier, 1917 Gnesen-Posen, Hildesheim, Mainz, 1918 Eichstätt, Rottenburg, 1920 Danzig, Passau, Speyer, Würzburg sowie 1921 Augsburg, Bamberg, Görlitz-Cottbus, Regensburg und die Administratur Schneidemühl.

Mit der Gründung des Diözesancaritasverbands Münster, die anlässlich seines 75-jährigen Jubiläums in einer Festschrift ausführlich beschrieben worden ist und daher nur kurz erwähnt zu werden braucht, wurden im Bistum Planungen umgesetzt, die bereits 1913 konkrete Formen angenommen hatten. Im Oktober dieses Jahres fand in Münster der 18. Allgemeine Caritastag statt, auf dem auch die Errichtung eines „Caritasbureaus" in der Stadt angekündigt wurde. Die Umsetzung gelang jedoch erst 1916 durch die Verbandsgründung.[7] Neben dem Vorstand – Weihbischof Theodor Kappenberg wurde zum ersten Vorsitzenden und der Pfarrer an St. Lamberti in Münster, Albert Schütte, zu seinem Stellvertreter ernannt – bestand ein achtköpfiger Geschäftsführender Ausschuss aus in der Caritasarbeit erfahrenen Mitgliedern. Erster Caritassekretär war der Kaplan und spätere Caritaswissenschaftler Heinrich Weber, der in der zweiten Hälfte des Jahres 1916 in einem kleinen Büroraum in Münster mit der schwierigen organisatorischen Arbeit begann.

6 Christoph Sachße, Mütterlichkeit als Beruf. Sozialarbeit, Sozialreform und Frauenbewegung 1871–1929, 2., überarb. Aufl., Opladen 1994, S. 154–159.

7 Wilfried Knievel, Die Gründung des Caritasverbandes für die Diözese Münster im Jahre 1916, in: DiCV Münster (Hg.), 75 Jahre Caritasverband für die Diözese Münster. Rückblicke 1916–1991, Münster 1991, S. 9–47.

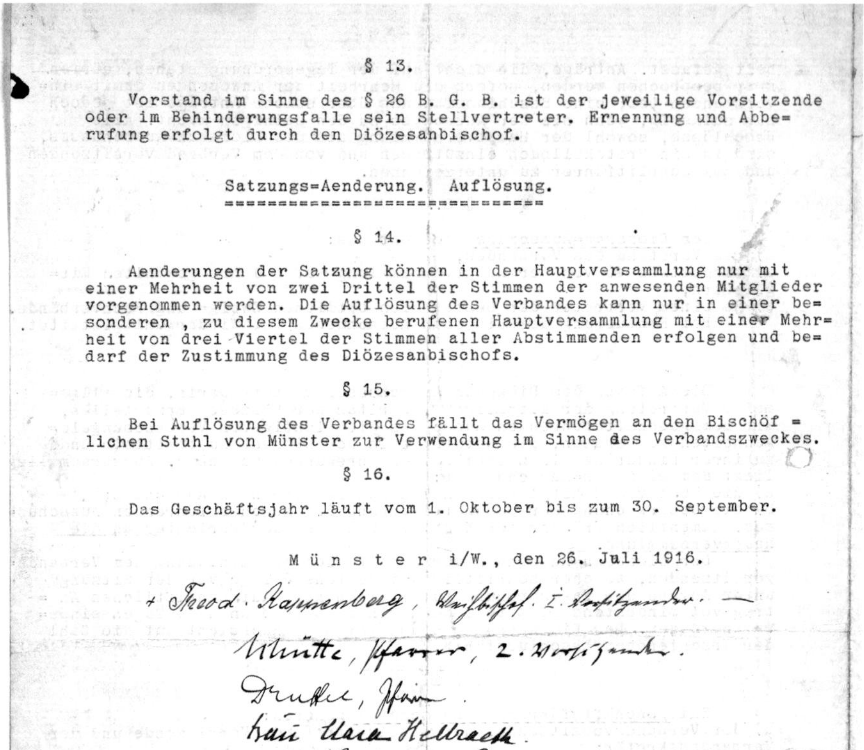

§ 13.

Vorstand im Sinne des § 26 B. G. B. ist der jeweilige Vorsitzende oder im Behinderungsfalle sein Stellvertreter. Ernennung und Abberufung erfolgt durch den Diözesanbischof.

Satzungs=Aenderung. Auflösung.

§ 14.

Aenderungen der Satzung können in der Hauptversammlung nur mit einer Mehrheit von zwei Drittel der Stimmen der anwesenden Mitglieder vorgenommen werden. Die Auflösung des Verbandes kann nur in einer besonderen, zu diesem Zwecke berufenen Hauptversammlung mit einer Mehrheit von drei Viertel der Stimmen aller Abstimmenden erfolgen und bedarf der Zustimmung des Diözesanbischofs.

§ 15.

Bei Auflösung des Verbandes fällt das Vermögen an den Bischöflichen Stuhl von Münster zur Verwendung im Sinne des Verbandszweckes.

§ 16.

Das Geschäftsjahr läuft vom 1. Oktober bis zum 30. September.

Münster i/W., den 26. Juli 1916.

+ Theod. Kappenberg, Weihbischof. I. Vorsitzender. —
Schütte, Pfarrer, 2. Vorsitzender.
Druffel, Pfarrer.
Frau Clara Hellraeth
Dr Killing Prof. G. R. R.
Kochmeyer Stadtdechant.
Friedr. Hüffer

No.809.

"Genehmigt".

Münster, den 9.Februar 1917.

Der Bischof von Münster,

+ Johannes.

5 Mk. – Pf. Stempel sind als Gerichtsgebühr berechnet.

Münster, den 4. Mai 1917

Janssen, Gerichtsschreiber.

Der Verein: Caritasverband für die Diözese Münster mit dem Sitze zu Münster i. W. ist in das Vereinsregister des Amtsgerichts Münster unter Nr. 107 heute eingetragen.

Münster i. W. 4. Mai 1917.

Janssen

Abb. 1: Original-Unterschriften unter der Satzung des Caritasverbands für die Diözese Münster vom 26. Juli 1916: Weihbischof Theodor Kappenberg (1. Vorsitzender), Pfarrer Albert Schütte (2. Vorsitzender), Pfarrer Druffel, Clara Hellraeth, Geheimrat Dr. Killing, Stadtdechant Kochmeyer, und Kommerzienrat Friedrich Hüffer.

Caritas im Wohlfahrtsstaat: Beginn, Gefährdungen und Sozialreform (1919–1961)

1919 konstituierte sich nach dem Ende des Ersten Weltkriegs die Weimarer Republik und schrieb in ihrer Verfassung eine Reihe sozialer Grundrechte wie auch Grundpflichten und damit den Ausbau sozialer Standards fest. Oftmals blieb den staatlichen Stellen zunächst jedoch nichts anderes übrig, als mit Maßnahmen unmittelbar auf die vielen akuten Notlagen zu reagieren, die infolge des Krieges und der sich anschließenden Inflation auftraten. Dennoch konnten 1922/24 mit dem Reichsjugendwohlfahrtsgesetz (RJWG) und der Reichsverordnung über die Fürsorgepflicht (RFV), zusammen mit den „Reichsgrundsätzen über Voraussetzung, Art und Maß der öffentlichen Fürsorge" innovative Meilensteine gelegt werden, wenn auch in den später erlassenen konkreten Ausführungsbestimmungen auf Grund der schwierigen wirtschaftlichen Lage längst nicht alle Vorgaben umgesetzt wurden.

Die Gesetzgebung betonte erstmals die Fürsorgepflicht des Staats. Nun galt die „Hilfsbedürftigkeit" als entscheidendes Kriterium, um öffentliche Leistungen zu erhalten, und „Öffentliche Jugendhilfe" trat ein, falls die Familie den im RJWG formulierten Anspruch nicht erfüllte, dass „jedes deutsche Kind ein Recht auf Erziehung zur leiblichen, seelischen und gesellschaftlichen Tüchtigkeit" besitze. Durch ein differenziertes Wohlfahrtssystem sollten diese Ziele erreicht werden: in der „Offenen Fürsorge" erhielten bedürftige Menschen Unterstützung durch Barmittel und Sachleistungen, die „Geschlossene Fürsorge" versorgte betroffene Personen in Anstalten und Heimen.

Durch die kontinuierliche Regierungsbeteiligung der katholischen Zentrumspartei flossen auch wesentliche Bestandteile der katholischen Soziallehre in die Gesetzgebung ein. So hatte im Sinne des weitgehend anerkannten Subsidiaritätsprinzips die freie Wohlfahrtspflege Vorrang vor der öffentlichen – für den Bereich der Jugendhilfe schrieb der Gesetzgeber die Gleichrangigkeit fest. In der Praxis führte dies zu einem Nebeneinander von öffentlichen und privaten Unterstützungsleistungen. Dabei bestanden neben Caritas und Innerer Mission mit der Zentralwohlfahrtsstelle der deutschen Juden, der Arbeiterwohlfahrt (AWO), dem Wohlfahrtsausschuss der christlichen Arbeiterschaft, dem Deutschen Roten Kreuz (DRK) und der Vereinigung der freien privaten Wohlfahrtseinrichtungen Deutschlands (ab 1932 Deutscher Paritätischer Wohlfahrtsverband) weitere Wohlfahrtsverbände, die erst seit den letzten Kriegsjahren begründet worden waren und sich Ende 1924 bis auf die AWO zur Liga der freien Wohlfahrtspflege zusammenschlossen.

Diese Verbände sahen sich jedoch einer Reihe von Problemen gegenüber. Krieg und Inflation hatten auch den bürgerlichen Mittelstand verarmen lassen. Damit reduzierte sich der Kreis derjenigen Personen erheblich, der zuvor weitgehend die ehrenamtlichen Tätigkeiten getragen hatte. Hinzu kam, dass die staatlichen Stellen bei den Hilfsbemühungen nun auch höhere organisatorische, fachliche und bürokratische Standards einforderten. Letztlich entwickelte sich Soziale Arbeit zunehmend zum Beruf. Gleichzeitig gingen Spenden- und Hilfsbereitschaft spürbar zurück, verloren private Wohltätigkeitsorganisationen und Stiftungen ihre materielle Basis. „Kurzum: die Privatwohltätigkeit alten Stils war nicht länger durchführbar. Die private Wohlfahrtspflege reagierte mit einem Prozeß der Formierung und Zentralisierung.“[8]

In der Diözese Münster setzte Bischof Johannes Poggenburg (1913–1933) 1923 auf Dekanatsebene Geistliche als Caritassekretäre ein, um unter den neuen sozialpolitischen Voraussetzungen die caritativen Bemühungen „vor Ort“ effektiver zu steuern, das eigene Profil zu stärken und vor allem den Austausch mit den neuen Behörden zu intensivieren. Als Mitte der 1920er Jahre eine allgemeine wirtschaftliche Konsolidierung einsetzte, profitierten auch die caritativen Einrichtungen im Bistum etwa von Zuschüssen und kostengünstigen Darlehen, die sie über die Zusammenarbeit mit den staatlichen Stellen erhielten. Auf dieser Grundlage konnten z. B. viele Krankenhäuser und andere Anstalten ausgebaut werden. Gruppierungen wie der KFV, der Männerfürsorgeverein oder die Katholische Trinkerfürsorge vermehrten ebenfalls kontinuierlich ihre Angebote und stellten zunehmend hauptamtliche Kräfte ein.

Dabei handelte es sich in der Regel um Fürsorgerinnen, die eine der katholischen Frauenschulen durchlaufen hatten und nun eine eigenständige Berufsgruppe bildeten. Damit verbunden war jedoch der schon beschriebene Wandel vom persönlichen Dienst am Nächsten zu einer oftmals bürokratischen und versachlichten Tätigkeit unter staatlichen Vorgaben. Die Beziehung zwischen Geber und Nehmer der Hilfen anonymisierte sich durch die Fürsorgerinnen als Zwischeninstanz immer mehr, die jetzt auch staatliche Interessen vertraten. Oftmals ging es nicht mehr primär um die Linderung der Not des Betroffenen, sondern um das Gemeinwohl. Denn Armut und abweichendes Verhalten galten verstärkt als Gefahr für die Ordnung.[9]

8 Sachße, Mütterlichkeit als Beruf, S. 209.
9 Ebd., S. 268f.

Die Ende 1929 einsetzende Weltwirtschaftskrise verschlechterte erneut die allgemeine Lage vieler Menschen in großem Umfang. Bis Anfang 1932 stieg die Zahl der Arbeitslosen in Deutschland von gut 2,8 Mio. auf über 6 Mio. Menschen an. Da sich die finanzielle Unterstützung der Betroffenen durch die Arbeitslosenversicherung sukzessive verringerte und andere staatliche Hilfsleistungen mehr und mehr abgebaut werden mussten, setzte eine neue Massenarmut ein. Im Bistum Münster waren vor allem die industriellen Regionen sehr stark von dieser Entwicklung betroffen. Nicht nur die Elisabeth- und Vinzenz-Konferenzen, sondern etwa auch die Ortsgruppen des KFV waren zunehmend gefordert.

Die Machtergreifung der Nationalsozialisten im Januar 1933 bedeutete für die Verbände der freien Wohlfahrtspflege einen noch tieferen Einschnitt. Denn im Zentrum der nationalsozialistischen Sozialpolitik stand die gesunde deutsche Volksgemeinschaft, der alles Abweichende – wenn nötig mit Zwang – unterzuordnen war. Begriffe wie ‚Volksgesundheit', ‚Rassenhygiene' oder ‚Gemeinschaftsfremde' prägten fortan die Leitlinien, die in wichtigen Punkten des Öfteren gegen die katholische Morallehre verstießen und in den nationalsozialistischen ‚Euthanasie'-Maßnahmen gipfelten.

Mit der Nationalsozialistischen Volkswohlfahrt (NSV) schufen die neuen Machthaber eine eigene Institution der freien Wohlfahrtspflege, die die uneingeschränkte Führung beanspruchte. Nachdem bereits der jüdische Wohlfahrtsverband und die AWO aufgelöst und der „Fünfte" Verband in die NSV eingegliedert worden waren, wurde die Liga zur „Reichsgemeinschaft der freien Wohlfahrtspflege" unter Leitung der NSV umgewandelt, wobei das DRK der „Gleichschaltung" nicht entkam.

Gleichzeitig begann die NSV, die konfessionellen Wohlfahrtsverbände immer stärker gerade aus den Tätigkeitsfeldern zu verdrängen, die für den Absolutheitsanspruch der NS-Ideologie elementar waren. Caritas und Innere Mission sollten bis zu ihrer geplanten Zerschlagung nur noch diejenigen Personen betreuen, die für den Aufbau des Volkes nicht mehr als wertvoll galten. Viele caritative Einrichtungen und Vereine wie z. B. Kindergärten, Handarbeits- und Kochschulen oder Adoptionsvermittlungen waren daher auch im Bistum Münster von Unterdrückung und Auflösung bedroht. Außerdem durften kaum noch Spenden gesammelt werden. Wie insgesamt das kirchliche Leben konnten auch caritative Aktivitäten oftmals nur noch im engen Raum der Pfarrgemeinde stattfinden.

Der Zweite Weltkrieg hatte mit zunehmender Dauer auch verheerende Auswirkungen auf die trotz aller Beeinträchtigungen nach wie vor vielfältigen caritativen Bemühungen. Sowohl die Einberufungen vieler, im sozialen Bereich tätiger Mitarbeiter zum Militär als auch die vermehrten Zerstörungen der Krankenhäuser und anderen caritativen Einrichtungen durch die alliierten Luftangriffe sorgten neben den Bedrängungen der Nationalsozialisten für katastrophale Verhältnisse.

Die totale Kapitulation am 8. Mai 1945 brachte das Ende der Kampfhandlungen und den Zusammenbruch des ‚Dritten Reichs' sowie die Besetzung durch die Siegermächte. Die nachfolgenden Jahre waren durch vielfältige Notlagen gekennzeichnet. In den oftmals zerstörten Städten fehlten Wohnungen, die Infrastruktur war schwer beschädigt, Evakuierte und Kriegsgefangene mussten rückgeführt, immer mehr Flüchtlinge und Vertriebene aufgenommen werden. Dabei war die Versorgung der Bevölkerung mit Nahrungsmitteln, Kleidung und Heizmaterial kaum gewährleistet.

Neben direkten Hilfen – so etwa Lebensmittelgaben für Bedürftige – liefen schon bald organisierte Hilfsmaßnahmen an. Da der DCV und die Diözesancaritasverbände, die trotz aller Eingriffe und Verbote der Nationalsozialisten das Dritte Reich weitgehend unbeschadet überstanden hatten, von den Besatzungsmächten als unbelastet eingeschätzt wurden, kam ihnen große Bedeutung zu. In der Diözese Münster unterstützten etwa so genannte Patendekanate die jeweiligen Notstandsdekanate, wobei die Geistlichen, die Ende 1945 als Caritassekretäre bzw. -direktoren bestätigt oder neu ernannt wurden, vielfältige Aufgaben zu bewältigen hatten. Gerade die wieder eingerichteten Bahnhofsmissionen oder der Suchdienst des Diözesancaritasverbands galten viele Menschen als Anlaufstationen.

Das 1949 beschlossene Grundgesetz machte die Bundesrepublik endgültig zum Sozialstaat. Zunächst stellten auch die gesetzgeberischen Initiativen der Adenauer-Ära die Bewältigung der Kriegsfolgen in den Mittelpunkt. Aber mit dem Kindergeldgesetz (1954/55), das erstmals ein monatliches Kindergeld von 25 DM ab dem dritten Kind vorsah, und dann vor allem der Rentenreform (1957), die die dynamische Anpassung der Renten an die allgemeine Einkommensentwicklung brachte, begann – nicht zuletzt auch vor dem Hintergrund des deutschen „Wirtschaftswunders" – eine grundlegende Veränderung der Sozialleistungen.

Diese rief bei Theologen, aber ebenso Vertretern der Caritas durchaus auch Kritik hervor. Im Zentrum stand erneut die noch konkreter empfundene

Befürchtung einer Verweltlichung caritativen Engagements, also eines Profilverlusts der Caritas. Denn Werke der Barmherzigkeit oder der Dienst am Nächsten, die nur aus christlicher Überzeugung zu leisten seien, verlören etwa im Zusammenhang mit einem Rechtsanspruch auf Hilfen ihren Stellenwert.

Gleichzeitig weisen die Ergebnisse der in verschiedenen Diözesen durchgeführten Synoden – 1958 im Bistum Münster – für das Feld der Caritas auf eine Verkirchlichung hin. So betonten die Texte die Notwendigkeit, die Strukturen der Pfarrcaritas zu stärken. Wenn dabei auch die Erfahrungen der NS-Zeit eine Rolle gespielt haben, kamen hier doch auch schon zuvor in Gang gekommene pastorale Entwicklungen wie die Liturgische Bewegung zum Tragen. Ihr ging es um die „Erneuerung des gesamten kirchlichen Lebens aus dem Geist der Liturgie", die in der Pfarrgemeinde ihren zentralen Ort besaß. Auf diese Weise sollte auch die Caritas „an der Formung der Kirche mitarbeiten".[10]

Die weitere sozialpolitische Entwicklung verschärfte diese Anfragen. Denn 1961 verabschiedete der Deutsche Bundestag das Bundessozialhilfegesetz (BSHG), das im nachfolgenden Jahr in Kraft trat. Es regelte die staatliche materielle Unterstützung zum Lebensunterhalt neu, die nun jedem Bundesbürger rechtlich garantiert wurde. Im Zeichen annähernder Vollbeschäftigung schienen auch die materiellen Voraussetzungen gegeben.

Fortan gewährte das BSHG Hilfen in besonderen Lebenslagen, um den Betroffenen auch in einer Krisensituation ein menschenwürdiges Leben zu ermöglichen. Damit verbunden war die Vorgabe, dass sich Hilfsbedürftige und Helfer nun auf gleicher Augenhöhe begegnen sollten. Dieses Ziel kam schon im Terminus „Sozialhilfe" zum Ausdruck, der die „Fürsorge" ersetzte. Dem entsprach im Bereich der Sozialen Arbeit, dass – oftmals in Anlehnung an in den USA entwickelte Methoden – nach und nach die beratende Tätigkeit in den Vordergrund rückte. Gleichzeitig erhielten etwa Menschen mit einer Behinderung im Rahmen der so genannten Eingliederungshilfen die materielle Basis, um stärker an den gesellschaftlichen Bezügen teilhaben zu können. Das ebenfalls 1961 auf den Weg gebrachte Jugendwohlfahrtsgesetz (JWG) führte dagegen trotz einiger Neuerungen zu keinem so tiefgreifenden Wandel. Für das Verhältnis zwischen öffentlichen und freien Trägern der Hilfen orientierten sich beide Gesetze erneut am Subsidiaritätsprinzip. Klagen

10 Henkelmann, Pfarrcaritas als Profilbildung, S. 70f.

verschiedener Kommunen vor dem Bundesverfassungsgericht gegen diese Ausrichtung blieben erfolglos.

Caritas im Sozialstaat (1962–2015)

Die 1960er Jahre erwiesen sich gesamtgesellschaftlich als Übergangsphase, in der traditionelle Wertmaßstäbe und kritische Gegenkonzepte – so etwa auf den Feldern Erziehung, Sexualität und Gleichberechtigung – nebeneinander standen und um die kulturelle und politische Vormacht gerungen wurde. Erst nach langen Auseinandersetzungen, die sich am massivsten 1968 in den Studentenunruhen zeigten, entstanden neue und konsensfähige Grundlagen. Entsprechend richtete die 1969 gebildete sozial-liberale Regierungskoalition unter Willy Brandt ihre Politik aus. Sie sah im Ausbau des Sozialstaats eines ihrer wesentlichen Ziele.

Auf diesem Sektor war infolge des BSHG schon einiges in Bewegung geraten, richteten öffentliche wie freie Träger etwa Beratungsdienste in den Bereichen Familien- und Jugendhilfe ein. Bereits 1962 hatte Bundespräsident Heinrich Lübke das „Kuratorium Deutscher Altenhilfe“ gegründet, das z. B. Maßnahmen zur Ausgestaltung der offenen und halboffenen Altenhilfe anregte oder Kommunen bei der altengerechten Stadtplanung beriet. Auf Seiten der Caritas kam es in diesen Jahren vermehrt zur Gründung von Orts-, Kreis- und Dekanatscaritasverbänden, die vielfältige, meist von hauptamtlichen Mitarbeitern getragene Aktivitäten anstießen. Gleichzeitig stiegen auch die Mitarbeiterzahlen in den Geschäftsstellen der Diözesancaritasverbände stark an, die zudem ihre Strukturen den neuen Erfordernissen anpassten.

Allerdings herrschte nach wie vor auf dem Feld der Sozialen Arbeit ein großer Mangel an qualifiziertem Personal, wobei nicht selten unzureichende Arbeitsbedingungen, schlechte Bezahlung und eine zu geringe Zahl an Ausbildungsstätten wichtige Gründe waren. Durch die Errichtung entsprechender Fach- bzw. Fachhochschulen konnte hier langsam Abhilfe geschaffen werden. Im caritativen Raum machte sich während der 1960er Jahre zudem der fehlende Ordensnachwuchs immer stärker bemerkbar.

Neben dem BSHG beeinflussten in dieser Phase vor allem die Beschlüsse des Zweiten Vatikanischen Konzils (1962–1965), das die katholische Kirche an die Gegenwart anpassen wollte, die caritativen Strukturen. Zwar rief es „keine der Liturgiereform vergleichbaren Umwälzungen für die Caritas“ hervor und formulierte „auch kein ausschließliches Caritasdokument", doch lassen sich „eine Fülle von Impulsen" feststellen. Dazu zählte vor allem, dass die Pfarrcaritas durch die „Gemeindecaritas" bzw. „Gemeindediakonie" ersetzt wurde. Entscheidender Unterschied des neuen Modells zur Vorgängerin war der geforderte „Gesellschaftsbezug". Inhaltlich ging es darum, dass die Gemeinde – auch in Zusammenarbeit mit anderen Gruppierungen – in die Gesellschaft hinein wirken solle. Hier galten Sachlichkeit und Fachlichkeit, jedoch weniger theologische Komponenten als erforderliche Grundlage. Damit konnte der Weg vom caritativen zum sozial-caritativen Handeln beschritten werden, das jetzt mit einem verstärkten Engagement in der „Dritten Welt" eine internationale Dimension erhielt.[11]

Während der 1960er Jahre, die auch die zunehmende Auflösung des „katholischen Milieus" brachten, verschwanden außerdem das Almosen mit seiner Bedeutung für das Seelenheil des Gebers und die Begriffe Barmherzigkeit und Nächstenliebe immer mehr aus Sprachgebrauch und Denken vieler Mitarbeiter der Caritas. Nicht umsonst kam es in dieser Zeit – meist nach kontroversen Diskussionen – zur Umbenennung caritativer Vereine. So wurden 1964 aus den marianischen Mädchenschutzvereinen „IN VIA – Katholische Mädchensozialarbeit', 1968 aus dem KFV „Sozialdienst katholischer Frauen" (SkF) und 1971 aus den Elisabethvereinen „Caritas-Konferenzen" (CKD).

Schließlich setzte das Konzil gemeinsam mit den gesellschaftlichen Veränderungen sowohl beim DCV als auch bei den Diözesancaritasverbänden einen Prozess in Gang, der zu Satzungsreformen führte. Dabei sollte der Modernisierung der Caritasarbeit, aber auch einer stärkeren Einbindung in die kirchlichen Strukturen Rechnung getragen werden. Hier sahen etwa die Beschlüsse der von der Deutschen Bischofskonferenz einberufenen Würzburger Synode (1971–1975) vor, in den Generalvikariaten eine Hauptabteilung „Caritas und Sozialarbeit" einzurichten, die sinnvoller Weise in Personalunion vom Direktor des jeweiligen Diözesancaritasverbands zu leiten sei.

Mit der ersten Ölkrise wurden jedoch 1973 nicht nur die „Grenzen des wirtschaftlichen Wachstums" für die moderne Industriegesellschaft, sondern damit auch des Sozialstaats allgemein sichtbar. So wuchsen z. B. die Arbeitslosenzahlen stark an. Im sozialen Bereich bemühte sich die Bundesregierung nun verstärkt, die explodierenden Kosten zu verringern. Unter Bundeskanzler

11 Ebd., S. 97 u. 100f.

Helmut Kohl erhielt die Sozialpolitik Anfang der 1980er Jahre darüber hinaus eine neue Ausrichtung, die die Sicherungssysteme noch drastischer zurückschraubte. Besonders große Einschnitte gab es auf den Feldern der Arbeitslosenversicherung und der Sozialhilfe, die vor dem Hintergrund der mittlerweile herrschenden Massenarbeitslosigkeit immer mehr Menschen – hier vor allem Langzeitarbeitslose, kinderreiche Familien und Alleinerziehende – betrafen. Letztlich sollte der solidarische Wohlfahrtsstaat durch ein Modell gesteigerter Eigenverantwortlichkeit ersetzt werden.

Die deutsche Wiedervereinigung des Jahres 1990 bedeutete gerade für die sozialen Systeme eine große Herausforderung, die mit gewaltigen Transferleistungen und weiteren Einschränkungen verbunden war. Auch mussten in den neuen Bundesländern von den Wohlfahrtsverbänden rasch Einrichtungen und Dienste geschaffen werden. Für die konfessionell ausgerichteten Verbände kam eine spezifische personelle Komponente hinzu, da viele der hier neu eingestellten Kräfte auf Grund ihrer Sozialisation in der ehemaligen DDR über keine konfessionelle Bindung verfügten.

Dennoch konnten mit dem Kinder- und Jugendhilfegesetz (KJHG) von 1990 und der Einführung der Pflegeversicherung (1994) zukunftsweisende sozialpolitische Grundlagen geschaffen werden. Die schon 1988 angestoßene Gesundheitsreform entfaltete dagegen bis in die Gegenwart noch keine Strahlkraft. Wenn im Jahr 2000 4,15 Mio. Menschen im wiedervereinigten Deutschland Sozialhilfe bezogen – 1963 waren es in der BRD 1,4 Mio. –, zeigte dies die großen Belastungen, die die Sozialsysteme zu meistern hatten. Gleiches gilt für die Zahl der Arbeitslosen, die Anfang der 2000er Jahre auf rund 4,4 Mio. anwuchs. Mit dem „Vierten Gesetz für moderne Dienstleistungen am Arbeitsmarkt" („Hartz IV"), das das BSGH aufhob, versuchte die rot-grüne Bundesregierung 2005 durch die Zusammenlegung von Arbeitslosen- und Sozialhilfe eine Entlastung herbeizuführen.

Auch für die Caritas hatte die sozialpolitische Entwicklung seit Mitte der 1970er Jahre zur Folge, sich verstärkt unter marktwirtschaftlichen Vorgaben und der spätestens seit den 1990er Jahren zu konstatierenden Ökonomisierung der Sozialen Arbeit dem Wettbewerb mit anderen freien und privaten Trägern der Wohlfahrtspflege zu stellen. Darüber hinaus wurde es zunehmend wichtiger, für die Menschen, die – trotz aller oder vielleicht auch wegen der sozialpolitischen Reformen in stark anwachsenden Zahl – am Rand der Gesellschaft stehen, Lobbyarbeit zu leisten und bei deutlich schwieriger werdenden Rahmenbedingungen einzutreten.

Lebensbilder

Unter diesen gesellschaftlichen, sozialpolitischen und kirchengeschichtlichen Rahmenbedingungen wirkten auch die 16 „Menschen der Caritas“, deren Lebensbilder die Entwicklung des Caritasverbands für die Diözese Münster nachzeichnen sollen. Da die jeweiligen Zeitspannen ihres caritativen Engagements nicht selten die oben gewählten Epochengrenzen überschreiten, bestimmen entweder der Beginn ihres Wirkens oder direkte Bezüge der konkreten Tätigkeiten bzw. Funktionen die in der Festschrift vorgenommene Reihenfolge.

Den Anfang macht Clara Hellraeth (1865–1942), die die Tochter eines münsterländischen Textilunternehmers war, 1902 zu den maßgeblichen Gründerpersönlichkeiten des KFV in Münster zählte und bis zu ihrem Tod dessen Vorsitzende war. Unter ihrer Leitung konnten auf dem Feld der Gefährdetenhilfe zahlreiche Dienste und Einrichtungen aufgebaut werden, die den münsterischen Verein zu einer der größten Ortsgruppen in Deutschland werden ließen. Zudem gehörte Clara Hellraeth zu den Mitbegründern des Diözesancaritasverbands und der Kreisfürsorgerinnen-Schule (1917) – heute Katholische Hochschule NRW. Das NS-Regime schränkte dann die Wirkungsmöglichkeiten des KFV stark ein.

Ebenso unermüdlich war der caritative Einsatz von Luise Floß (1875–1938), deren Betätigungsfelder die katholische Trinkerfürsorge und der katholische Mädchenschutz waren. Nachdem sie 1910 in Münster in den „Verband abstinenter Katholiken“ (Kreuzbund) eingetreten und gleichzeitig Mitarbeiterin der neu gegründeten Trinkerfürsorge-Beratungsstelle geworden war, übernahm sie 1922 deren Leitung sowie 1926 noch zusätzlich den Vorsitz der Katholischen Mädchenschutzvereine in der Diözese Münster. Neben dem Ausbau eines breit gefächerten Beratungsnetzes für beide Bereiche im weiteren Umland trat sie auf vielen Veranstaltungen in ganz Deutschland als Rednerin auf, um für die Ziele beider Gruppierungen zu werben und Konzepte zu verbreiten.

Der Geistliche Professor Heinrich Weber (1888–1946) war als erster Caritassekretär bzw. -direktor sowie langjähriger Vorsitzender die herausragende Persönlichkeit für den neu gegründeten Diözesancaritasverband in Münster. Gleichzeitig hatte er seit 1922 den Lehrstuhl für Christliche Gesellschaftslehre an der Universität Münster inne. 1935 betraute ihn die Fuldaer Bischofskonferenz mit der Einrichtung und Leitung der Bischöflichen Finanzkammer. Ein

Jahr später erfolgte jedoch im Zuge der nationalsozialistischen Personalpolitik die Zwangsversetzung nach Breslau.

Mit den Prälaten Theodor Holling (1888–1964) und Dr. Joseph Tenspolde (1886–1959) prägten seit Anfang der 1920er Jahre zwei Direktoren rund 40 Jahre den münsterischen Diözesancaritasverband. Während Domkapitular Holling den Verband in den grundsätzlichen Fragen auch nach außen hin vertrat und sich etwa im Dritten Reich offensiv um den Erhalt der Einrichtungen und für das Lebensrecht behinderter Menschen einsetzte, war Monsignore Tenspolde vor allem für die Geschäftsführung der Häuser in Trägerschaft des Verbands verantwortlich und wirkte eher im Hintergrund.

Schon bald nach seinem Tod wurde das besondere Leben des Volks- und Hilfsschullehrers Hubert Veroliemolen (1889–1941) nachgezeichnet. Dabei ging es dem Verfasser darum, die Verbindung zwischen dem intensiven religiösen Leben des Lehrers und seinen Werken der Barmherzigkeit als herausragendes Vorbild darzustellen. Die vielfältigen Hilfen, die er Bedürftigen in Duisburg-Hamborn zukommen ließ, weisen sowohl auf die verschiedenen Notlagen als auch auf die große Bedeutung ehrenamtlichen Engagements in den Ruhrgebietsstädten.

Nicht wenige caritative Einrichtungen im Bistum Münster wurden bis weit in die zweite Hälfte des 20. Jahrhunderts von geistlichen Direktoren geleitet. Für zwei wichtige Bereiche stehen die Prälaten Alexander Wähning (1889–1960) und Ernst Laackman (1888–1968). Schon während seiner Kaplanzeit in Rhede und Ibbenbüren gehörte es zu den Aufgaben Prälat Wähnings, die wirtschaftlichen und verwaltungstechnischen Aspekte der dortigen katholischen Krankenhäuser zu regeln. Von 1927 bis zu seinem Tod leitete er das Prosper-Hospital in Recklinghausen und war zudem Vorsitzender des „Zweckverbands der Krankenhäuser im Ruhrgebiet“ sowie Präsident des „Verbands der Katholischen Kranken- und Pflegeanstalten Deutschlands“. Prälat Laackman fungierte von 1937 bis 1965 nacheinander als Direktor der bischöflichen Heil- und Pflegeanstalten Haus Hall in Gescher und Stift Tilbeck bei Havixbeck. Hier setzte er sich u.a. während des Zweiten Weltkriegs dafür ein, Bewohner und Patienten der Anstalten vor den Maßnahmen der NS-‚Euthanasie‘ zu bewahren.

Elisabeth Kuß (1922–2000) begann nach einer kaufmännischen Ausbildung und einigen Jahren Berufserfahrung 1943 im St.-Franziskus-Hospital in Münster eine Krankenpflege-Ausbildung, die sie 1944 wegen der Kriegslage mit dem Notexamen abschloss. Im April 1945 trat sie in die Ordensgemeinschaft der Mauritzer Franziskanerinnen ein und erhielt den Ordensnamen Schwester M. Reginalda. Nach der Profess war sie von 1948 als Krankenschwester, Stationsschwester sowie als Oberin und Pflegedienstleiterin in Krankenhäusern in Oberhausen, Bottrop, Datteln, Dorsten und zuletzt im Elisabeth-Krankenhaus in Recklinghausen-Süd tätig. Dabei bemühte sie sich besonders um die Errichtung eigener Krankenpflegeschulen. 1986/87 gründete sie zudem mit anderen Mitstreitern in Recklinghausen das „Hospiz zum hl. Franziskus", das das erste eigenständige Hospiz in Deutschland war.

Als an einer Sozialen Frauenschule ausgebildete Wohlfahrtspflegerin mit dem Schwerpunkt der Berufs- und Wirtschaftsfürsorge betätigte sich Margarete Hillebrand (1915–2006) zunächst in der Werkfürsorge. Im Sommer 1946 begann sie beim Diözesancaritasverband in Münster ihre Arbeit als Diözesansekretärin der Elisabeth-Konferenzen. Zwei Jahre später wurde sie „Referentin aller Frauencaritasarbeit in der Diözese", und nach der Umstrukturierung des Verbands war sie von 1972 bis 1978 Referentin des Fachbereichs „Offene Arbeit in den Pfarrgemeinden" in der neu gebildeten Abteilung „Gemeindecaritas". Durch ihre prägende Arbeit beeinflusste sie auch Änne Kasper (1910–1999), die bereits Ende der 1920er Jahre Mitglied des Elisabethvereins der Kevelaerer St.-Antonius-Pfarrei geworden war. 1956 übernahm sie dessen Vorsitz, zu dem einige Jahre später noch der Vorsitz auf Dekanatsebene kam. Vor allem dem beharrlichen Engagement Änne Kaspers war es zu verdanken, dass z. B. 1964 in Kevelaer eine Altentagesstätte eröffnet und 1969 der Dienst „Essen auf Rädern" eingerichtet werden konnten. Auch nachdem sie Anfang 1980er Jahre das Leitungsamt in „jüngere Hände" gegeben hatte, blieb sie der Caritasarbeit etwa im Altenheim-Besuchsdienst verbunden.

Prälat Heinrich Tellen (1914–1972) war bereits während seines Theologiestudiums in Münster Vorsitzender der akademischen Vinzenz-Konferenz. Nach der Rückkehr aus der Kriegsgefangenschaft ernannte ihn der Bischof zum Caritassekretär für das Dekanat Coesfeld. 1950 bis 1956 leitete er als Direktor den Duisburger Caritasverband, ehe er zur Unterstützung der beiden Direktoren zum Diözesancaritasverband nach Münster kam und nach deren Tod bzw. Ausscheiden die Aufgaben des Diözesancaritasdirektors übernahm. 1961 wurde er nach dem Rücktritt Weihbischof Roleffs auch noch Vorsitzender des Verbands. Seine Amtszeit war durch große strukturelle Veränderungen geprägt. Hierzu zählte auch, dass 1971 sein Nachfolger im Direktorenamt erstmals ein Laie war.

Bernhard Tryba (1922–2009), der entscheidend durch die pfarrliche Jugendarbeit geprägt war, betätigte sich nach Autoschlosser-Lehre und Kriegsdienst zunächst als Dekanatsjugendführer in Dinslaken, um dann die Ausbildung zum Jugendwohlfahrtspfleger zu absolvieren. 1951 Leiter der CAJ-Heimstatt in Essen und seit 1955 des Berglehrlingsheims Asterlagen bei Rheinhausen, baute er ab 1968 auf Initiative von Prälat Tellen in Rumeln-Kaldenhausen eine „Beschützende Werkstatt" für Menschen mit einer geistigen Behinderung auf. Aus dieser Urzelle entstanden die „Caritas Wohn- und Werkstätten Niederrhein" (CWWN), die 1990, als Bernhard Tryba den beruflichen Ruhestand antrat, ca. 650 Beschäftigte in den verschiedenen Werkstätten und 140 Wohnheimplätze umfasste.

Wilfried Knievel (1933–2008) fand nach seiner Ausbildung zum Jugendwohlfahrtspfleger Ende der 1950er Jahre zunächst Anstellungen beim Sozialdienst Katholischer Männer in Hagen und Münster. Im Anschluss an eine heilpädagogische Zusatzausbildung wurde er 1967 beim Ortscaritasverband Hagen in verschiedenen Bereichen tätig. 1972 kehrte er als Referent für Gefährdetenhilfe beim Diözesancaritasverband in Münster in seine Heimatstadt zurück. Hier bemühte er sich besonders um die Kreuzbund-Gruppen. Darüber hinaus übernahm Wilfried Knievel von 1974 bis 1993 die Geschäftsführung der „Kommission zum Schutz des ungeborenen Lebens im Bistum Münster". Besonders am Herzen lag ihm außerdem die Caritasgeschichte.

Auch Bernd Bietmann (1936–2005) fand über die Jugendarbeit den Weg in die Soziale Arbeit. In Rheine geboren, wurde er zunächst wie in seiner Familie üblich Textilfacharbeiter, erlangte dann über den zweiten Bildungsweg die Fachhochschulreife und studierte am Caritas-Seminar für Wohlfahrtspfleger in Freiburg. 1962 begann er als Mitarbeiter für den Bereich Jugendfürsorge unter sehr einfachen Bedingungen seine Tätigkeit beim Ortscaritasverband Rheine, dessen Geschäftsführer er 1966 wurde. Im Lauf der nachfolgenden 40 Jahre initiierte er zahlreiche Dienste und Einrichtungen auf nahezu allen Unterstützungsfeldern, sodass das Rheiner „Sozialunternehmen Caritas" Anfang der 2000er Jahre mit fast 1.000 Mitarbeitern der größte Ortscaritasverband im Bistum Münster und zudem einer der größten Arbeitgeber der Stadt war. Außerdem betätigte sich Bernd Bietmann in der Kommunalpolitik und einer Reihe von Fachausschüssen.

Vergleichsweise überschaubar, aber nicht weniger wichtig war das Arbeitsfeld von Schwester M. Nikola (Renate) Ackfeld (1938–2011). Aus einer großen Bauernfamilie des östlichen Münsterlandes stammend und 1960 in die Ordensgemeinschaft der Schwestern Unserer Lieben Frau eingetreten, fand sie 1963 in der Erziehungsarbeit des Vinzenzwerks in Münster-Handorf ihre „Lebensaufgabe". Ohne pädagogische Vorbildung – erst 1967 nahm sie an einem Heimerzieherkurs in Dortmund teil – leitete sie schon bald eine Heim-Gruppe. Von Anfang an erkannte sie den großen Reformbedarf der Heimerziehung auch im Vinzenzwerk und unterstützte intensiv den Anfang der 1970er Jahre eingeleiteten Wandel. Mehrere Jahrzehnte prägte sie die „Landhaus-Gruppe" mit ihrem gewinnenden und zugleich pragmatischen Erziehungsstil.

Bemerkungen und Ausblick

Bereits die wenigen Stichworte, mit denen die 16 „Menschen der Caritas" vorgestellt wurden, lassen erahnen, wie vielschichtig sowohl ihre Persönlichkeiten als auch ihre Tätigkeitsfelder waren. Dem können die für diese Festschrift erstellten Lebensbilder schon auf Grund des kurzen Zeitraums, der für Recherche und Ausarbeitung zur Verfügung stand, nur in Teilen gerecht werden. Dennoch sind immer wieder neben dem roten Faden der diözesanen Caritasgeschichte die individuellen Motivationen, Leistungen und Ergebnisse ihrer caritativen Arbeit, aber auch konkrete Anfragen erkennbar. Vielleicht regen diese Darstellungen der Lebensbilder so zu weiteren ausführlicheren Einzeluntersuchungen an.

Dementsprechend mussten sich die Recherchen zur Verbandsgeschichte auf Unterlagen, die im Diözesancaritasverband überliefert, jedoch noch nicht geordnet sind, und einen im Bistumsarchiv Münster zu findenden Bestand beschränken. Angaben zu aktuellen Entwicklungen ließen sich außerdem in den zuständigen Stellen des Verbands gewinnen. Zu einigen Detailfragen wurden beim Archiv des DCV Auskünfte eingeholt. Wichtige statistische Befunde, aber auch Artikel zu grundsätzlichen Fragen enthielten seit Beginn der 1930er Jahre die Caritasblätter für das Bistum Münster. Das von Wilfried Knievel mit großer Akribie angelegte Privatarchiv bot wichtige Informationen gerade auch in Form von Kleinschriften. Ansonsten wurde in jeweils unterschiedlicher Dichte neben Materialien der betroffenen Vereine, Einrichtungen und Ordensgemeinschaften auf zeitgenössische Publikationen sowie z. B. auf Festschriften, Zeitungsartikel und Nachrufe zurückgegriffen. Zudem konnten Gespräche mit Angehörigen der „Caritas-Menschen" und anderen ihnen Nahenstehenden geführt werden und in die jeweiligen Darstellungen einfließen.

Mit der skizzierten Quellengrundlage sind mehrere andere Aspekte verbunden. Um Lebensbilder wirklich mit Leben füllen, also möglichst auch Kindheit und Jugend der „Menschen der Caritas“ nachzeichnen zu können sowie diese bzw. Weggefährten auch in O-Ton zu Wort kommen zu lassen, bedarf es entsprechender Überlieferungen. Hier stößt man nicht nur bei Ordensschwestern, sondern auch bei „einfachen“ Mitgliedern von Vereinen schnell an Grenzen. So kann es nicht verwundern, dass zumindest für den Zeitraum bis Mitte des 20. Jahrhunderts nur wenige „Frauen der Caritas“ beschrieben werden konnten, obwohl gerade ihr Engagement vielfach die caritativen Strukturen getragen hat. Ebenso fanden daher einzelne caritative Bereiche stärker und andere nur am Rand Berücksichtigung. Letzteres betrifft z. B. die Felder der Altenhilfe oder der Kindergärten.

Von Anfang an war vorgesehen, den 16 Lebensbildern neben der „persönlichen Note“ möglichst einen beispielhaften Charakter zuzuweisen. Klar ist, dass in diesen Lebensbildern Tausende andere „Menschen der Caritas“ zu finden sind, die trotz der hier beschriebenen, teilweise herausragenden Leistungen ebenso einen Platz in dieser Festschrift hätten einnehmen können. Darüber hinaus bezieht der Aufbau der Lebensbilder etwa durch ein markantes Zitat oder eine Statistik in der Regel den größeren Rahmen des jeweiligen Tätigkeitsfeldes oder, wie z. B. bei den Caritasdirektoren, den Blick auf das „große Ganze“ mit ein. Am Ende eines jeden Lebensbilds bieten zudem einige Literatur-Tipps, die die in den Fußnoten genannten Schriften ergänzen, die Möglichkeit zur weiteren Vertiefung der mit den Biografien verbundenen Themen.

Schließlich dürfte in den Lebensbildern zum Ausdruck kommen, dass sich der Caritasverband für die Diözese Münster im Lauf seiner 100-jährigen Geschichte immer wieder den zeitbedingten Anforderungen gestellt hat. Hier spielte oftmals die Verbindung der Geschäftsstelle mit den örtlichen Verbänden, den Vereinen, Diensten und Einrichtungen eine wichtige Rolle. Dazu zählte und zählt auch die Notwendigkeit, sich perspektivisch mit drängenden Problemstellungen auseinanderzusetzen, die sich heute z. B. auf Grund der demographischen Entwicklung für die Altenhilfe ergeben. Fusionen von Pfarreien und Dekanaten bringen auch für die Caritas zunehmend organisatorische und personelle Umstellungen mit sich. Ebenso werfen gerade die Spannungen, die etwa wirtschaftliche Zwänge oder das Verhältnis zwischen hauptamtlichen Strukturen und ehrenamtlichem Engagement hervorrufen, durchaus schmerzhafte Fragen auf.

Diese beschrieb auch Kardinal Lehmann in seiner Fasten-Predigt, die er 2015 zum Thema „Barmherzigkeit will ich, nicht Opfer“ im Dom zu Münster gehalten hat. Wenn Mitleid und Barmherzigkeit in der Caritas „gewiss tragenden Prioritäten“ darstellten, sei es heute ebenso „unerlässlich, die engeren Zusammenhänge von Caritas und Ökonomie viel stärker in Rechnung zu stellen und zu beachten“. Sie „bestimmen mehr und mehr auch den Alltag der Caritasarbeit vor Ort“ und „setzen immer neue Dynamiken frei, die für die traditionellen Anbieter sozialer Dienste rasante Veränderungen ihrer Existenz- und Geschäftsgrundlagen bedeuten“. Doch „Barmherzigkeit“ dürfe beim caritativen Handeln nicht zwischen „Kostendruck“ und „Wettbewerb […] zerrieben werden“. Dies sei „für die christliche Caritas eine sehr große Gefahr“.[12]

Bereits Mitte der 1990er Jahre hatte der münsterische Diözesancaritasverband daher gemeinsam mit den örtlichen Caritasverbänden in einem Leitbild-Prozess diese Diskussion um Glaubwürdigkeit und Stärkung eines erkennbar spezifischen Profils der Caritas aufgegriffen. 1998 konnte das Leitbild-Konzept „Caritas in 7 Sätzen“ veröffentlicht werden, das bis 2002 im Rahmen einer speziellen Aktion in einer Reihe von Verbänden und Einrichtungen an die jeweiligen Verhältnisse angepasst wurde. Nach wie vor gilt es, das Konzept in die Alltagsarbeit „vor Ort“ zu verankern und erforderliche Wandlungen anzustoßen. Letztlich sollen die sieben Sätze helfen, „die Caritasarbeit weiterzuentwickeln und die Gesellschaft auch zukünftig mitzugestalten“.

So charakterisiert der Kernsatz „Menschen bewegen – Caritas“ die verbandliche Caritas als Teil der Sozialbewegung, die zur Verwirklichung einer solidarischen Gesellschaft beitragen will. „Dies geschieht u.a. dadurch, dass Menschen sich motivieren und bewegen lassen, nicht resignieren, ihr Leben in die Hand nehmen, es gestalten, ihre Möglichkeiten einbringen. … Andererseits macht der Satz deutlich, dass Caritas durch Menschen bewegt und gestaltet wird. Menschen sind es, die der Caritas ihr spezifisches Gesicht in der jeweiligen Situation und Zeit geben: als Patienten, Klienten, Mitarbeiterinnen und Mitarbeiter, Spender, Kunden und Auftraggeber etc.“[13]

12 Fasten-Predigt Kardinal Lehmanns v. 4. März 2015 [http://www.bistum-muenster.de/startseite/2015/Muenster%20Fastenpredigt-150304.pdf].

13 Flyer „Aktion Caritas in 7 Sätzen“.

Abb. 2: Plakat der Caritas-Kampagne 2014: Zeichen gesellschaftlicher Mitverantwortung.

Abb. 3: Plakat der Caritas-Kampagne 2015 „Stadt – Land – Zukunft".

Literatur-Tipps

Wilhelm Liese, Lorenz Werthmann und der Deutsche Caritasverband, Freiburg i. Br. 1929.
Christoph Sachße/Florian Tennstedt, Geschichte der Armenfürsorge in Deutschland, 3 Bde., Stuttgart u.a 1980–1992.
Erwin Gatz (Hg.), Geschichte des kirchlichen Lebens in den deutschsprachigen Ländern seit dem Ende des 18. Jahrhunderts. Die katholische Kirche, Bd. V: Caritas und soziale Dienste, Freiburg i. Br. u.a. 1997.
Hans-Günther Hockerts (Hg.), Geschichte der Sozialpolitik in Deutschland seit 1945, Bd. 1: Grundlagen der Sozialpolitik, Baden-Baden 2001.
Friederike Föcking, Fürsorge im Wirtschaftsboom. Die Entstehung des Bundessozialhilfegesetzes von 1961, München 2007.

Clara Hellraeth

(1865–1942)

Der Katholische Fürsorgeverein für Mädchen, Frauen und Kinder[1]

1899 gründete Agnes Neuhaus (1854–1944) in Dortmund den „Verein zum Guten Hirten", der einige Jahre später in „Katholischer Fürsorgeverein für Mädchen, Frauen und Kinder" (KFV) umbenannt wurde. In der Folge traten zunächst im Rheinland und in Westfalen, dann auch in vielen anderen Regionen Deutschlands eigenstände Ortsgruppen des Fürsorgevereins ins Leben. Sie schlossen sich 1907 zu einem Gesamtverein zusammen und hatten ihre Zentrale in Dortmund. Der KFV betätigte sich auf den Feldern der Jugend- und Gefährdetenfürsorge und nahm bald innerhalb der freien Wohlfahrtspflege eine wichtige Rolle ein.

Die Hilfsangebote des KFV für sittlich und sexuell gefährdete Mädchen und Frauen waren neu und zukunftsweisend, da die Unterstützung nicht mehr von ihrer „Hilfswürdigkeit" abhing. Dies traf auch auf die von den Ortsgruppen eröffneten Einrichtungen zu: Asyle, Rettungshäuser und Mutter-Kind-Heime. Sie besaßen zwar strenge Hausordnungen, verbesserten dennoch deutlich die Lebensverhältnisse der Betroffenen – nicht selten Prostituierte. Heute spricht man von Frauenhäusern. Im Bereich der Jugendfürsorge wirkte der Fürsorgeverein weitgehend im Rahmen der damals bestehenden Strukturen.

Die Mitglieder des KFV kamen in der Regel aus der Mittel- und Oberschicht, ihre „Schützlinge" aus den Unterschichten. Die großen Unterschiede der jeweiligen Lebensumstände und Sichtweisen beeinflussten die Betreuung. Strenge und Bevormundung, die nicht selten die Hilfen prägten, führten bei den Mädchen und Frauen durchaus auch zu innerem Protest. Auf der anderen Seite konnten die KFV-Frauen auf Grund ihrer sozialen Position und ihres Sachverstands bei Behörden oder Arbeitgebern manche Türen öffnen.

Dies galt nicht zuletzt für Agnes Neuhaus, die an der Formulierung der Weimarer Verfassung mitgearbeitet hatte und zehn Jahre für die Zentrumspartei im Reichstag saß. Dort hatte sie u.a. großen Einfluss auf die Verabschiedung

1 Hierzu grundlegend: Andreas Wollasch, Der Katholische Fürsorgeverein für Mädchen, Frauen und Kinder (1899–1945). Ein Beitrag zur Geschichte der Jugend- und Gefährdetenfürsorge in Deutschland, Freiburg i. Br. 1991.

des Reichsjugendwohlfahrtgesetzes von 1922/24. Agnes Neuhaus war es auch, die den Anstoß zur Gründung des „Katholischen Männer-Fürsorge-Vereins" gab, die 1912 in Essen standfand. Seine Mitglieder übernahmen vor allem Vormundschaften und Pflegschaften und betätigten sich in der Jugendgerichtshilfe.

Während des Dritten Reichs und Zweiten Weltkriegs verloren beide Fürsorgevereine einen Großteil ihrer Wirksamkeit. In den 1950er Jahren kam es jedoch zur Wiederbelebung bzw. Neugründung vieler Ortsgruppen, die sich im nachfolgenden Jahrzehnt dem tiefgreifenden Wandel der gesetzlichen und gesellschaftlichen Voraussetzungen ihrer Arbeit stellen mussten. Auch deshalb erfolgte 1968 die Umbenennung in „Sozialdienst katholischer Frauen" (SkF), nachdem sich der Männerfürsorgeverein bereits 1962 den Namen „Sozialdienst Katholischer Männer" (SKM) gegeben hatte – seit 1991 „Katholischer Verband für soziale Dienste in Deutschland". 1968 bestanden in der Diözese Münster 62 Gruppen des SKM und 49 des SkF, 2015 waren es noch vier Gruppen des Verbands für soziale Dienste (Bocholt, Moers, Münster und Warendorf) sowie 20 Ortsgruppen des SkF.

Lebensbild

Bereits 1902 entstand auch in Münster eine eigenständige Ortsgruppe des KFV, die bis Anfang der 1920er Jahre umfangreiche Hilfsangebote schuf. Sie umfassten u.a. die Fürsorge für Geschlechtskranke, Gefängnisfürsorge, Jugendgerichtshilfe und Stellenvermittlung ebenso wie eine Mütterberatungsstelle, Vormundschaftsarbeit und Adoptionsvermittlung. Zudem befanden sich mehrere Anstalten in Trägerschaft des münsterischen KFV, deren wirtschaftliche Basis die 1904 von Mitgliedern und Unterstützern ins Leben gerufene „Fürsorgeheim GmbH" gewährleistete: Das Antoniusstift als Zufluchtshaus für obdachlose Mädchen, das Monikastift als Entbindungsheim für uneheliche Kinder, ein Säuglingsheim, das Angelahaus und das Vinzenz-Waisenhaus als Erziehungsheime sowie wenig später noch das Gertrudenhaus als Schutzasyl für obdachlose junge Mütter mit ihren Kindern.

Mit der Wohlfahrtsschule Münster – heute Abteilung der Katholischen Fachhochschule Nordrhein-Westfalen – und der Säuglingspflegeschule gründete der Fürsorgeverein zudem wegweisende Ausbildungsstätten, um eine qualifizierte Soziale Arbeit zu gewährleisten. Immerhin zählte der KFV Müns-

Abb. 4: Antonius-Stift des KFV in Münster an der Sentruper Straße Mitte der 1920er Jahre.

ter um 1920 über 140 in den verschiedenen Bereichen tätige Mitglieder, 18 überwiegend qualifizierte hauptamtliche Kräfte und in seinen meist stationären Einrichtungen 57 Ordensschwestern. 1933 hatte er 2.000 Mitglieder und betreute fast 10.000 „Schützlinge". Agnes Neuhaus hob daher des Öfteren hervor, dass „nirgendwo [...] so viel geschaffen worden [sei] wie in Münster".[2]

Damit betonte sie nicht zuletzt das Engagement Clara Hellraeths, die die maßgebliche Mitbegründerin und 40 Jahre bis zu ihrem Tod Vorsitzende der Ortsgruppe war. Außerdem zählte sie fast ebenso lang zum Vorstand des Gesamtvereins, gehörte der Gründungsversammlung des Diözesancaritasverbands Münster wie auch anderen sozial-caritativen Gremien an. Gemessen an ihrer Bedeutung für das Feld der Gefährdetenfürsorge in der ersten Hälfte des 20. Jahrhunderts gibt es erstaunlicherweise kaum Beschreibungen ihres Lebens und Wirkens. Nachfolgend soll versucht werden, diese Lücke zumindest ansatzweise zu schließen.

Clara Hellraeth entstammte der Familie der Ochtruper Textilindustriellen Laurenz. 1865 als älteste von vier Schwestern geboren, wuchs sie in den

2 S. Maria Victoria Hopmann, Agnes Neuhaus. Leben und Werk, 2., v. Heinz Neuhaus überarb. Aufl., Salzkotten 1977, S. 105.

bürgerlichen Verhältnissen des Kaiserreichs auf. Eine wesentliche Prägung erhielt sie durch den Erziehungsstil des Elternhauses. So ist ihr nachhaltig eine Szene aus ihrer Kindheit in Erinnerung geblieben, als der Vater sie „scharf" tadelte. Denn sie hatte „sich über eine Arbeiterwitwe beklagt [...], die vom Vater eine Geldspende erhalten hatte und gleich in die Konditorei gegangen war, um Kuchen zu kaufen." Der Vater reagierte jedoch anders als von ihr erwartet, als er sagte: „Schämst du dich nicht, der Frau nicht zu gönnen, mit ihren Kindern sonntags Kuchen zu essen? Glaubst du, du hättest allein das Recht dazu?"[3]

In einem Internat der Sacre-Coeur-Schwestern erhielt die junge Clara Hellraeth nicht nur ihre schulische Bildung, sondern auch eine feste religiöse Formung. Vermutlich lag hier auch eine wesentliche Basis des großen Gottvertrauens, das sie auf ihrem weiteren Lebensweg begleitete. 1887 heiratete sie den späteren Justizrat Hermann Hellraeth (1855–1939) und bekam vier Kinder. Nachdem sich ihr Mann 1896 in Münster als Rechtsanwalt und Notar niedergelassen hatte, zog die Familie um 1900 in die Garnisons- und Universitätsstadt.

Mitarbeiterinnen des Dortmunder KFV betreuten damals auch Mädchen, die im münsterschen Kloster vom Guten Hirten untergebracht waren – die Schwestern von Guten Hirten nahmen sich in ihren Einrichtungen weiblicher „Zöglinge" an, die in der Regel als schwer „verwahrlost" galten. Daher lag es nahe, in Münster eine eigene Ortsgruppe zu gründen. Domkapitular Hermann Rüping (1844–1919), der sich caritativ stark engagierte, griff diesen Wunsch auf und sprach einige Frauen an – darunter auch Clara Hellraeth. Ihr war bis dahin weder die Arbeit des KFV noch der Domkapitular bekannt, der wiederum bereits ihren Ehemann von der Notwendigkeit der Vereinsgründung überzeugt hatte. Rückblickend berichtete sie über diese Ereignisse:

„An einem der folgenden Tage fand Herr Rüping sich wieder ein, und forderte mich anschliessend an die Zusage meines Mannes auf, dem neuen Verein beizutreten, nannte eine Anzahl Damen Münsters, von denen ich keine näher kannte, wir waren erst vor zwei Jahren nach Münster gezogen, die er auch auffordern würde. Er fragte mich dann, aus meinem Bekanntenkreis eine Vorsitzende zu nennen. Meine Vorschläge lehnte er alle ab und sagte dann: ‚Ich habe bereits eine Vorsitzende gewählt und zwar Sie!' Mein Entset-

3 „Zum Bilde von Frau Hellraeth", in: Korrespondenzblatt der Zentrale des KFV 20 (1950), S. 89.

zen darüber war gross, und ich fing bitterlich an zu weinen und ihn zu bitten, jemanden anders zu nehmen. ‚Ich kenne keine Vereinsarbeit, habe keinem Verein angehört, vielleicht als zahlendes Mitglied, aber nie als tätiges Mitglied.‘ Nach einigem energischen Zureden tat er die Äusserung: ‚Wenn Sie geglaubt hätten, den Verein übernehmen zu können, würde ich eine andere Vorsitzende gesucht haben. Was Sie nicht können, wird der heilige Geist übernehmen.‘ Damit habe ich meinen Widerstand aufgegeben und mich gefügt. Die Damen, die Herr Rüping genannt hatte, lernte ich nun bald kennen, alles tief religiöse Frauen, die nur aus idealen Gründen bereit waren, dem Verein beizutreten. Alle waren schon in anderen Vereinen tätig, im Elisabethverein, Wöchnerinnenverein, und ich fühlte mich infolgedessen durchaus unfähig, den Verein zu leiten.“[4]

Agnes Neuhaus stand Clara Hellraeth gerade in der Anfangsphase mit Rat und Tat zur Seite und führte die Frauen in die spezielle Fürsorgearbeit ein. „Um die große Scheu vor der ersten persönlichen Berührung mit den unglücklichen Opfern eigener und fremder Schuld überwinden zu helfen“, ging sie mit Clara Hellraeth auf die Geschlechtskrankenstation des münsterschen Clemenshospitals. Dort fanden sie ein junges „bedauernswerte[s] Opfer der furchtbaren Krankheit“ vor, das „durch die schrecklichen Folgen seines Leichtsinns zu besserer Einsicht gekommen“ war. Nach Verhandlungen mit dem Vater übertrug das Jugendamt Clara Hellraeth die Vormundschaft über das Mädchen.[5]

Die rasch anwachsende Tätigkeit des KFV rüttelte jedoch an Tabus der damaligen bürgerlichen Gesellschaft wie auch der Kirche. Gerade der Umgang mit unehelich schwanger gewordenen Frauen, denen der Fürsorgeverein in seinen Einrichtungen Zuflucht gewährte, brachte ihm den Vorwurf ein, dadurch dem „Laster“ Vorschub zu leisten. Denn nach der Überlieferung von 1920 äußerten nicht nur Unbeteiligte immer wieder „ungerechtfertigte Anklage[n]“ und „unbegründete Vorurteil[e]“, sondern auch einige Jugendämter „zunächst wenig Verständnis für seine Bestrebungen und verhielten sich anfangs kühl und ablehnend. Selbst bei einem großen Teil der Geist-

4 Clara Hellraeth an unbekannt [u. U. Agnes Plaßmann] v. 23. Febr. 1942, zit. n. Abhandlung „Frau Hellraeth und der Fürsorgeverein in Münster“ o. Verf. u. J. [nach 1942], in: Archiv DCV, SkF Münster, Arbeitsberichte 1935–1947 – Korrespondenz 1943–1948 (Kopie beim SkF Münster), S. 3.

5 Katholische Fürsorgearbeit in Münster (1902–1920). Die Geschichte und die Tätigkeit des katholischen Fürsorge-Vereins für Mädchen, Frauen und Kinder, Ortsgruppe Münster, o. Verf. u. J. [um 1920], S.10f.

lichkeit, auf deren Unterstützung der Verein mit gutem Grunde gehofft hatte, herrschte im Anfang der strenge Geist des Jüngers vor, der Unreines in seiner Gemeinde nicht einmal genannt haben wollte.“ Dennoch seien die Mitglieder des KFV „dem Beispiel des Guten Hirten“ folgend ihren Weg gegangen.[6]

„Junge alleinstehende Mütter aus den Unterschichten mußten nun nicht mehr in Elendsquartieren, Dachkammern oder Straßenbahnen unter katastrophalen hygienischen Bedingungen entbinden bzw. wurden nicht wie in kommunalen Entbindungsanstalten spätestens nach zwölf Tagen mit dem Neugeborenen auf die Straße gesetzt und sich selbst überlassen, sondern konnten unter einwandfreien sanitären und medizinischen Voraussetzungen ihre Kinder zur Welt bringen, erhielten in den Wochen danach Unterkunft und bekamen außerdem auch für die Zukunft die Hilfe des Vereins angeboten, etwa bei der Beschaffung der Arbeit für die Mütter und Pflegestellen für die Kinder.“ (Andreas Wollasch, Der Katholische Fürsorgeverein für Mädchen, Frauen und Kinder (1899–1945). Ein Beitrag zur Geschichte der Jugend- und Gefährdetenfürsorge in Deutschland, Freiburg i. Br. 1991, S. 347f.)

Clara Hellraeth und ihre Mitstreiterinnen wollten durch ihren Einsatz im KFV Gott verehren und die Seelen der „arme[n] Kinder“, der „Ärmste[n] unter den Armen“ retten, also sowohl das eigene als auch das Seelenheil der Bedürftigen sichern. Daher blieb trotz teilweise unterschiedlicher Anschauungen die Rückbindung an die Kirche wesentliche Voraussetzung bei allem Handeln. Bis zu seinem Tod übernahm hier Domkapitular Rüping eine wichtige Vermittler-Rolle. Außerdem stand der KFV insofern auf einer Linie mit seinen Kritikern, als auch er die „sittliche Verkommenheit der guten Stadt Münster“ tadelte und die schwer „gefallenen“ und „verwahrlosten“ Mädchen und Frauen „nach Möglichkeit der Aussenwelt“ zu entziehen suchte.

Auch dazu diente seit Anfang der 1920er Jahre das Anna-Katharinenstift bei Dülmen, das von Clara Hellraeth gegründet worden war. Hier sollten „Psychopathen, geistig Minderwertige und sittlich haltlose Menschen, die aus eigener Kraft nicht imstande sind, ein geordnetes Leben zu führen“, eine besondere „heimerzieherische Behandlung“ erhalten.[7]

Das rasche Wachstum des KFV in Münster brachte Clara Hellraeth ein immenses Arbeitspensum, das sie neben ihren Verpflichtungen als Mutter

6 Ebd., S. 12f.

7 Tätigkeitsbericht des KFV 1924/25.

und „Vorsteherin“ ihres „grosse[n] Haus[es] in der Fürstenbergstrasse“ zu leisten hatte. Dieses „der vornehmen Gesellschaft“ zu öffnen und ein „auf dem Reichtum der Familie“ basierendes „Leben gesellschaftlicher Freuden“ aufzubauen, ließ ihr Engagement nicht zu. Sie wuchs an ihren Aufgaben – nach den Worten von Agnes Neuhaus schuf sie „mehr als irgend eine andere Vorsitzende“ –, zeigte ein großes Organisationstalent und ging „energisch und geschickt ins Werk“.[8]

Wie die Vorsitzende der Dortmunder Zentrale besaß auch Clara Hellraeth einen juristisch geschulten Ehemann, der ihren Einsatz voll und ganz befürwortete und bis zu seinem Tod gerade die Vormundschaftsarbeit des Vereins durch sein fachliches Wissen unterstützte. Darüber hinaus zählte er 1912 zu den Mitbegründern des Katholischen Männer-Fürsorge-Vereins Münster, war bis 1924 dessen erster Vorsitzender und danach weitere zehn Jahre Mitglied des Vorstands.

Betrachtet man die Gründungsgeschichte des Diözesancaritasverbands Münster, taucht fast zwangsläufig auch der Name Clara Hellraeths auf, die bereits 1913 auf dem 18. allgemeinen Caritastag in Münster für ihren Einsatz als Vorsitzende des KFV das Frauenverdienstkreuz in Silber erhalten hatte. Bei den Vorbesprechungen und der Gründungsversammlung im Juli 1916 gehörte sie dann neben Julie Kraß (Vorsitzende des Katholischen Deutschen Frauenbundes in Münster) und Sophie Zumbroock (Vorsitzende der Elisabethvereine in Münster) mit einigen anderen Frauen zu den Teilnehmerinnen aus den caritativen Frauenvereinen und dann nach der Gründung mit Julie Kraß zum Geschäftsführenden Ausschuss des Verbands. Im Vorstand war sie das einzige weibliche Mitglied.

Clara Hellraeth zählte also zu den wichtigen Vertreterinnen der katholischen Frauenbewegung, die sich seit etwa 1900 formierte. Bereits Regierungspräsident Amelunxen ging 1928 in seiner Festrede anlässlich des 25-jährigen Jubiläums des KFV Münster auf diese Vorreiter-Rolle ein. Denn seiner Ansicht nach lagen die Anfänge des Fürsorgevereins „in einer Zeit, in der man für die soziale und caritative Mitarbeit der Frau im öffentlichen Leben Deutschlands noch nicht das Verständnis hatte, wie dies heute der Fall ist. Gewiß gab es damals schon Frauen, die sich an die Spitze von Ehrenausschüssen für soziale Einrichtungen, Bazare oder andere Wohltätigkeitsver-

8 Abhandlung „Frau Hellraeth und der Fürsorgeverein in Münster“ o. Verf. u. J. [nach 1942], in: Archiv DCV, SkF Münster, Arbeitsberichte 1935–1947 – Korrespondenz 1943–1948 (Kopie beim SkF Münster), S. 9f.

Abb. 5: Clara Hellraeth

anstaltungen stellten. Frauen, die in ihrer Art auch Gutes geleistet haben, die aber mehr über den Dingen schwebten und gewissermaßen glacéhandschuhmäßig die Not und das Elend der leidenden Volkskreise betreuten. Aber die Frauen, die wie Sie, hochverehrte Frau Hellraeth, der Not beherzt an die Gurgel sprangen, die in die Gefängnisse, Zuchthäuser und Geschlechtskrankenstationen unserer Heilanstalten persönlich hineingingen, um dort warmherzige Nächstenliebe, tatkräftige Hilfe und soziale Reform zu bringen, jene Frauen waren um die Wende des Jahrhunderts noch selten. Hier sind Sie bahnbrechend vorangegangen! Neue Wege beschritten Sie! Durch Ihre neue Arbeitsmethode und die überreichen Erfolge, die Ihrer unermüdlichen 25-jährigen Vereinstätigkeit beschieden waren, haben Sie erst zusammen mit einigen anderen Frauen in Deutschland den Typus der sozial und caritativ wirksam tätigen Frau geschaffen! Den Typus, der durch männliche Kräfte nicht ersetzt werden kann, wie er sich uns heute im öffentlichen Leben darstellt, und wie er aus dem vielgestaltigen Gesamtbild unserer privaten und staatlichen Wohlfahrtsarbeit gar nicht mehr wegzudenken ist.“[9]

Es passt in dieses Bild, dass gerade in den schweren Jahren nach dem Ersten Weltkrieg und der Inflationszeit die Beratungstätigkeit des münsterischen Fürsorgevereins weiter anwuchs. So kamen 1922/23 vier Mütterberatungsstellen hinzu. Nachdem das Reichsjugendwohlfahrtsgesetz für uneheliche Kinder die Amtsvormundschaft durch das Jugendamt etabliert hatte, übertrug das Jugendamt in Münster diese im Rahmen des Gesetzes

9 „25 Jahre katholischer Fürsorgeverein für Mädchen, Frauen und Kinder in Münster“, in: Münsterischer Anzeiger v. 3. Jan. 1928.

an Vertreterinnen des KFV. Schließlich erweiterte der Verein Mitte der 1920er Jahre seine Heime durch eine Reihe von Baumaßnahmen – im Antoniusstift entstand etwa eine Abteilung für Heilerziehung. Allerdings wirkte sich schon bald die Weltwirtschaftskrise negativ auf die Tätigkeiten aus, da die staatlicherseits gezahlten Pflegegelder wie auch die Spenden zurückgingen, sodass die wirtschaftliche Basis gefährdet war.

Insgesamt erlangten der KFV und der Männer-Fürsorge-Verein im Bistum Münster eine große Bedeutung. 1924 bestanden bereits 63 bzw. 13 Ortsgruppen, 1933 waren es 79 bzw. 57. In diesem Jahr umfassten beide Vereine zusammen 3.590 Mitglieder, von denen sich 1.806 in der konkreten Fürsorge betätigten. Sie wurden von 45 hauptamtlichen Kräften unterstützt. Allein 57 Ortsgruppen des KFV betreuten insgesamt 21.067 „Schützlinge“, darunter 9.180 „Mündel“. Die Ortsgruppen des Männer-Fürsorge-Vereins unterstützten 10.467 Personen. (Zusammenstellung aus Jahresberichten des Diözesancaritasverbands Münster)

Als das nationalsozialistische Regime im Januar 1933 die Macht übernahm und auch das gesellschaftliche Leben auszurichten begann, dürfte – wie die Mitarbeiterinnen in der Zentrale des KFV – ebenso Clara Hellraeth zunächst durchaus „Übereinstimmungen zwischen katholischer Jugend- und Gefährdetenfürsorge und NS“[10] gesehen haben. Die Bekämpfung der Unsittlichkeit, die Unterstützung der gesunden Familie oder die Stärkung des Ordnungsbewusstseins galten auch dem Fürsorgeverein als probate Mittel. Aber gerade die rassenideologischen Bestrebungen der Nationalsozialisten ließen hier schnell Gegensätze aufbrechen. Außerdem versuchten die neuen Machthaber schon bald, den KFV zu verdrängen.

So musste auch Clara Hellraeth in den nachfolgenden Jahren erleben, wie der KFV Münster nach und nach schrumpfte. Bereits 1933 ging die Amtsvormundschaft wieder auf das Jugendamt über und später durften keine neuen Vormundschaften mehr übernommen werden. 1937 verlor der Verein zudem die Pflegekinder- und Adoptionsvermittlung. Auch die Heime blieben von dieser Entwicklung nicht verschont. 1935 musste das Vinzenz-Waisenhaus in Münster-Handorf verkauft werden, auf dessen Gelände ein Militär-Flughafen entstand. Das Säuglingsheim und die Mütterstation ereilte das gleiche Schicksal, in Räumlichkeiten des Antoniusstifts zog das Hilfswerk „Mutter und Kind“.

10 Wollasch, KFV, S. 258.

Während des Zweiten Weltkriegs verschärfte sich die Lage durch den alliierten Bombenkrieg weiter. 1941 wurde das Vereinsbüro mit sämtlichen Unterlagen, 1944 das Antoniusstift und das Gertrudenhaus zerstört. Von den fast 400 aktiven Mitgliedern des Jahres 1933 waren nur noch 15 Frauen übrig geblieben.

Vermutlich auch bedingt durch diese Schläge zeigten sich bei Clara Hellraeth zunehmend gesundheitliche Problem, die sie zu immer längeren Aufenthalten auf ihrem Landgut Waldhof bei Burgsteinfurt zwangen. Von hier aus nahm sie zwar Anteil an den Entwicklungen des KFV. Aber das schwierige Tagesgeschäft lag weitgehend in den Händen von Agnes Plaßmann. Am 5. Dezember 1942 starb Clara Hellraeth schließlich auf dem Waldhof. Im Korrespondenzblatt der Zentrale von 1950 hieß es zu ihrem Lebensbild:

„So demütig und gläubig und fromm, wie Frau Hellraeth im Aufbau gewesen war, so demütig und gläubig und fromm blieb sie auch, als Gott ihr Werk wieder in Frage stellte und durch schwerste Sorgen hindurch vieles ihrer Sorge wieder entzog."[11]

Literatur-Tipps

75 Jahre Sozialdienst Katholischer Männer Münster, hg. v. SKM Münster, 1987.

Theorie und Praxis sozialer und pädagogischer Lehre im Blickpunkt. 75 Jahre Ausbildungsstätte für soziale Arbeit in Münster, hg. v. d. Katholischen Fachhochschule Nordrhein-Westfalen, Abt. Münster, Münster 1992.

Christoph Lütke Schelhowe, Weggemeinschaft von Frauen für Frauen. Zur Jahrhundertgeschichte des Sozialdienstes katholischer Frauen in Münster, Beitrag zum Schülerwettbewerb Deutsche Geschichte um den Preis des Bundespräsidenten, Münster 1997.

Andreas Wollasch, Von der Fürsorge „für die Verstoßenen des weiblichen Geschlechts" zur anwaltschaftlichen Hilfe. 100 Jahre Sozialdienst katholischer Frauen (1899–1999), hg. v. SkF – Zentrale Dortmund, Bigge-Olsberg 1999.

Petra von der Osten, Jugend- und Gefährdetenfürsorge im Sozialstaat. Auf dem Weg zum Sozialdienst katholischer Frauen 1945–1968, Paderborn u.a. 2003.

11 „Zum Bilde von Frau Hellraeth", in: Korrespondenzblatt der Zentrale des KFV 20 (1950), S. 90.

Luise Floß

(1875–1938)

Katholische Trinkerfürsorge und katholischer Mädchenschutz

Das Lebensbild von Luise Floß lenkt den Blick auf die katholische Trinkerfürsorge und auf den katholischen Mädchenschutz. Beide nahmen zu Beginn des 20. Jahrhunderts auch im Bistum Münster durch die Gründung verschiedener Gruppierungen ihre Arbeit auf und gewannen nach dem Ersten Weltkrieg dank des beachtlichen Einsatzes von Luise Floß stark an Bedeutung.

Dabei wurde die Sucht nach Rauschmitteln und vor allem nach Alkohol mit ihren zerstörerischen Folgen in Deutschland seit gut 100 Jahren vermehrt als Gefahr wahrgenommen, gegen die verschiedene Mäßigkeits- und Abstinenzvereine den Kampf aufgenommen hatten. Katholischerseits dauerte es bis 1896, ehe der Bonner Kaplan Josef Neumann im Aachener Dom den „katholischen Verein gegen den Missbrauch alkoholischer Getränke" gründete, der zur Urzelle der sich bald ausbreitenden Kreuzbündnisse wurde.

Die Vereinigung wollte „dem Alkoholismus durch Reform der Trinksitten, des Trinkzwangs und vor allem durch eine auf religiös-caritativer Grundlage aufgebaute Fürsorge an Süchtigen und ihren Familien entgegenwirken. Das Kreuzbündnis verlangte von seinen Mitgliedern völlige und dauernde Enthaltsamkeit von allen geistigen Getränken, ritueller (liturgischer) und medizinischer Gebrauch ausgenommen. Nichtabstinente konnten den Bund als ‚Freunde' unterstützen."[1] In meist wöchentlichen Treffen leisteten die Bündnisse Aufklärungsarbeit. Gleichzeitig fanden die nicht selten vereinsamten Suchtkranken in der Gruppe „Solidarität, Wärme, dauerhafte soziale Kontakte". 1901 konnte mit dem St.-Kamillus-Haus in Essen-Heidhausen die erste katholische Trinkerheilstätte eröffnet werden.

1899 versprach auch der Bischof von Münster, Hermann Jakob Dingelstad (1889–1911), das Alkoholproblem verstärkt zu thematisieren und die Gründung katholischer Vereine zu unterstützen. In der Folge entstanden in der Diözese Ortsgruppen des Kreuzbundes, und 1906 fand in Münster eine Gruppe zusammen. Diese umfasste zwei Jahre später 29 Männer und 22

1 Barbara Mertens/Wilhelm Krüggeler (Red.), Von der Trinkerfürsorge zur Suchtkrankenhilfe. 50 Jahre Beratungsstelle Paderborn, hg. v. d. Suchtkrankenhilfe Paderborn e. V., Paderborn 1987, S. 28f.

Frauen. Da aber auch andere Vereine im Zuge ihrer caritativen Tätigkeiten immer wieder mit Alkoholproblemen konfrontiert waren, initiierten 1910 zudem Vertreterinnen des Katholischen Frauenbunds, des Elisabeth-, des Fürsorge- und des Wöchnerinnenvereins eine Fürsorgestelle für Alkoholkranke.

Eine Reihe ehrenamtlicher Kräfte und bald auch eine Fürsorgerin bemühten sich in Zusammenarbeit mit den zuständigen kommunalen Behörden und der Landesversicherungsanstalt, die verschiedenen, durch übermäßigen Alkoholkonsum entstandenen Notlagen zu mildern. 1913 betreuten sie immerhin 352 Kranke, von denen 84 Männer und zwei Frauen in Heilstätten untergebracht werden konnten.[2] Obwohl während des Ersten Weltkriegs auf Grund von Alkoholknappheit und drakonischer Verordnungen die Zahl der Alkoholkranken stark abnahm, blieb die Problematik im caritativen Blick. So wurde das Kreuzbündnis 1917 offiziell als Fachorganisation des DCV genannt. Im gleichen Jahr übernahm in Münster der Caritasverband gemeinsam mit dem Kreuzbund die Trägerschaft der jetzt „Beratungsstelle für Alkoholkranke" genannten Einrichtung, die im Lauf der 1920er Jahre auch über die Stadtgrenzen hinaus ausgebaut wurde.

Die in der zweiten Hälfte des 19. Jahrhunderts rasch voranschreitende Industrialisierung verstärkte nicht nur die Alkoholproblematik, sondern entwurzelte wegen der einsetzenden großen Mobilität auch viele Mädchen aus ihrer Heimat, sodass sie oftmals ohne elterlichen oder anderen Beistand völlig neuen Herausforderungen gegenüber standen. Gerade die Wanderung vom Land in die Städte versetzte viele von ihnen in Situationen, auf die sie meist nicht vorbereitet waren und die als sittliche Gefährdung galten.

Dem begegneten einige Ordensgemeinschaften, Seelsorger und Frauen aus dem Bürgertum, indem sie ein weit über die Landesgrenzen reichendes Netz katholischer Mädchenschutzarbeit organisierten. Bereits 1897 konnte der Internationale Mädchenschutzverband ins Leben treten.

In Deutschland wurden auf örtlicher Ebene u.a. Bahnhofsmissionen, Wohnheime und hauswirtschaftliche Fortbildungsstätten geschaffen, die sich nach und nach in Landes- und Diözesanverbänden sowie 1905 im Nationalverband zusammenschlossen. Das 1922 gegründete Generalsekretariat fand seinen Sitz beim DCV in Freiburg, wobei die Reichstagsabgeordnete

2 20 Jahre Diözesan-Caritasverband Münster e. V., hg. v. DiCV Münster, Münster 1936, S. 53.

und spätere NRW-Kultusministerin Christine Teusch (1888–1968) für Jahrzehnte als Vorsitzende fungierte.

Im Bistum Münster begann 1907 der Diözesanverband „Marianischer Mädchenschutz Münster" unter dem Vorsitz von „Frau Major Müller" mit seiner Arbeit. Präses war zunächst Domvikar und Domprediger Bernhard Druffel (1868–1932), danach Domkapitular Heinrich Surmann (1873–1940). In einer Chronik zur Geschichte des Verbands wurden als sein Zweck und seine Ziele „Belehrung und Aufklärung in der Heimat", „Schutz der reisenden Mädchen", „Vermittlung guter Stellen", „Sammlung der ortsfremden Mädchen in Sonntagsvereinen", „nachgehende Fürsorge, Rat und Hilfe für in Stellen vermittelter Mädchen" aufgelistet.[3]

Schon im gleichen Jahr richtete der Verband in Münster eine Bahnhofsmission ein, die zunächst nur an den ersten beiden Tagen eines neuen Quartals geöffnet hatte. Auch die Stellenvermittlung hielt an drei, dann an fünf Vormittagen in der Woche Sprechstunden ab. 1908 traten in Coesfeld und Bocholt erste Ortsvereine bzw. Vertrauensstellen ins Leben. Bis 1916, als sich der Mädchenschutz dem neu gegründeten Diözesancaritasverband als Fachverband anschloss, waren es 25 Gruppen. In Zusammenarbeit mit den Vorsehungsschwestern und den Schwestern Unserer Lieben Frau kamen Sonntagsschulen sowie Hausgehilfinnenvereine hinzu. Die seit 1922 amtierende Vorsitzende „Frau Landgerichtsdirektor Willibrand" setzte bald Elisabeth Bonnenberg als erste Diözesansekretärin des Mädchenschutzes ein – sie wechselte 1926 als Referentin zum DCV nach Freiburg – und sorgte in der Bahnhofsmission Münster für einen ständigen Dienst.

1922 bzw. 1926 übernahm Luise Floß den Vorsitz der münsterischen Beratungsstelle für Alkoholkranke und des Diözesanverbands des Katholischen Mädchenschutzes. Unter ihrer Leitung erlebten beide Institutionen einen beachtlichen Ausbau. Darüber hinaus warb sie auch auf zahlreichen Veranstaltungen und durch Beiträge in Publikationsorganen für die Unterstützung und Professionalisierung der Gruppierungen. Nach ihrem Tod im Jahr 1938 verfassten Weggefährten einige Nachrufe bzw. Lebensschilderungen. Wenn hier der unbekannte Autor eines unvollständigen Manuskripts seine Ausführungen mit „Opfernde Liebe. Ein Frauenbild aus jüngster Vergangenheit"[4]

3 „Zur Geschichte der Kath. Mädchenschutzarbeit in der Diözese Münster", in: Archiv DiCV Münster, Ordner Mädchenschutz, Sozialarbeit 1907–1955.

4 „Opfernde Liebe", Manuskript [vermutlich von Caritasdirektor Walter Baumeister], in: BAM, DiCV Münster A 20.

überschrieb, dürfte die Ausrichtung dieser Beiträge deutlich werden. Dennoch lassen sich anhand dieser Beschreibungen nicht nur die Etappen des caritativen Engagements von Luise Floß, sondern auch die wesentlichen Eckdaten ihres Lebens nachzeichnen.

Lebensbild

Luise Floß war ein Kind des Bergischen Lands, wo sie am 8. Mai 1875 in Elberfeld als ältestes von acht Kindern des Schulrektors Emil Sieburg und seiner Gattin Katharina Luise geboren wurde. Obwohl der Tod der Mutter, den Luise als 13-Jährige erlebte, für sie vermutlich mit neuen Pflichten für die Familie verbunden war, ließ sie der Vater nach dem Ende der Volksschule das 1890 eröffnete Pensionat der Dernbacher Schwestern in Hehn bei Mönchengladbach besuchen. Sie verließ diese höhere Schuleinrichtung mit sehr guten Noten, und auch die weitere Ausbildung am Lehrerinnen-Seminar, die sie 1893 vor der Koblenzer Prüfungskommission abschloss und ihr die Zulassung für den Unterricht an mittleren und höheren Schulen brachte, verlief hervorragend. Sie trat eine Stelle an, die offenbar im heimatlichen Umfeld lag. Jedenfalls erwähnte die bereits oben zitierte Lebensbeschreibung, dass Luise Sieburg als „Junglehrerin" ihren Vater bei dessen weit gespannten Tätigkeiten etwa im katholischen Mädchenverein zur Fortbildung und Erziehung schulentlassener Mädchen tatkräftig unterstützte.

1899 heiratete Luise Sieburg den Lehrer Karl Floß, der bald darauf eine Stelle in Münster erhielt, und mit dem sie zwei Söhne bekam. In Münster widmete sich Luise Floß zunächst voll und ganz ihrer Familie. Unter Umständen hatte auch der Vater den Umzug ins Münsterland mitgemacht. Zumindest scheint sie nach dessen Tod im Jahr 1905 ihr caritatives Engagement wieder aufgenommen und dabei das relativ neue Feld der Trinkerfürsorge ausgewählt zu haben. Die Lebensbeschreibungen erwähnten, dass das „Schicksal einer Abiturientin aus angesehener Familie"[5] der Auslöser für diesen Schritt war und dass Luise Floß diese Vorgänge später in ihren Vorträgen immer wieder als Beispiel für die negativen Folgen des Alkoholkonsums schilderte.

5 Walter Baumeister, Luise Floß 1875–1938, in: An der Aufgabe wachsen. Zum 60-jährigen Bestehen des Deutschen Caritasverbandes 1897–1957, Freiburg i. Br. 1957, S. 216.

Die junge Frau hatte sich auf einer Festivität unter dem Einfluss nur weniger „Liköre“ mit einem Mann eingelassen und war schwanger geworden. Es bedurfte großer Mühen, das auf diese Weise aus den Fugen geratene Leben der Frau wieder zu ordnen wie auch das ungeborene Leben ihres Kindes zu retten.[6] Schon dieser Fall dürfte Luise Floß gezeigt haben, welch breites Spektrum caritativer Hilfen die Trinkerfürsorge vereinigte. 1910 wurde sie auch Mitarbeiterin der neu gegründeten Beratungsstelle, in dessen Vorstand sie ebenfalls mitwirkte, und gleichzeitig Mitglied des Kreuzbundes. Fortan lebte sie ebenfalls abstinent.

1922 übernahm Luise Floß die Leitung der Beratungsstelle in Münster, die sie nach einer zeitgenössischen Einschätzung in den nachfolgenden Jahren „zur Zentralstelle der Trinkerfürsorge für die Diözese Münster und noch weit darüber hinaus ausbaute“.[7] Konkret meinte er damit zunächst die Aktivitäten der in Räumlichkeiten des Diözesancaritasverbands untergebrachten Beratungsstelle, die 1924 – in diesem Jahr erhielt die Beratungsstelle auch ihr Statut – neben der hauptamtlichen Fürsorgerin und der Leiterin 25 Männer und 19 Frauen aus allen gesellschaftlichen Schichten umfasste. Diese trafen sich zwei Mal im Monat, um sich über die verschiedenen Fälle auszutauschen und Schulungen zu erhalten. Wöchentlich an zwei Nachmittagen fanden Sprechstunden für Hilfesuchende statt.

Die Beratungsstelle hatte ein durchaus modernes Profil. Immerhin sprachen die Mitarbeiter schon von Alkoholkranken, obwohl der Alkoholismus erst gut 40 Jahre später rechtlich entsprechend eingeordnet wurde. Außerdem suchten sie die Zusammenarbeit mit Fachleuten aus dem medizinischen, juristischen und beruflichen Bereich. Zu den festgelegten Aufgaben zählten so u.a. auch „ärztliche Beratung und Begutachtung, Vermittlung von Heilstättenkuren, nachgehende Beratung und schließlich die Eingliederung der Klienten in Abstinenzgruppen. Außerdem wurde im erheblichen Umfang vorbeugende Arbeit betrieben. Frau Floss hielt jährlich etwa 100 Vorträge vor katholischen Kreisen und auch in der Öffentlichkeit. Sie war eine gesuchte Rednerin mit besonderer Ausstrahlungskraft.“[8]

6 „Opfernde Liebe“, Manuskript [vermutlich von Caritasdirektor Walter Baumeister], in: BAM, DiCV Münster A 20.

7 Nachruf Domkapitular Hollings für Luise Floß, in: Caritasblätter für das Bistum Münster 13 (1938), S. 82.

8 Wilfried Knievel, Aus der Arbeit der katholischen Suchtkrankenhilfe in Münster – Ein Blick zurück, in: Caritas in Nordrhein-Westfalen 1981, S. 218.

Abb. 6: Luise Floß (vorne) beim Bundestag des Kreuzbundes in Essen (1937).

Verschiedene Beschreibungen des Lebens von Luise Floß, die Prälat Walter Baumeister posthum verfasst hat, legen nahe, dass er die münsterische Vorsitzende gut kannte. Der ehemalige Karlsruher Caritasdirektor leitete von 1926 bis 1961 das beim DCV neu eingerichtete Referat „Trinkerfürsorge". Mit diesem Schritt hatte Caritas-Präsident Benedikt Kreutz auf seine Vorbehalte gegenüber der Abstinenzbewegung der Kreuzbündnisse reagiert, deren Konzept er realitätsfern und zu gesellschaftskritisch beurteilte. Auch sah er die seelsorgerische Komponente nicht ausreichend berücksichtigt, die er durch die Anbindung der Trinkerfürsorge an den DCV stärken wollte. Luise Floß dagegen schätzte die Bemühungen des Kreuzbundes, dessen Vorständen auf Diözesan- und Bundesebene sie ebenso wie dem des Reichsverbands für katholische Trinkerfürsorge angehörte.

Im Lauf der 1920er Jahre gelang es Luise Floß in enger Abstimmung mit dem Diözesancaritasverband Münster und der Landesversicherungsanstalt Westfalen, auch in den eher ländlichen Gebieten der Diözese und im benachbarten Erzbistum Paderborn Beratungsstellen einzurichten. Dabei gab sie ihnen einheitliche Richtlinien an die Hand. Während die Fürsorgerin der Beratungsstelle Münster die um Münster liegenden Ortschaften wie Emsdetten, Coesfeld oder Telgte mit betreute, gab es weitere eigenständige Stellen, die wiederum Filialen versorgten.

1933 konnte in Münster am Alten Steinweg, wo sich auch die Büroräume der Beratungsstelle befanden, mit finanzieller Unterstützung des Diözesancaritasverbands die „Gaststätte ohne Alkohol" („Goa") eingerichtet werden, „um den gewohnheitsmäßigen Wirtschaftsbesuchern eine Gelegenheit zur gemütlichen Geselligkeit zu geben". Die Gaststätte wurde so gut angenommen, dass die Erlöse die Sachkosten der Beratungsstelle trugen.[9] Bis 1936 hatte Luise Floß in der Diözese Münster ein Netz von 25 Beratungsstellen mit insgesamt ca. 350 aktiven Mitarbeitern geschaffen. Mit ihrem Organisations-, aber auch rednerischen Talent wirkte sie zudem weit über die Bistumsgrenzen hinaus.[10]

> „Bei der Gründung vieler anderer Stellen hat Frau Floß durch Beratung und durch die Schulung der Helfer und Fürsorger mitgewirkt. Die Beratungsstelle Münster entwickelte sich zur Schulungsstätte. Im Laufe der Jahre sind 105 Praktikanten und Praktikantinnen, von denen heute viele als hauptamtliche Fürsorger und Fürsorgerinnen tätig sind, durch diese Schule unserer Frau Floß gegangen. Ungezählte ehrenamtliche Helfer im ganzen Deutschland haben ihre Vorträge und Kurse besucht und Anregung und Förderung erhalten. Im September vorigen Jahres [1937] sprach Frau Floß noch auf dem ersten Internationalen katholischen Kongreß gegen den Alkoholismus in Warschau, der dortselbst im Rahmen des Weltkongresses gegen den Alkoholismus stattfand." (Nachruf Prälat Hollings zum Tod von Luise Floß, in: Caritasblätter für das Bistum Münster 13 (1938), S. 82)

Wie erwähnt engagierte sich Luise Floß schon während ihrer Jahre in Elberfeld intensiv im katholischen Mädchenschutz, und auch im Rahmen der Trinkerfürsorge setzte sie sich besonders für Alkohol gefährdete Mädchen und Frauen ein. So kann es nicht verwundern, dass sie in Münster ebenfalls die Arbeit des Katholischen Mädchenschutzes unterstützte. Dennoch wird sie nicht danach gestrebt haben, auch hier ein Leitungsamt zu erhalten. Aber als 1926 auf der Generalversammlung des Mädchenschutzes die Vorsitzende Willibrand krankheitsbedingt ihren Rücktritt erklärte und sich kein anderes Vorstandsmitglied zur Nachfolge in der Lage sah, ließ sich Luise Floß in die Pflicht nehmen.

9 Wilfried Knievel, Eine Kneipe ohne Alkohol. Luise Floß – Aufbauarbeit für die Suchthilfe, in: Caritas in NRW 3/1998, S. 23.

10 20 Jahre Diözesan-Caritasverband Münster, S. 54f. u. 66.

Wenn man dem Bericht über die Veranstaltung folgt, zogen bei diesem Schritt Domkapitular Surmann und Domvikar Holling die Fäden, als sie „ihrerseits Frau Floß als durchaus geeignet und befähigt für die Wahl in Vorschlag [brachten]. Herr Domkapitular Surmann führte aus, daß Frau Floss zwar als Vorsitzende der Trinkerfürsorge sehr belastet sei, andererseits aber auch durch reiche Erfahrung auf sozial-caritativem Gebiet, durch ruhige Tatkraft u. kluge Besonnenheit vereint mit Festigkeit und Güte bei Ausübung ihrer diesbezüglichen Pflichten, ferner durch rednerische Begabung sowie echt christliche Gesinnung, die sie für alle Notleidenden ein warmes Interesse hegen läßt, seines Erachtens wie geschaffen sei für den verantwortungsvollen Posten einer Vorsitzenden des Mädchenschutzvereins. Dennoch erklärten die Hochw. Herren Geistlichen sich ausdrücklich bereit, andere Vorschläge gerne berücksichtigen zu wollen. Da Frau Floss den meisten Damen bereits bekannt war, weil sie mitten im öffentlichen Leben steht, hatte man nichts gegen den Vorschlag einzuwenden und schritt nach kurzer Überlegung zur Wahl. Frau Floss erhielt alle Stimmen.“[11]

Die hier angedeutete Doppelbelastung – 1929 bis 1933 war sie zudem für die Zentrumspartei Mitglied der münsterischen Stadtverordneten-Versammlung – hinderte Luise Floß nicht daran, wie die Trinkerfürsorge auch den Katholischen Mädchenschutz in der Diözese Münster zukunftsorientiert aufzustellen. Bereits 1927 rief sie eine Diözesan-Konferenz ein, die schon seit längerer Zeit nicht mehr stattgefunden hatte und an der Vertreter möglichst aller Ortsvereine und Vertrauensstellen teilnehmen sollten. Die Bedeutung, die sie dieser Veranstaltung beimaß, kam auch im Rahmenprogramm zum Ausdruck. Immerhin hielt hier Christine Teusch ein Referat über die Probleme und Aufgaben der aktuellen Mädchenschutzarbeit. Im gleichen Jahr führte der Diözesanverband als erster Verband in Deutschland zusammen mit dem Nationalverband, dessen Vorstand Luise Floß bald angehörte, dekanatsweise Schulungen für die leitenden Mädchenschutz-Mitarbeiter durch.

Ein wichtiger Bestandteil der Mädchenschutzarbeit ergab sich auch im Bistum Münster durch die zunehmende Binnen- und Auswanderung Stellen suchender Mädchen. Ein verbessertes Meldesystems, das diese Mädchen erfasste, erhöhte die Effektivität der Maßnahmen. Auf die starke Wanderbewegung aus den Industriestädten des Ruhrgebiets in die Niederlande

11 „Bericht über die Generalversammlung des Kath. Mädchenschutzvereins (Ortsgruppe Münster)“ v. 2. Juli 1926, in: Archiv DiCV Münster, Ordner Mädchenschutz, Sozialarbeit 1907–1955 – Briefe und Notizen aus der Geschichte d. Mädchenschutzes Münster.

reagierte der Mädchenschutz mit einer eigenen Hollandvermittlungsstelle in Oberhausen.

Nach schwierigen Verhandlungen konnte 1927 darüber hinaus unter Federführung des Diözesanverbands Münster in Emmerich, also in unmittelbarer Grenznähe, das St. Josefshaus eröffnet werden, in dem reisende Mädchen, Frauen und Kinder Unterkunft fanden. Träger war die Kirchengemeinde St. Aldegundis, und zum Kuratorium zählten neben dem Emmericher Dechanten und Christine Teusch u.a. auch Domkapitular Surmann, Domvikar Holling und Luise Floß.

Nachdem die nationalsozialistischen Machthaber 1933 für schulentlassene Mädchen das so genannte Landjahr eingeführt hatten, dem später das Pflichtjahr folgte, sah sich der Mädchenschutz weiteren Aufgaben gegenüber. 1936 gab es im Bistum Münster gut 30 Anlaufstellen, die zwischen 1933 und 1935 immerhin mehr als 20.000 junge Mädchen vermittelten. Insgesamt waren 300 Ortsgruppen und Vertrauensstellen tätig.[12] Allerdings verbot der NS-Staat im gleichen Jahr die caritativen Stellenvermittlungen, und auch sonst sah sich der Katholische Mädchenschutz wachsenden Beschränkungen ausgesetzt.

Diese Entwicklung setzte Luise Floß zwar zu, ließ aber gleichzeitig ihre Vortragstätigkeit stark anwachsen. Gerade Eltern, aber auch Brautpaaren wollte sie so das erforderliche Rüstzeug geben, um ihre Familien in christlichem Geist zu stärken. Sie selbst scheint ihre stetig zunehmenden caritativen Tätigkeiten meist gut mit den familiären Aufgaben in Einklang gebracht zu haben. Jedenfalls gelang es ihr nach Aussage eines Sohnes durchgängig, ihre Kinder liebevoll zu umsorgen, mit ihnen Ausflüge zu machen und ihnen auch später als Beraterin zur Seite zu stehen. Allerdings erledigte sie deshalb vieles erst am Abend. Zudem trug ihr Ehemann, der 1934 starb, ihr ehrenamtliches Engagement offenbar stets mit.

Wenn man nach den Gründen für den Erfolg fragt, der Luise Floß bei ihren Bemühungen begleitete, dürften mehrere Persönlichkeitsmerkmale zusammengewirkt haben. Ihre feste Glaubensverankerung – jedoch ohne übermäßige Frömmigkeitsformen – bildete die maßgebliche Basis ihres Einsatzes. Eine breite Allgemeinbildung ließ sie gut vorbereitet in Verhandlungen gehen, die sie oftmals mit großer Hartnäckigkeit und in der Regel äußerst ergebnisorientiert auch mit staatlichen Stellen führte.

12 20 Jahre Diözesan-Caritasverband Münster, S. 52.

Im direkten Umgang mit Hilfsbedürftigen und Ratsuchenden zeichnete Luise Floß sich durch Ruhe, Bescheidenheit und Umsicht aus, wobei sie weniger anklagend als mitfühlend auftrat. In Gesprächen etwa mit aggressiven Alkoholkranken oder auch bei Vorträgen mit jungen Menschen fand sie den erforderlichen Ton, um Situationen zu entschärfen wie auch Aufmerksamkeit zu wecken. Ihre Mitarbeiter konnte sie nicht zuletzt auch deshalb motivieren, neue, mitunter Kraft zehrende Wege zu gehen, weil sie sich selbst nicht zu schade war, einfache, durchaus auch unangenehme Aufgaben etwa in der Beratung zu übernehmen.[13]

Abb. 7: Luise Floß: Herzliche Ausstrahlung trotz vielfältiger Belastungen.

Als Luise Floß, die mehrfach für ihr ehrenamtliches Engagement ausgezeichnet wurde, nach längerer schwerer Krankheit am 18. Juni 1938 starb, bedeutete ihr Tod sowohl für die Trinkerfürsorge als auch für den Mädchenschutz einen großen Verlust. Es war vor allem Bernardine Burghoff zu verdanken, dass die Arbeit beider Verbände, deren Büros im gleichen Gebäude lagen, in schwerer Kriegs- und Nachkriegszeit effektiv weiterlief. Von 1939 bis 1969 betätigte sie sich als Mitarbeiterin des Diözesancaritasverbands Münster zunächst in der Beratungsstelle und dann auch als Geschäftsführerin des Mädchenschutzes. Auf diesem Feld konnte sie bereits 1946 die Bahnhofsmission in Münster und später in Zusammenarbeit mit den Schwesternhäusern für die Töchter heimatvertriebener Familien auch hauswirtschaftliche Ausbildungsplätze (wieder) einrichten. Die heutige „IN VIA Katholische Mädchensozialarbeit" steht in dieser Tradition.[14]

13 „Opfernde Liebe", Manuskript [vermutlich von Caritasdirektor Walter Baumeister], in: BAM, DiCV Münster A 20.

14 Nachruf auf Bernardine Burghoff, in: Caritas in NRW 1977, S. 182.

Welche Bedeutung Luise Floß allein schon für die katholische Trinkerfürsorge auch über die Bistumsgrenzen hinaus besaß, kam in ihrer 1957 von Caritasdirektor Baumeister anlässlich des 60-jährigen DCV-Jubiläums verfassten Vita zum Ausdruck:

„Seit dem Tode dieser begnadeten Frau hat noch niemand so richtig ihr Erbe aufgenommen. Ist inzwischen etwa die Alkoholnot geringer geworden? Oder sind die Frauen, die Zivilcourage mit Herzenswärme verbinden, so ganz ausgestorben? Oder hat es am Ende die Caritas nicht fertiggebracht, die Not der 300.000 Trinker der Bundesrepublik denen, die guten Willens wären, lebendig und eindrucksam genug vor die Seele zu stellen? Jedenfalls ruft die Stunde nach Pionieren, die sich gütig und klug in den Dienst der Süchtigen stellen – jener Versinkenden, die aus eigener Kraft nicht mehr aus ihrem Elend herauskommen können."[15]

Literatur-Tipps

Gabriele Kranstedt, „100 Jahre IN VIA Katholische Mädchensozialarbeit", in: Caritas 96 (1995), S. 351–360.

100 Jahre Hilfe zur Selbsthilfe. Festschrift zum 100-jährigen Jubiläum des Kreuzbundes Münster 1906–2006, hg. v. Kreuzbund e. V. Stadtverband Münster, Münster-Roxel 2006.

Dieter Höltershinken, Vom Mädchenschutz zur Jugendsozialarbeit. IN VIA Katholische Mädchensozialarbeit Dortmund e.V. 1908–2008, hg. v. IN VIA Katholische Mädchensozialarbeit Dortmund e.V., Bochum/Freiburg 2008.

15 Baumeister, Luise Floß, S. 216.

Professor Heinrich Weber

(1888–1946)

Die Verbindung von Caritasarbeit und Caritaswissenschaften im Bistum Münster

Nachdem im Sommer 1916 der Diözesancaritasverband für die Diözese Münster gegründet worden war, bestimmte die Organisation konkreter Hilfsmaßnahmen zur Linderung der gewaltigen kriegsbedingten Notstände die Arbeit der Verantwortlichen in beträchtlichem Umfang. Dies betraf vor allem Kaplan Heinrich Weber als ersten Caritassekretär. Aber bereits zu dieser Zeit galt sein Augenmerk ebenso dem theoretischen Unterbau der Caritasarbeit, den Christlichen Sozial- und Caritaswissenschaften. Nachdem er die notwendigen akademischen Grade erreicht hatte, wurde er schon bald Nachfolger Franz Hitzes am entsprechenden Lehrstuhl der Universität Münster. Er war maßgeblich dafür verantwortlich, dass dieses Forschungsfeld nicht nur in den kirchlich-caritativen Raum – 1925 konnte zudem in Freiburg das „Institut für Caritaswissenschaft" eröffnet werden –, sondern auch in die öffentliche Wohlfahrtpflege hineinwirkte.

Obwohl Professor Weber seine Aufgaben im „Tagesgeschäft" des Diözesancaritasverbands 1923 endgültig in andere Hände gelegt hatte, beeinflusste er bis Mitte der 1930er Jahre als Vorsitzender nach wie vor in großem Maß dessen Ausrichtung und Strukturen. Sein Leben und Werk wurden schon an anderer Stelle ausführlich durchleuchtet und gewürdigt[1], sodass hier nur die wesentlichen Grundlinien seines Wirkens im Zusammenhang mit der organisierten Caritas nachgezeichnet werden. Doch dürfte zu erkennen sein, welch große Bedeutung Heinrich Weber für die Entwicklung der Caritas im Bistum Münster und weit darüber hinaus, aber auch insgesamt für die Sozialpolitik und Wohlfahrtspflege während der Weimarer Republik und der frühen Bundesrepublik hatte.

1 Manfred Hermanns, Heinrich Weber – Sozial- und Caritaswissenschaftler in einer Zeit des Umbruchs. Leben und Werk, Würzburg 1998.

Lebensbild

Warum Bischof Poggenburg bald nach Ausbruch des Ersten Weltkriegs gerade auf den erst 26-jährigen Kaplan Heinrich Weber setzte, um neue, durch den Krieg bedingte Dienste aufzubauen, bleibt im Dunkeln. Aber der Oberhirte muss spätestens im Lauf der nächsten Monate erkannt haben, dass der junge Geistliche über ein großes Organisationstalent und besondere Tatkraft verfügte, die ihn für noch bedeutendere Tätigkeiten im Bereich der Caritas prädestinierten. Allerdings wies bis dahin kaum etwas in seiner Biografie auf diesen Weg hin.

Heinrich Weber wurde am 20. Oktober 1888 als zweites von vier Kindern in Röllinghausen geboren. Der Ort zählte zum Kreis Recklinghausen, der weitgehend katholisch geprägt war. Sein Vater leitete die Volksschule des Ortes und brachte dabei große Energien auf, um die Schule durch einen Neubau an das enorme Bevölkerungswachstum anzupassen. Denn auch in dieser Region zog die rasant steigende Zahl der Kohle-Zechen immer mehr Menschen an. Zudem engagierte sich der Vater im kirchlich-religiösen Rahmen. Heinrich verbrachte also seine Kindheit und Jugend in der relativ festgefügten katholischen Lebenswelt jener Zeit, die zunehmend durch die Industrialisierung beeinflusst wurde, und erlangte 1908 sein Abitur am Gymnasium „Petrinum" in Recklinghausen.

Anschließend studierte Heinrich Weber in Münster Theologie, und 1912 weihte ihn Bischof Felix von Hartmann (1911/12) zum Priester. Bald darauf erhielt er in der Bischofsstadt an der St.-Joseph-Pfarrei eine Kaplanstelle. Da er seinen Dienst weiterhin im Dunstkreis der Bistumsverantwortlichen verrichtete, scheinen seine zu Tage tretenden organisatorischen Fähigkeiten der bischöflichen Behörde bekannt geworden sein. Als mit Kriegsbeginn die Einberufung zum Sanitätsdienst erfolgte, den er aber nicht im Fronteinsatz, sondern im Kriegsernährungsamt in Berlin ableistete, wollte der Bischof jedenfalls nicht auf Kaplan Weber verzichten. So erreichte der Bischof die Freistellung des Kaplans, der Ende 1914 nach Münster zurückkehrte.

Hier übernahm Kaplan Weber die Zentrale der Vermisstennachforschung. Auch koordinierte er die Unterstützung deutscher wie ausländischer Kriegsgefangener und betätigte sich als Lazarett- und Gefangen-Seelsorger. Darüber hinaus warb er seit 1916 im Gebiet des Generalkommandos Münster für

Kriegsanleihen und hielt Vorträge, um über wirtschaftliche Zusammenhänge aufzuklären.[2]

Offenbar erledigte Kaplan Weber diese Aufgaben so gut, dass er schon bald nach der am 26. Juli 1916 erfolgten Gründungsversammlung zum Caritassekretär des Diözesancaritasverbands Münster ernannt und gleichzeitig zum Kaplan an der Innenstadt-Pfarrei St. Ludgeri berufen wurde. Hier konnte er über Pfarrer Albert Schütte, dem zweiten Vorsitzenden des Diözesancaritasverbands, in Münsters Hauptgeschäftsstraße eine kleine Wohnung beziehen, in der er auch das erste Caritasbüro einrichtete. Mit Unterstützung einer Schreibkraft koordinierte er von dieser „Zentrale“ aus die vielfältigen caritativen Aktivitäten zum Kampf gegen die große Not.

Neben direkter materieller Unterstützung z. B. über die Vinzenz- und Elisabethvereine oder Armenspeisungen legte Kaplan Weber dabei einen wesentlichen Schwerpunkt auf die Jugendfürsorge. Vor allem durch die Kinderlandverschickung von „Industriekindern“ aus dem Ruhrgebiet in ländliche Regionen – z. B. wurden 1916 mehr als 12.500 und 1917 18.500 Mädchen und Jungen in den Herbstferien untergebracht – konnte erfolgreich geholfen werden. Gleiches galt für Adoptionsvermittlungen oder Kriegspatenschaften, die in Zusammenarbeit mit dem KFV auf den Weg gebracht wurden. Dennoch hatte Kaplan Weber im „eigenen Lager“ mit Vorbehalten zu kämpfen, wie Mitstreiter im Rückblick anschaulich darlegten:

„Der organisatorisch-technische Apparat mußte Schritt um Schritt langsam und mühsam aufgebaut werden. Die Schwierigkeiten und Widerstände waren zahlreich. Daß man die ‚Caritas organisierte‘, daß eine solche Organisation sogar noch zweckmäßig und notwendig sein sollte, daß ein Geistlicher dafür angestellt würde, das alles vermochten damals viele nicht sinnvoll zu bejahen. Daraus ergaben sich mancherlei Hemmungen, die es in einer unruhe- und mühevollen persönlichen Propaganda-Arbeit zu beseitigen galt. Daneben mußte um die positive Mitarbeit geworben werden. Kleinkonferenzen, öffentliche Versammlungen, Caritassonntage, Werbeschreiben usw. dienten diesem Ziele.“[3]

Auf diesem Feld kamen Kaplan Weber seine Fähigkeiten auf wissenschaftlichem Gebiet zugute. So unterrichtete er von Anfang an an der 1917 eröffneten Kreisfürsorgerinnen- bzw. Wohlfahrtsschule des KFV in Münster

2 20 Jahre Diözesan-Caritasverband Münster e. V., hg. v. DiCV Münster, Münster 1936, S. 71.

3 Ebd., S. 23.

Volkswirtschaftslehre und Wohlfahrtskunde. Nach Kriegsende rückte dann die wissenschaftliche Betätigung immer stärker ins Zentrum seiner Arbeit. Bereits 1919 promovierte er am Staatswissenschaftlichen Lehrstuhl der Universität Münster mit der Dissertation „Das Lebensrecht der Wohlfahrtspflege" und habilitierte sich dort zwei Jahre später mit einer Studie über „Akademiker und Wohlfahrtspflege im deutschen Volksstaat". 1922 folgte zudem eine weitere Promotion an der Theologischen Fakultät in Tübingen über das Thema „Die religiös-ethischen Grundlagen der Fürsorgearbeit in Judentum und Christentum".

In kurzer Zeit hatte Heinrich Weber also die Basis für eine akademische Laufbahn gelegt. Seit 1919 Dozent an der münsterischen Rechts- und Staatswissenschaftlichen Fakultät, übernahm er 1922 zudem in der Nachfolge Franz Hitzes die Professur für Christliche Gesellschaftslehre. Seine zahlreichen Publikationen zum Wohlfahrtswesen und zur Caritaswissenschaft zeigen die große Bedeutung, die er für die theoretische Behandlung des Fürsorgewesens der Weimarer Republik besaß. Schon früh hob er etwa die Notwendigkeit einer qualifizierten Ausbildung für „soziale Berufsarbeiterinnen" hervor. Auch zeigte er immer wieder den volkswirtschaftlichen Stellenwert der Fürsorgearbeit im Allgemeinen und besonders der Caritas auf. Dazu diente nicht zuletzt auch der Bildband zur katholischen Anstaltsfürsorge im Bistum Münster von 1928, der die zahlreichen Einrichtungen in ihrer Entwicklung vorstellte.[4]

Diese große Kompetenz Professor Webers führte dazu, dass ihm zusätzlich zu seinen beruflichen Verpflichtungen noch andere Ämter zukamen. So war er etwa seit 1920 im Zentralrat und Zentralvorstand des DCV, seit 1925 Geschäftsführender Direktor der neu errichteten Westfälischen Verwaltungsakademie und seit 1929 Vorsitzender der Finanzkommission des DCV. Auch verband ihn ein freundschaftliches Verhältnis zu Prälat Benedict Kreutz, der als einer der ersten Kandidaten bei ihm promovierte und 1921 Präsident des DCV geworden war.

Die Fülle der Belastungen des Lehrbetriebs wie auch der sonstigen Ämter ließen es auf Dauer nicht mehr zu, dass Professor Weber seine Aufgaben als Caritassekretär bzw. seit 1920 als Caritasdirektor des Diözesancaritasverbands Münster im erforderlichen Maß wahrnehmen konnte. Daher erhielt

4 Heinrich Weber, Die katholische Anstaltsfürsorge im Bistum Münster, Düsseldorf o. J. [1928].

er Anfang der 1920er durch die Geistlichen Theodor Holling und Joseph Tenspolde, die zu seinem Weihejahrgang zählten, weitgehende Entlastung. Als Pfarrer Schütte im Oktober 1923 den Verbandsvorsitz niederlegte, trat Professor Weber an seine Stelle. Gleichzeitig zog er sich aus dem „Tagesgeschäft" zurück.[5]

Aber auch in dieser Funktion blieb Professor Weber für die Entwicklung der Caritas im Bistum Münster wie auch des Diözesanverbands prägend, was an zwei, mehr oder weniger parallel verlaufenden Ereignissen der Jahre 1924/25 deutlich wird. So weisen nicht nur die Texte der Diözesan-Synode, sondern auch die Änderung der Satzungen des Diözesancaritasverbands auf seine große Einflussnahme. Aber auch Grenzen und Konfliktlinien zwischen dem traditionellen Caritasverständnis und seinen modernen Vorstellungen treten zumindest unterschwellig zu Tage. Beides soll hier etwas ausführlicher skizziert werden, um sein Caritasverständnis und Stehvermögen aufzuzeigen.

Anfang 1924 kündigte Bischof Poggenburg für den Herbst im Rahmen der kirchenrechtlichen Vorgaben die Einberufung einer Diözesan-Synode an, um vor dem Hintergrund des immensen gesellschaftlichen Wandels die pastoralen Strukturen im Bistum zu beleuchten.[6] Wenig später benannte er die Mitglieder der Ausschüsse, die die verschiedenen, auf der Synode zu behandelnden Themenbereiche inhaltlich vorbereiten und einen Entwurf für das jeweilige Synodal-Statut erstellen sollten. Professor Weber wurde zum zweiten Vorsitzenden des Ausschusses „Vereinswesen – Soziale Frage – Wohlfahrtspflege" ernannt und setzte die Akzente für das Statut „Die Gegenwartsaufgaben der kirchlichen Wohlfahrtspflege".

Die vom 14. bis 16. Oktober 1924 tagende Synode, an der insgesamt 181 Geistliche teilnahmen, beriet auch die von Professor Weber vorgestellte Vorlage. Dabei wies er zu Beginn auf „die radikale Umgestaltung der Verhältnisse auf dem Gebiete der Wohlfahrtspflege seit der letzten Diözesansynode 1897 und auf die sich daraus für die Caritasbetätigung von heute ergebenden Folgerungen" hin. Während Professor Weber anscheinend gegenüber den anderen Wohlfahrtsverbänden offenere Strukturen angestrebt hatte, setzten

5 Vgl. Lebensbilder der Prälaten Theodor Holling und Joseph Tenspolde.

6 Vgl. Wilhelm Damberg, Gesellschaftlicher Wandel und pastorale Planung. Das Bistum Münster und die Synoden von 1897, 1924, 1936 und 1958, in: Werner Thissen (Hg.), Das Bistum Münster, Bd. II: Pastorale Entwicklung im 20. Jahrhundert, Münster 1993, S. 13–57.

sich die Synodalen jedoch in einigen Änderungsanträgen u.a. für die „Wahrung des konfessionellen Charakters und die Selbständigkeit“ der caritativen Verbände und Einrichtungen ein. Ebenso wollten sie die Bedeutung der „Pfarrgeistlichkeit“ innerhalb der Vereine betont sehen.[7] Dennoch dürfte das letztlich verabschiedete Statut gerade auch in seinen grundlegenden Aussagen weitgehend den Vorstellungen Professor Webers entsprochen haben.

> „Jesus Christus hat gesprochen: ‚Daran werden alle erkennen, daß ihr meine Jünger seid, wenn ihr Liebe habt zueinander‘ (Joh. 13,35). Darum muß der Klerus die der Kirche vom göttlichen Heilande anvertraute Liebesmission als seine besondere Berufsarbeit ansehen und für weiteste Verbreitung caritativen Geistes und für zeitgemäße Organisation der caritativen Bestrebungen Sorge tragen. Angesichts der gesteigerten Not unserer Tage und des Mangels an wahrer Opfergesinnung in vielen Kreisen gewinnt die Pflege caritativer Gesinnung und Betätigung ihre ganz besondere Bedeutung. Wenn auch durch die öffentliche Wohlfahrtspflege viel Gutes geleistet wird, ist doch nur die aus religiösen Beweggründen geborene Caritas befähigt, persönliche Hingabe und opferwillige Hilfsbereitschaft zu wecken und lebendig zu erhalten.“ (Diözesansynode des Bistums Münster 1924, Münster 1924, S. 140)

Konkret benannte das Statut etwa die Notwendigkeit der „Zusammenfassung aller caritativen Einrichtungen“ auf allen Ebenen und damit den Wunsch, einen „Caritasverband oder Ausschuß [...] unter der Leitung eines Geistlichen oder auch eines Laien“ in möglichst „jedem Orte des Bistums“ zu verwirklichen. Eine gute Zusammenarbeit mit der öffentlichen Wohlfahrtspflege solle angestrebt werden, wenn die „Gleichberechtigung“ der Caritas „anerkannt und die freie Entfaltung ihrer Eigenart gesichert ist“. Da die Geistlichen wegen der engen Verbindung von Seelsorge und Caritas besonders gefordert seien, müssten nicht nur die für die Stadt- und Landkreise vom Bischof ernannten Caritassekretäre, sondern jeder Pfarrer wie auch die Priesteramtskandidaten in caritativen Fragen informiert sein. Danach befasste sich das Statut mit den zahlreichen caritativen Einzelbereichen. Das „Grundgesetz für jede katholische Caritasbewegung“ war dabei, „daß sowohl die Caritasverbände wie die Fachorganisationen der obersten Leitung des Diözesanbischofs unterstehen“.[8]

7 Diözesansynode des Bistums Münster 1924, Münster 1924, S. 38f.
8 Ebd., S. 140–149.

Im Zusammenhang mit Änderungen der Satzungen des Diözesancaritasverbands von 1916, die zeitgleich mit der Synode diskutiert wurden, ergaben sich jedoch zwischen Professor Weber und der Bistumsleitung Differenzen, die im Kern um die Stellung des Bischofs im Verbandsgefüge kreisten. Denn laut Satzungen wählte die Hauptversammlung des Verbands 40 Mitglieder für den Diözesan-Ausschuss, zu dem auch Vertreter der caritativen Vereine und Fachverbände zählten. Dieser wiederum hatte aus seinen Reihen zehn Mitglieder zu wählen, die mit dem Vorstand und den Caritassekretären den so genannten Geschäftsführenden Ausschuss bildeten.[9]

Abb. 8: Professor Heinrich Weber: Verbindung von Theorie und Praxis der Caritas.

Auslöser dieser Diskussionen war die Feststellung Professor Webers auf eine Anfrage Bischof Poggenburgs, dass der Geschäftsführende Ausschuss seit einiger Zeit nur noch „aus den im Caritasverband tätigen Geistlichen" bestehe, die gemeinsam alle Entscheidungen träfen. Grund sei die „Unmöglichkeit [...], den Ausschuß so oft einzuberufen, wie es seine satzungsgemäße Kompetenz erfordert hätte". Aus Sicht des Bischofs fördere jedoch die Beteiligung der Verbandsmitglieder an den geschäftsführenden Entscheidungen die „Verwirklichung der Verbandszwecke", sodass er daraufhin den Vorsitzenden anwies, umgehend wieder zu den Vorgaben der Satzungen zurückzukehren.[10]

In einem Gespräch des Vorsitzenden mit dem Bischof und dem Generalvikar kamen die Beteiligten überein, im Diözesan-Ausschuss möglichst alle caritativen Einrichtungen und Gruppierungen – und hier nicht zuletzt auch die Kreis-/Dekanatscaritassekretäre als neu geschaffene Mittelebene der di-

9 „Satzungen für den Diözesan-Caritasverband Münster" v. 26. Juli 1916, in: Archiv DiCV Münster, Ordner Ordnungen und Satzungen des CV.

10 Professor Weber an Bischof Poggenburg v. 2. April 1924 und Antwort v. 11. April 1924, in: ebd.

özesanen Caritas – einzubeziehen, den Geschäftsführenden Ausschuss aber handlungsfähiger zu machen.[11]

Die im Juli 1924 zusammengetretene zweite Generalversammlung des Verbands griff diese Aspekte auf und beschloss entsprechende Satzungsänderungen. Nun setzte sich der Diözesan-Ausschuss aus dem Vorstand, den „an der Zentrale tätigen Geistlichen und hauptamtlich angestellten Kreis-Caritassekretären" und aus von der Hauptversammlung gewählten Mitgliedern zusammen. Letztere sollten vor allem Vertreter der Fachverbände und Anstalten sein, ohne dass ihre Zahl festgelegt wurde. Den Geschäftsführenden Ausschuss bildeten fortan der Vorstand, die Caritasdirektoren sowie ein von Bischof ernannter Vertreter.[12]

Allerdings scheinen die grundsätzlichen Unstimmigkeiten zwischen Verbands- und Bistumsleitung nicht nachhaltig beseitigt worden zu sein, wie die Schwierigkeiten bei der bischöflichen Anerkennung der neuen Satzungen zeigten. So wurden die veränderten Bestimmungen erst nach dem Eintrag ins Vereinsregister beim Generalvikariat eingereicht, woraufhin die bischöfliche Behörde eine Reihe von Formulierungen und dabei besonders das fehlende bischöfliche Aufsichtsrecht über den Verband im neuen Text kritisierte. Aber obwohl Professor Weber bekundete, dass der Verband durchaus an einer möglichst guten Zusammenarbeit mit dem Generalvikariat interessiert sei, wies er die Einwände mit sachlichen Argumenten zurück. Das Generalvikariat verzichtete schließlich wegen der bereits bestehenden Rechtsgültigkeit der Satzungsänderungen auf eine offizielle bischöfliche Genehmigung.

Immerhin blieben diese Satzungen bis Anfang der 1970er Jahre unverändert bestehen, der Diözesancaritasverband unter Einbeziehung aller caritativen Ebenen breit aufgestellt, aber auch relativ eigenständig gegenüber der Bistumsleitung. Der Bischof wiederum besaß besonders durch das Ernennungsrecht des Vorstands, der Caritasdirektoren und der Caritassekretäre direkten Einfluss auf die Entwicklung des Verbands.

Auch weiterhin beteiligte sich Professor Weber trotz seiner vielfältigen beruflichen Verpflichtungen intensiv am caritativen Geschehen in der Diözese. So verfasste er und nicht Domvikar Holling den Beitrag zur Caritas im 1934 erschienen Sammelband über das Bistum Münster. Hier beschrieb er auch prägnant die Grundlinien, die die Arbeit eines Caritasverbands kennzeichnen sollen.

11 Professor Weber an das Generalvikariat v. 17. Mai mit Gesprächsprotokoll, in: ebd.

12 Satzungen vom 9. Juli 1924, in: ebd.

„Seinem Wesen und seiner Zielsetzung nach gehört es nicht zu den Aufgaben eines Caritasverbandes, praktische Liebestätigkeit wie die caritativen Fachvereinigungen zu üben. Er soll vielmehr die gesamte Caritasarbeit im Bistum einheitlich zusammenfassen, soll anregen und ein planmäßiges Zusammenarbeiten aller caritativen Einzeleinrichtungen der geschlossenen, halboffenen und offenen Fürsorge erstreben. Eine solch organisatorische Zusammenfassung war in unserer modernen Zeit unentbehrlich. Das Wesen der Caritas und die fürsorgerischen Verhältnisse der letzten Jahrzehnte machten sie unentbehrlich. Wir sahen, wie die mannigfachsten caritativen Einzeleinrichtungen sich entwickelten. Die Caritasarbeit nahm an Extensität und Intensität dauernd zu. Je mehr das geschah, desto weiter ging die Spezialisierung und desto größer wurde naturgemäß die Gefahr des Neben- oder gar Gegeneinanderarbeitens. Entspricht das aber dem Wesen und der Zielsetzung der Caritas? Caritas bedeutet Liebe! Liebe aber drängt immer zur Vereinigung und zu gemeinschaftlicher, einander ergänzender Arbeit. Caritasarbeit sucht nicht sich selbst, sondern das Wohl der Gesamtheit und der Mitmenschen. Daher darf und kann nicht ein Alleinsein und Alleinwirken aus einem falschen Organisationsstolz heraus ihr Ideal sein, vielmehr ein harmonisches Zusammenwirken und Sicheinordnen in den Dienst des Ganzen. Die praktische Caritasarbeit hat als Wesensfunktion den Kampf mit der Not. Die Not als isolierter Einzelzustand mag durch isoliertes Wohltun gelindert werden können, nicht aber die neuzeitliche Massennot. Diese erheischt organisierten Kampf. Dieser aber hat eine straffe Zusammenfassung aller Kräfte, einen einheitlichen Schlachtplan und eine zielklare Leitung zur unbedingten Voraussetzung. Caritasarbeit ist praktische Heilkunst am kranken Volkskörper. Wie können aber viele Ärzte nebeneinander ohne gegenseitige Kenntnis ihrer mannigfachen Einzelmaßnahmen und ohne Rücksichtnahme auf diese am gleichen Organismus kurieren, ohne diesen auf äußerste zu gefährden? Ist nicht aber der Volkskörper auch ein Organismus von überindividueller Realität? Diese Erwägungen drängten mit zwingender Konsequenz zum Zusammenschluß der vielgestaltigen Caritasarbeit im Bistum, um so mehr, als die Caritas in der kirchlichen Organisation selbst ihr bestes Vorbild hatte. Auch die Kirche hat immer in der straffen Zusammenfassung ihrer Einzelmitglieder, in der konsequenten Zentralisation zur Einheit ihre größte Stärke gesucht und gefunden." (Heinrich Weber, Caritas im Bistum, in: Ferdinand Emmerich (Hg.), Das Bistum Münster, Berlin Wilmersdorf 1934, S. 114f.)

Manche Formulierung erscheint dabei als Anlehnung an den nationalsozialistischen Duktus, den Professor Weber jedoch entschieden ablehnte. Daher musste er bereits im Herbst 1933 im Zuge des „Gesetzes zur Wiederherstellung des Berufsbeamtentums" die Rechts- und Staatswissenschaftliche Fakultät der Universität Münster verlassen, sodass sich seine Lehrtätigkeit auf die Katholisch-Theologische Fakultät beschränkte. 1935 übernahm er auf Drängen der Bischöfe den Vorsitz der auch auf seine Initiative neu eingerichteten Bischöflichen Finanzkammer, die die Zentralisation und Prüfung der kirchlichen und caritativen Finanzstrukturen fördern sollte. Er hielt diesen Schritt gerade auch in Anbetracht des NS-Kirchenkampfs für dringend erforderlich, zumal die so genannten Devisenprozesse gegen Ordensleute und Kirchenmitarbeiter zwar propagandistischen Zwecken dienten, aber ebenso schwere wirtschaftliche Versäumnisse kirchlich-caritativer Einrichtungen zeigten. Die Geschäfte der Finanzkammer für die westdeutschen Bistümer führte dabei Caritasdirektor Tenspolde durch.[13]

Ende 1935 wurde Professor Weber staatlicherseits nach Breslau zwangsversetzt, wo er seit 1936 nicht nur Caritaswissenschaften lehrte, sondern auch ein „Institut für kirchliche Verwaltung und Finanzwissenschaft" einrichtete. Da er nun keine Möglichkeit mehr sah, den Vorsitz des Diözesancaritasverbands Münster fortzuführen, trat er von diesem Amt zurück. Bischof Clemens August Graf von Galen (1933–1946) war sich bewusst, welche Lücke damit gerissen wurde, und erst im April 1937 ernannte er mit Weihbischof Heinrich Roleff einen Nachfolger, der dieses Amt fast 25 Jahre ausübte. In seinem Dankesschreiben hob Bischof von Galen den besonderen Einsatz und die Verdienste des ausgeschiedenen Vorsitzenden für die „Caritasarbeit in unserem Bistum nach innen und außen" hervor.[14]

Professor Heinrich Weber blieb auch von Breslau aus unermüdlich auf caritativem Gebiet tätig und suchte etwa durch Gutachten oder Beiträge auf Zentralratssitzungen des DCV die konkrete Arbeit zu unterstützen. Auch verteidigte er in Wort und Schrift das caritative Wirken gegenüber dem nationalsozialistischen Absolutheitsanspruch, ohne dabei so weit so gehen, die Verbandsarbeit zu gefährden. Während der letzten Phase des Zweiten Weltkriegs musste er aus Breslau fliehen.

Nach Kriegsende kam Professor Weber nach Münster zurück, wo er schon bald wieder an der münsterischen Universität mit seiner Lehrtätigkeit begann. Zudem zählte er im Frühjahr 1946 zu den Mitbegründern der Sozialforschungsstelle in Dortmund. Am 29. August verstarb er jedoch an einer Embolie, sodass sein Wirken abrupt beendet wurde. Das Fundament des Diözesancaritasverbands Münster, das Professor Weber an entscheidender Stelle mitgelegt hatte, bestimmte dagegen auch in den nächsten Jahrzehnten die verbandliche Entwicklung.

13 Hermanns, Heinrich Weber, S. 61f.

14 Schreiben Bischof von Galens v. 30. März 1937, zit. n. ebd., S. 56.

Literatur-Tipps

Heinrich Weber, Caritaswissenschaft, Bd. I: Das Wesen der Caritas, Freiburg i. Br. 1938.

Anton Rauscher, Der soziale und politische Katholizismus, 2 Bde., München 1981/82.

Franz Furger (Hg.), Akzente christlicher Sozialethik. Schwerpunkte und Wandel in 100 Jahren „Christlicher Sozialwissenschaften" an der Universität Münster, Münster 1995.

Johannes Bernard/Peter Schallenberg, Katholische Soziallehre konkret. Handlungsfelder und christliche Werte, Münster 2008.

Domkapitular Theodor Holling

(1888–1964)

Prälat Dr. Joseph Tenspolde

(1886–1959)

Der Caritasverband für die Diözese Münster und seine Leitung 1920–1961

Seit Anfang der 1920er Jahre waren die Geistlichen Theodor Holling und Joseph Tenspolde zunächst als Caritassekretäre und dann als Direktoren für die konkrete Arbeit des Caritasverbands für die Diözese Münster zuständig. Gemeinsam mit dem Vorsitzenden Professor Heinrich Weber – sie zählten zum gleichen Weihejahrgang und waren freundschaftlich miteinander verbunden – bemühten sie sich, den Verband mit seinen Einrichtungen und Diensten durch oftmals schwierige Zeiten zu manövrieren.

Dabei waren die Aufgaben dahingehend aufgeteilt, dass Domkapitular Holling den Diözesancaritasverband Münster in den grundsätzlichen Fragen gegenüber den staatlichen Stellen und in den verschiedenen Gremien vertrat, Prälat Tenspolde vor allem für die Geschäftsführung der Häuser in Trägerschaft des Diözesancaritasverbands verantwortlich war und eher im Hintergrund wirkte. Der spätere Vorsitzende und Direktor des Verbands, Prälat Heinrich Tellen, sah in „diesen drei Kursusgenossen ein Dreigestirn, das in den kommenden Jahren und Jahrzehnten jeder auf seine Weise das caritative Leben der Diözese prägte und die Weichen in die Zukunft stellte".[1]

Durch das Ausscheiden Professor Webers als Vorsitzender des Diözesancaritasverbands Münster bildete vor allem Domkapitular Holling das Zentrum des Verbands. Weihbischof Roleff scheint sich dagegen weitgehend auf die repräsentativen Verbandsaufgaben beschränkt zu haben. Allerdings war er es, der Anfang der 1960er Jahre nach dem Tod Prälat Tenspoldes Bischof Michael Keller (1947–1961) in Anbetracht der schwindenden Kräfte Domka-

1 Heinrich Tellen, Nachruf für Domkapitular Theodor Holling, in: Caritasblätter für das Bistum Münster 15 (1964), S. 207.

pitular Hollings eindringlich darauf hinwies, dass die Leitungsebene des Verbands einschließlich seiner eigenen Person einer neuen Ordnung bedurfte.

Lebensbild Domkapitular Theodor Holling

Als Ältester von sechs Geschwistern wurde Theodor Holling 1888 in Papenburg geboren. Sein Vater war Gymnasialprofessor und übernahm um die Jahrhundertwende in Warendorf eine Anstellung am Gymnasium Laurentianum, an dem auch Theodor 1907 sein Abitur machte. Zum damaligen Zeitpunkt scheint er sich der Berufung zum Priester noch nicht ganz sicher gewesen zu sein. Zumindest studierte er zunächst ein Jahr Mathematik, Physik und Chemie, ehe er zur Theologie wechselte.

1912 nach der Priesterweihe kam er als Kaplan nach Homberg (Duisburg), danach zur Familie des Freiherrn von Ketteler auf das Schloss Schwarzenraben bei Lippstadt und 1915 als Konrektor der Rektoratsschule nach Oelde. Hier bildete er einen Caritas-Ausschuss, der sich besonders um deutsche wie französische Kriegsgefangene kümmerte. 1918 machte ihn Bischof Poggenburg zu seinem Bischöflichen Kaplan.[2]

Vermutlich war es mehreren Gründen geschuldet, dass der Bischof Domvikar Holling 1920 auch zum Caritassekretär ernannte, der jedoch den Oberhirten u.a. noch einige Jahre auf seinen Firm- und Visitationsreisen begleitete. Vor allem brauchte Professor Weber wegen seiner vielfältigen Aufgaben dringend Unterstützung.[3] Gleichzeitig galt es, mit dem Domvikar einen tatkräftigen Vorsitzenden für den neu gegründeten Ortscaritasverband Münster einzusetzen.

Domvikar Holling baute in den nachfolgenden Jahren ein breites Angebot konkreter caritativer Hilfsmaßnahmen wie auch koordinierender Anlaufstellen auf. Ausgangspunkt blieben für ihn die Pfarrgemeinden, deren Mitglieder zur Nächstenliebe gerade gegenüber den Schwachen und Bedürftigen angehalten waren. Wenn diese „Pfarrhilfen" durch caritative Vereine wie z. B. den Vinzenz- und Elisabeth-Konferenzen geschahen, hatte die Gemeinde einen Caritas-Ausschuss zu bilden. In einigen Städten, die mehrere Pfarreien umfassten, entstanden zudem Ortscaritasverbände – so 1916 in Recklinghau-

2 Heinrich Tellen, Domkapitular Prälat Holling 50 Jahre Priester, in: Caritas 63 (1962), S. 172f.

3 Vgl. Lebensbild Professor Heinrich Weber.

sen noch vor der Gründung des Diözesancaritasverbands – und 1921 als später eigenständige Institution der Landesverband Oldenburg.

Allerdings zeigte sich Anfang der 1920er Jahre vor dem Hintergrund des großen Massenelends wie auch des sich ausprägenden Weimarer Wohlfahrtsstaats, dass eine weitere caritative Zwischeninstanz vonnöten war. Auf Bitten der Verantwortlichen des Diözesancaritasverbands Münster kündigte Bischof Poggenburg schließlich im Sommer 1923 an, für jeden Stadt- und Landkreis geistliche Kreiscaritassekretäre zu ernennen, die „die ideellen und materiellen Interessen der katholischen Caritas bei den öffentlichen Behörden und sonstigen Stellen vertreten". Auch sah der Bischof die Notwendigkeit, in Konkurrenz zu den anderen freien Wohlfahrtsverbänden die Stellung der Caritas zu wahren. Des Weiteren sollte jede Pfarrei dem Diözesancaritasverband als „korporatives Mitglied" beitreten, die Zeitschrift „Caritas" abonnieren, die „Diözesan-Caritas-Kollekte" abhalten sowie in den Dekanaten in unterschiedlichem Turnus Caritas-Sonntage veranstalten.[4]

„Auf caritativem Gebiete arbeiten neben unserer altbewährten katholischen Caritas zahlreiche wohlorganisierte interkonfessionelle und humanitäre Verbände. In den letzten Jahrzehnten haben die öffentlich-rechtlichen Verbände in systematischer Arbeit das gleiche Arbeitsfeld in Angriff genommen, endlich haben in jüngster Zeit politische Parteien Wohlfahrtsverbände gegründet, die von der Grundeinstellung ihrer Partei aus wohlfahrtspflegerische Arbeit betreiben. Damit ist der Kampf der Weltanschauung auch auf das Gebiet der Caritas übertragen, und es ist heiligste Pflicht, dafür zu sorgen, daß unsere katholischen Grundsätze bei den mannigfachen Einzelfragen (konfessionelle Anstaltsfürsorge, Vormundschaften, Fürsorgeerziehung usw.) zur Geltung gebracht werden. Auch auf materiellem Gebiet müssen wir die Interessen unserer Glaubensgenossen vertreten, damit von den für caritative Zwecke bereitgestellten öffentlichen Mitteln auch der katholische Volksteil, der ebenso gut wie andere Volksteile an der öffentlichen Lastenaufbringung beteiligt ist, entsprechend bedacht wird. Infolge der neueren Sozialgesetzgebung wird in sehr kurzer Zeit ganz Deutschland mit einem lückenlosen Netz von öffentlichen Wohlfahrtsbehörden (Wohlfahrts-, Jugend-, Berufsämter usw.) überzogen sein. Demgegenüber muß die Caritas, deren Zentral- und Diözesanorganisation schon durchgeführt ist, nunmehr in kleineren Bezirken organisiert werden." (Bischof Poggenburg zu „Organisation des Caritasverbandes" v. 10. Juli 1923, in: Kirchliches Amtsblatt der Diözese Münster 57 (1923), S. 48f.)

4 Bischof Poggenburg zu „Organisation des Caritasverbandes" v. 10. Juli 1923, in: Kirchliches Amtsblatt der Diözese Münster 57 (1923), S. 49; vgl. auch Lebensbild Bernd Bietmann.

Ein Aufgabengebiet, dem die Verantwortlichen des Diözesancaritasverbands Münster zunehmend Bedeutung beimaßen, war die Schulungsarbeit. Neben Rundschreiben etwa an die Caritassekretäre organisierte der Verband immer wieder Kurse. Sie informierten sowohl über die gesetzlichen Neuerungen im Wohlfahrtswesen – so z. B. in den Jahren 1924 bis 1926 zur Einführung in das Reichsjugendwohlfahrtsgesetz und die Fürsorgepflichtverordnung oder 1928/29 in die neuen Richtlinien für Kindergärten, Horte und Tagesheime – als auch über Fragen der praktischen Trinkerfürsorge oder der Tuberkulosebekämpfung. Zielgruppe waren Ordensschwestern ebenso wie weltliche Mitarbeiterinnen der Einrichtungen, Geistliche und Mitglieder der caritativen Vereine.

Darüber hinaus trat 1926 nach Vorbesprechungen mit dem Generalvikariat und den Ordensgemeinschaften das „Sozialpädagogische Schwesternseminar des Caritasverbands für die Diözese Münster" ins Leben, das ein Jahr später die staatliche Anerkennung erhielt. Daneben unterstützte der Diözesancaritasverband das vom Katholischen Frauenbund Münster gegründete Sozialpädagogische Frauenseminar und die Westfälische Wohlfahrtsschule.

Ebenfalls seit 1926 gab der Diözesancaritasverband gemeinsam mit dem Caritasverband Recklinghausen die „Caritasblätter für das Bistum Münster" heraus, wobei die Schriftleitung seit 1929 in Münster lag. Mit Beginn des Jahres 1933 erschienen die Caritasblätter in Zusammenarbeit mit der Erzdiözese Paderborn, sodass insgesamt ca. 2.200 Exemplare gedruckt wurden. Im Bistum Münster erreichten sie monatlich 1.110 Pfarreien, Vereine und Einrichtungen. Im Wesentlichen als Publikationsorgan und Mitteilungsblatt konzipiert, sollten die Caritasblätter „die Zusammenarbeit der Caritas im Bistum und in der Pfarrei fördern" und „einen Erfahrungsaustausch vermitteln" sowie „durch einen Stellenanzeiger die caritative Stellenvermittlung ermöglichen".[5]

Der Ausbau ambulanter Krankenpflege- und Familienpflege-Stationen gerade auch in den ländlichen Gebieten, den Domvikar Holling forcierte, schloss auf diesem Feld manche Versorgungslücke. Gleichzeitig galt sein Augenmerk den stationären Einrichtungen. Dabei unterstützte er nicht nur bauliche Erweiterungen, sondern setzte sich unter den neuen sozialpolitischen Vorgaben der Weimarer Republik und den großen finanziellen Herausforderungen,

5 20 Jahre Diözesan-Caritasverband Münster e. V., hg. v. DiCV Münster, Münster 1936, S. 25f.

aber ebenso Möglichkeiten dieser Zeit gegenüber den zuständigen staatlichen Stellen auch gezielt für ihre Belange ein.

In Anlehnung an den 1920 in Berlin gegründeten „Reichsverband der freien gemeinnützigen Kranken- und Pflegeanstalten Deutschlands“ konstituierten sich im Bistum Münster ebenfalls interkonfessionelle Interessenvertretungen. Nach dem „Zweckverband der Krankenhäuser des Ruhrkohlenbezirkes“, folgten 1921/23 bzw. 1924 die Zweckverbände des Münsterlandes und Ostwestfalens sowie des Niederrheins. Die Geschäftsführung dieser drei Zusammenschlüsse nahm der Diözesancaritasverband wahr. Domvikar Holling verhandelte mit den Versicherungsträgern die Pflegesätze und andere wirtschaftliche Fragen. Auch der katholische Waisenhausverband als Zusammenfassung der katholischen Waisenhäuser im Bistum Münster hatte beim Diözesancaritasverband seine Leitung.

Trotz der Fülle der Aufgaben blieb, zumindest aus heutiger Sicht, die personelle und räumliche Ausstattung des Diözesancaritasverbands bescheiden, was auch den Arbeitsaufwand der Caritassekretäre bzw. –direktoren beeinflussen musste. Zunächst bezog das Sekretariat 1921 im Ludgerushospiz am Bült gemeinsam mit dem Volksverein und dem Diözesansekretariat des Arbeitervereins (heute Katholische Arbeitnehmerbewegung/KAB) die „katholische Vereinszentrale“, wo zwei, später vier Räume zur Verfügung standen. Hier kam nach einem Bericht für das Jahr 1924 die vom Geschäftsführenden Ausschuss des Verbands „vorberaten[e]“ Arbeit zur Ausführung, die von den Caritasdirektoren, zwei Ordensschwestern und drei Laienkräften geleistet wurde. Zur leichteren Bewältigung der Arbeit verfügte das Sekretariat „über 4 Schreibmaschinen, einen Setzapparat, mehrere Vervielfältigungsapparate, eine umfassende Kartothek und Registratur. Der Umfang der Arbeit sei verdeutlicht durch einige Zahlen. Im Jahre 1924: Briefeingänge 8630, Briefausgänge 19364. In der Setzerei wurden 202 größere Schriftstücke gesetzt. Mündliche Auskunft wurde im Durchschnitt täglich 8 Personen erteilt.“ Die Mitarbeiter widmeten sich u.a. den Feldern „Kasse und Finanzen“, „Unterstützungen“, „Durchführung der Kollekten“, „Krankenhaus- und Waisenverband“, „eigene Anstalten“, „Landaufenthalt und Kindererholungsfürsorge“, „Ortsverband Münster“, „Zusammenarbeit mit der Zentrale Freiburg“ wie auch „mit den caritativen Einrichtungen der Diözese“.[6]

6 Caritas-Verband für das Bistum Münster e. V. Berichtsjahr 1924, Münster 1925, S. 9.

Eine Verbesserung der beengten Verhältnisse ergab sich 1925, als dem Diözesancaritasverband im „Collegium Borromäum“ zwölf Räume zur Verfügung gestellt wurden, die auch den Mädchenschutzverein, die Bahnhofsmission und die Trinkerfürsorge aufnahmen. So konnte zumindest teilweise das Anliegen der Caritas-Verantwortlichen verwirklicht werden, „die caritativen Fachverbände mit dem Zentralbüro in einem Hause zu vereinigen“. Allerdings musste nach vier Jahren im Borromäum wieder Platz für die Theologiestudenten gemacht werden, sodass der Verband, nun ohne Fachverbände, in einen Flügels des 1928 eröffneten Deutschen Studentenheims am Breul zog, wo er mit kurzer kriegsbedingter Unterbrechung mehr als 50 Jahre blieb.[7]

Für das Jahr 1936 listete das „Gehälterbuch“ des Diözesancaritasverbands Münster 29 Personen auf, die vom Verband entlohnt wurden. Neben den beiden Direktoren, zehn Büroangestellten, einem „Chauffeur“ und einer „Putzfrau“ gehörten etwa auch die Chefärztin der Kinderheilstätte Nordkirchen, der Geschäftsführer des Westfälischen Wanderdienstes und zwei Lehrerinnen des Schwestern-Seminars dazu. Dagegen tauchen die beiden Schwestern Unserer Lieben Frau, die in der Hauptverwaltung und in der Erholungsfürsorge tätig waren nicht auf.[8]

„Rückschauend über den bisherigen Weg des Caritasverbandes können wir dankbar auf manche erfolgsgesegnete Arbeit blicken. Doch vieles, sehr vieles bleibt noch zu tun. Das Caritasfeld, das der Diözesanverband zu betreuen hat, ist ungeheuer groß. Zahllose katholische Frauen und Männer leisten [1933] in den 684 caritativen Ortsvereinen innerhalb des Bistums opferreiche und mühevolle Kleinarbeit. Die Diözese beherbergt 580 Einrichtungen der halboffenen Fürsorge (Kindergärten, Kinderhorte, Handarbeitsschulen, Kochschulen) mit 29469 Plätzen, 276 Stationen der ambulanten Krankenpflege und 34 Niederlassungen der Familienpflege. Der Diözesan-Caritasverband umfaßt auf dem Gebiete der Gesundheitsfürsorge 227 Anstalten mit 26023 Betten, auf dem Gebiete der Wirtschaftsfürsorge 63 Anstalten mit 3157 Betten und auf dem der Erziehungsfürsorge 41 Anstalten mit 3770 Betten. Seit Bestehen des Diözesanverbandes wurden 8 Krankenhäuser, 23 Erholungsheime und Kinderheilstätten, 17 Erziehungsheime, Asyle und Christophorushäuser, 4 Altersheime neu gegründet und an 27 caritativen Anstalten wurden größere Erweiterungsbauten vorgenommen. Eine riesige Caritasstadt, die kostbarstes Erbe vergan-

7 20 Jahre Diözesan-Caritasverband Münster, S. 24.
8 Gehälterbücher des DiCV, in: Archiv DiCV Münster.

gener Jahrhunderte beherbergt." (Heinrich Weber, Caritas im Bistum, in: Ferdinand Emmerich (Hg.), Das Bistum Münster, Berlin Wilmersdorf 1934, S. 117)

Anfang der 1930er Jahre war die Diözese Münster das „an Anstalten reichste Bistum"[9] in Deutschland. Wesentliche Garanten dieser Entwicklung waren die caritativ-tätigen Ordensgemeinschaften, die mit ihren Angehörigen in den meisten Einrichtungen die Betreuungsarbeit gewährleisteten. Für 1933 listete die Statistik des Diözesancaritasverbands Münster bei insgesamt 5.740 „pflegerisch" tätigen Kräften neben 207 Ordensbrüdern und 930 weltlichen Kräften immerhin 4.603 Ordensschwestern auf, wobei etwa auch die eher pädagogischen Tätigkeiten in den Kindergärten oder Handarbeitsschulen, aber nicht das hauswirtschaftliche und technische Personal erfasst wurden.[10]

Die Schwestern besaßen oftmals eine zeitgemäße gute berufliche Ausbildung. Zudem konnten die Einrichtungen den Kostenträgern ihre Leistungen auf Grund der geringen Gestellungsgelder, die an die Gemeinschaften zu entrichten waren, der in der Regel 24-stündigen Verfügbarkeit der Schwestern wie auch ihrer sparsamen Haushaltsführung für ein vergleichsweise niedriges Pflegegeld anbieten.[11]

Allerdings hatten bereits die Auswirkungen der Weltwirtschaftskrise gezeigt, dass die rigide Sparpolitik der Reichsregierung gerade den Wohlfahrtsstaat in Frage stellte und trotz immer größeren Bedarfs Sozialleistungen beschnitt. Dies betraf auch die caritativen Einrichtungen und Verbände, die sich gleichzeitig immer stärker durch die große Not der Bevölkerung gefordert sahen. Auch die Verantwortlichen des Diözesancaritasverbands mussten nun die Hilfsangebote wie Suppenküchen oder direkte materielle Unterstützungen der Vereine ausbauen. Ebenso nahm die Zahl der Kinderlandverschickungen aus den besonders von Arbeitslosigkeit betroffenen Städten des Ruhrgebiets zu. Zur Finanzierung wurden etwa die Sammlungen im Rahmen der so genannten, zumindest teilweise in den Arbeitsgemeinschaften der freien Wohlfahrtspflege organisierten Winterhilfe der Jahre 1931 bis 1933 herangezogen. Dabei sollten die Spenden – so auch die Forderung Domvikar Hollings – der jeweiligen Klientel zu Gute kommen.[12]

9 Tellen, Nachruf Holling, S. 206.

10 Die Caritas im Bistum Münster an der Zeitwende 1933, S. 40f.

11 Vgl. Lebensbild Schwester Reginalda.

12 Rainer Auts, Opferstock und Sammelbüchse. Die Spendenkampagnen der freien Wohlfahrtspflege vom Ersten Weltkrieg bis in die sechziger Jahre, Paderborn u.a. 2001, S. 191f.

Bald nach der Machtübernahme der Nationalsozialisten vereinnahmte die NSV mit großem propagandistischen Aufwand diese Sammlungen als „Winterhilfswerk“, sodass Kompetenzfragen schon im Spätsommer 1933 zu ersten lokalen Konflikten führten, in die offenbar auch Domvikar Holling einbezogen wurde. Wenn er vermeintliche Zugeständnisse der NSV auch begrüßte, blieb sein Blick auf die grundsätzlichen Bestrebungen der NSV doch kritisch. Als knapp ein Jahr später in Anlehnung an die „Reichsgemeinschaft“ die „Gauarbeitsgemeinschaft der freien Wohlfahrtspflege Westfalen-Nord“ gebildet wurde, verweigerte Domvikar Holling im Gegensatz zum Roten Kreuz und zur Inneren Mission Westfalens wie auch des Diözesancaritasverbands Paderborn wegen der Abweichungen zu Fassungen in anderen Regionen zunächst seine Unterschrift unter die Vereinbarung – der Paderborner Verband zog seine Zustimmung wieder zurück. Nach Zugeständnissen der NSV traten beide Caritasverbände dann doch der Arbeitsgemeinschaft bei.[13]

Die Spannungen verschärften sich jedoch schnell wieder. So betonte Domvikar Holling im Februar 1935 gegenüber Prälat Heinrich Wienken, dem Repräsentanten des DCV in Berlin, dass „wir unsere konfessionelle Arbeit nicht wegen einiger Zuschüsse aufgeben“ können und es zudem „unmöglich [sei], unsere Arbeit durch die NSV kontrollieren zu lassen“.[14] Mit welchem Einsatz Domvikar Holling in den folgenden Jahren gerade für den Erhalt der mehr als 300 caritativen Haushaltungs- und Kochschulen kämpfte, lässt sich anschaulich an seinen Berichten nachvollziehen, die rückblickend zwischen 1955 und 1957 in den „Caritasblättern für das Bistum Münster“ abgedruckt wurden. Dennoch wurde den Ordensschwestern, die in der Regel die „Mütterschulung“ durchführten, spätestens nach Ausbruch des Zweiten Weltkriegs diese Aufgabe entzogen.

Auch musste Domvikar Holling in dieser Zeit erkennen, wie seine Bemühungen gegen die staatlicherseits angeordnete Kontrolle der ebenfalls von Schwestern geleiteten rund 250 katholischen Kindergärten vielfach erfolglos blieben. Da das 1934 erlassene „Sammlungsgesetz“ auch die Haussammlungen der Caritas verbot, setzte er sich in der Folgezeit zudem immer dringlicher, aber meist erfolglos für Sammelmöglichkeiten ein. Einzig die jährliche Caritas-Kollekte durfte weiterhin abgehalten werden. Außerdem gab es auf

13 Ebd., S. 221–232; „Unter Führung der NSV“, in: Münsterischer Anzeiger v. 26. Juni 1934.

14 Domvikar Holling an Caritasdirektor Prälat Wienken in Berlin v. 27. Febr. 1935, in: BAM, DiCV Münster A 25.

Caritasblätter

+ Für + das + Bistum + Münster +

Heft 7/8 Juli/August 1933 8. Jahr

Folge.

Das Reichskonkordat und die Caritas.

Weiteres aus dem Hirtenbrief der deutschen Bischöfe von Pfingsten 1933 zu Einzelfragen der Caritas.

Fettverbilligungsscheine für die Pfleglinge der freien Wohlfahrtspflege.

Die Hausgehilfinnen der freien Wohlfahrtspflege sind von der Arbeitslosenversicherung usw. befreit.

Das Bistum Münster in der Notzeit des Winters 1932/33.

Übersicht über die Leistungen der Elisabethvereine in der Diözese Münster im Jahre 1932.

Das Gesetz zur Verhütung erbkranken Nachwuchses vom 14. Juli 1933.

Polizeiliches Meldewesen im Krankenhaus sowie in Irren- Heil- und Bewahr-Anstalten.

Mitteilungen des Diözesan-Caritasverbandes.

Stellenanzeiger der caritativen Vereinigungen in den Diözesen Münster und Paderborn.

Sprichwort:

**„Der Geiz sammelt sich arm,
Die Milde gibt sich reich."**

109

Abb. 9: Titelseite der Caritasblätter für das Bistum Münster (1933): u.a. Abdruck des „Gesetzes zur Verhütung erbkranken Nachwuchses vom 14. Juli 1933.

Ebene der Pfarreien teilweise große Spannungen zwischen der NSV und den Elisabeth-Konferenzen.

Unter Beobachtung dürften auch die Caritasblätter mit ihrem Schriftleiter Bernhard Decking, der ansonsten als Geschäftsführer des Westfälischen Wanderdienstes beim Diözesancaritasverband Münster angestellt war, gestanden haben. Als kirchliches Presseorgan waren die Blätter verpflichtet, etwa die für den Wohlfahrtsbereich maßgeblichen staatlichen Gesetze bekannt zu machen. Bei Zuwiderhandlung drohte der Existenzverlust. So veröffentlichten die Caritasblätter 1933 im Juli/August-Heft auch das gerade verabschiedete „Gesetz zur Verhütung erbkranken Nachwuchses". Allerdings hieß es im einleitenden Text, dass „die Beurteilung des Gesetzes nach moralischen Gesichtspunkten und Erlaß von Anweisungen zum praktischen Verhalten der Caritas der kirchlichen Behörde vorbehalten bleiben" müsse.[15] Durch die Verbreitung der päpstlichen Enzyklika „Mit Brennender Sorge" von 1937 gewann der Kirchenkampf weiter an Schärfe, sodass Domvikar Holling die Schriftleitung übernahm. Er konnte jedoch nicht verhindern, dass unmittelbar nach Beginn des Zweiten Weltkriegs das Erscheinen der „Caritasblätter" eingestellt werden musste.

Auch die NSV erhöhte weiter den Druck auf die Verbände der freien Wohlfahrtspflege, da nun etwa jede Krankenschwester einer Schwesternschaft angehören musste. Denn 1936 hatte die NSV den „Reichsbund der Freien Schwestern und Pflegerinnen" ins Leben gerufen, der weltanschaulich an der NS-Ideologie ausgerichtet war und die Schwestern entsprechend schulen sollte. Diesen Bestrebungen begegnete der DCV im Oktober 1937 mit der Gründung der „Reichsgemeinschaft der freien Caritasschwestern" – 1947 erfolgte die Umbenennung in „Caritas-Schwesternschaft" sowie 1989 in „Caritasgemeinschaft für Pflege- und Sozialberufe". Die Vereinigung wurde von der Generaloberin Adelheid Testa geleitet und wollte katholischen weltlichen Krankenpflegerinnen Halt bieten.

Die Verantwortlichen im Diözesancaritasverband Münster reagierten ebenfalls schon früh in dieser Frage, indem sie die bereits im Frühjahr 1937 als Referentin eingestellte Annemarie Cohors-Fresenborg (1911–1968) mit dem Aufbau der Diözesangemeinschaft der Caritasschwestern beauftragten. Nach dem Studium am Seminar für Fürsorgewesen an der münsterischen

15 Hierzu auch Hans Jürgen Brandt (Hg.), Der Caritasverband für das Erzbistum Paderborn, 2., verb. Aufl., Paderborn u.a. 1994, S. 61.

Universität übernahm sie in jungen Jahren diese Aufgabe. Von 1948 bis 1964 leitete sie schließlich als Generaloberin von Freiburg aus die Gesamtgemeinschaft.[16]

Nach dem Ausbruch des Zweiten Weltkriegs konnten die caritativen Einrichtungen und Dienste im Bistum Münster ihre Hilfsbemühungen zunächst noch in altbewährter Weise fortführen. Mit zunehmender Kriegsdauer wuchsen jedoch die Einschränkungen. Die Evakuierung infolge des alliierten Bombenkriegs wie auch der Verlust des Ehemanns und Vaters rissen auf Pfarrebene viele Menschen aus ihren festen Bezügen, machten aus ehemaligen Helfern Bedürftige. Die Einberufungen zum Kriegsdienst trafen im sozial-caritativen Bereich nicht nur die hauptamtlichen Mitarbeiter, sondern auch die ehrenamtlich Engagierten.

Daher stellten nicht wenige der Elisabeth-Konferenzen ebenso ihre Arbeit ein wie viele der Vinzenz-Konferenzen. Gerade in den Städten war wegen der Bombenschäden an den caritativen Einrichtungen nur noch eingeschränkte oder gar keine Arbeit mehr möglich. Auf der grünen Wiese gelegene Anstalten dienten nicht selten als Ausweichquartiere für Krankenhäuser oder Lazarette.[17] Diese Bedingungen forderten von allen caritativ Tätigen höchsten Einsatz. Dabei vermehrten sich nicht zuletzt für die Ordensschwestern die Belastungen, wie für das Jahr 1944 auch die Chronik der bischöflichen Heil- und Pflegeanstalt Stift Tilbeck vermerkte:

„Wir beginnen hier das Jahr im Zeichen der Erkrankung vieler Schwestern. Von den 4 Küchenschwestern waren 3 gleichzeitig so krank, daß sie längere Zeit der Spezialbehandlung u. des Aufenthaltes in Münster bedurften. Schon gegen Ende 1943 mußte der Direktor den leitenden Arzt auf diesen Zustand hinweisen und um mehr Schonung unserer Schwestern bitten, von denen die meisten seit langem überlastet, durch mangelnde Ruhe entkräftet, seit Jahren ohne Urlaub oder Erholung u. manche auch ohne Exerzitien geblieben sind.“[18]

Caritasdirektor Holling, der 1944 zum Domkapitular ernannt worden war, bemühte sich wie die anderen Verantwortlichen um Unterstützung der Einrichtungen. Immer wieder erreichten ihn dringende Hilfsgesuche, griff er in Verhandlungen mit den staatlichen Stellen ein oder sprach Mut zu. Als die Bewohner und Patienten der Heil- und Pflegeanstalten durch die NS-

16 Vgl. Nachruf für Annemarie Cohors-Fresenborg, in: Caritas 69 (1968), S. 247.
17 Vgl. Lebensbild Prälat Ernst Laackman.
18 Chronik des Stifts Tilbeck, in: Archiv Stift Tilbeck, S. 35.

'Euthanasie' bedroht waren, suchte er gemeinsam mit Bischof von Galen und den Hausleitungen nach Wegen, diese vor den Maßnahmen zu schützen.[19] In den letzten Kriegsmonaten wurde jedoch auch die „Zentrale" des Diözesancaritasverbands in Münster zerstört, sodass hier ebenfalls bis zum Ende des Dritten Reichs kaum noch eine geregelte Arbeit möglich war.

Im Bistum Münster war Domkapitular Holling nach dem Zusammenbruch des NS-Regimes „einer der ersten, welche die Lähmung überwanden und mit unwahrscheinlicher Aktivität alle gutwilligen Kräfte mobilisierten, um den Wiederaufbau zu beginnen".[20] Schon im Spätsommer 1945 konnte der Diözesancaritasverband mit offizieller Anerkennung der Militärregierung wieder Räumlichkeiten im Deutschen Studentenheim beziehen und von dort aus tragfähige und strukturierte Hilfen organisieren. Dazu gab Domkapitular Holling zwischen Oktober 1945 und April 1946 gemeinsam mit Prälat Tenspolde für die Geistlichen des Bistums meist monatlich erscheinende Mitteilungen heraus, die auch an die in den caritativen Vereinen und Verbänden verantwortlichen Laien weiter gereicht werden sollten. Die ersten Erläuterungen betrafen den Aufbau der Caritasstrukturen auf Pfarr- und Dekanatsebene. Denn spontane Nachbarschaftshilfen oder Lebensmittelgaben milderten zwar einzelne Notlagen, blieben aber letztlich der sprichwörtliche Tropfen auf dem heißen Stein.

Zu den ersten Aufgaben Domkapitular Hollings zählte die Rückführung der in den letzten Kriegsjahren durch die Kinderlandverschickung oftmals in Süddeutschland oder der sowjetisch besetzten Zone untergebrachten Kinder und Jugendlichen. Auch strickte der Diözesancaritasverband während der zweiten Hälfte des Jahres 1945 auf Grundlage von Gemeinde- und Dekanatscaritas ein Netzwerk der Patenschaftshilfe. Dabei wurden in den im Münsterland gelegenen Patendekanaten Lebensmittel und Bekleidung gesammelt, die die teilweise neu ernannten 40 Dekanatscaritassekretäre – ausschließlich Geistliche – in die Notstandsdekanate des Ruhrgebiets und Niederrheins sandten. Ende der 1940er Jahre kamen noch Patenschaften für die nordoldenburgische Diaspora hinzu. Auch galt es, die zum Jahreswechsel 1945/46 anlaufenden Hilfen aus dem Ausland – nicht zuletzt die CARE-Pakete aus den USA – zu verteilen, wobei Domkapitular Holling als Vorsitzender des für die Verteilung zuständigen Zentralausschusses fungierte.

19 Siehe Lebensbild Prälat Ernst Laackman.

20 Tellen, Nachruf Holling, S. 208.

Weitere Schwerpunkte der vom Diözesancaritasverband koordinierten caritativen Arbeit bildeten die Kriegsgefangenenhilfe, Bahnhofsmissionen, Betreuung der in Lagern untergebrachten Menschen oder die Schaffung von Suchdiensten. Vielfach zielten diese Bemühungen auf die Flüchtlinge und Vertriebenen aus den ehemaligen deutschen Ostgebieten. Fast 13 Mio. Menschen verloren hier bis 1955 ihre Heimat, von denen ca. 8 Mio. in die drei westlichen Besatzungszonen gelangten. 1950 betrug ihr Anteil an der Gesamtbevölkerung im Oldenburger Land 24 %, im Regierungsbezirk Münster gut 12 % und am Niederrhein rund 7,5 %.

Nach dem frühen Tod Bischof von Galens im März 1946 war es Domkapitular Holling, der die seelsorgliche wie caritative Betreuung der Vertriebenen vorantrieb. Auf seinen Vorschlag hin ernannte Kapitularvikar Franz Vorwerk den ebenfalls vertriebenen Geistlichen Wilhelm Volkmann (1900–1972) zum Leiter des Referats für Flüchtlingsseelsorge im Diözesancaritasverband Münster. Dieser war zuvor Diözesancaritasdirektor der Prälatur Schneidemühl gewesen – durch seinen Einsatz konnten hier Kinder aus den Industrieregionen des Bistums Münster zur Erholung untergebracht werden – und behielt diesen Rang auch in seiner neuen Position.

Die wesentliche Aufgabe Prälat Volkmanns lag künftig darin, „ein christliches Solidaritätsgefühl zu erzeugen und dadurch Hilfsbereitschaft zu wecken und zum anderen die Organisation der Spendenverteilung vorzunehmen“.[21] Wesentliche Teile der konkreten Arbeit scheint in dieser Phase allerdings der Nottulner Kaplan und Caritassekretär August Pricking (1906–1990) geleistet zu haben, der für diese Aktivitäten freigestellt worden war. Neben der materiellen Unterstützung ging es ihm vor allem um die Integration der Vertriebenen in die sie aufnehmenden Pfarrgemeinden.

Mit großem Engagement förderte Domkapitular Holling auch den sich teilweise bis Ende der 1950er Jahre hinziehenden Wiederaufbau der vielen im Krieg zerstörten bzw. beschädigten caritativen Einrichtungen der geschlossenen und halboffenen Fürsorge im Bistum Münster. Zudem konnten bis 1960 insgesamt 387 Einrichtungen neu gegründet werden, darunter u.a. 155 Kindergärten und Horte, 84 Gemeindepflegestationen, 46 Altersheime,

21 Michael Hirschfeld, Katholisches Milieu und Vertriebene. Eine Fallstudie am Beispiel des Oldenburger Landes 1945–1965, Köln 2002, S. 153.

Abb. 10: Einweihung eines Altenheims in Münster durch Prälat Holling (1957): Gespräch mit einem Bewohner im Treppenhaus.

31 Nähstuben und Nähschulen, 17 Jugendwohn- und 7 Lehrlingsheime sowie 13 Internate und Schülerwohnheime.[22]

Gerade bei Finanzierungs- und Genehmigungsfragen dürfte es von Vorteil gewesen sein, dass Domkapitular Holling sowohl als Vorsitzender der Krankenhaus-Zweckverbände und nach der Gründung des Bundeslandes NRW als Vorsitzender der „Arbeitsgemeinschaft der Spitzenverbände der Freien Wohlfahrtspflege in NRW" gut vernetzt war. So blieb er nach 1945 „der große Organisator der Caritas auf der Bistumsebene".[23] Dabei setzte er wie in der Weimarer Republik weiterhin auf ein enges Netz caritativer Einrichtungen als auch auf ein Wiedererstarken der caritativen Vereine und Verbände. Wiederum wies er den Dekanatscaritassekretären entscheidende Befugnisse zu, zumal sie ihre Kompetenzen gemäß den Beschlüssen der Diözesan-Synode von 1936 auf die überpfarrlichen Verbände ausgeweitet hatten. Sie waren so zu „Dekanatsleiter[n] der Caritas geworden, die in der Caritasorganisation zwischen dem Diözesan-Caritasverband und den caritativen Arbeitsgruppen in den Pfarreien und Dekanaten eingeschaltet sind und die Diözesanleitung des Caritasverbandes bei der Durchführung caritativer Aufgaben unterstützen".[24]

Daneben leiteten in Bottrop, Duisburg und Recklinghausen Caritasdirektoren hauptamtlich die dortigen größeren Ortscaritasverbände. Daher bedeu-

22 Zahlenbericht über die caritativen Anstalten und Einrichtungen im Bistum Münster, in: Caritasblätter für das Bistum Münster 11 (1960), S. 261–267.

23 Hans-Georg Aschoff, „Die Fremden beherbergen". Leistungen der Caritas, in: Michael Hirschfeld/Markus Trautmann (Hg.), Gelebter Glaube – Hoffen auf Heimat. Katholische Vertriebene im Bistum Münster, Münster 1999, S. 163f.

24 Caritasverband für die Diözese Münster v. Okt. 1945, S. 4.

tete die Abgabe von 10 Dekanaten (Bottrop, Duisburg, Gelsenkirchen-Buer, Gladbeck und Oberhausen-Sterkrade) mit 74 Pfarreien und rund 450.000 Katholiken an das 1958 neu gegründete Ruhrbistum Essen auch für die Caritasstrukturen einen tiefen Einschnitt. Dies schloss auch die 62 caritativen Anstalten (12,6 %) mit fast 9.500 Betten (19 %) ein, die das Bistum wechselten.

Zur Kontinuität der Strukturen gehörte also für Domkapitular Holling die selbstverständliche Praxis, alle „Schaltstellen" der Caritas mit Geistlichen zu besetzen und so die kirchliche Bindung zu demonstrieren. Als der Vechtaer Offizial Johannes Pohlschneider 1946 mit Hans Watermann (1904–1988) erstmals einen Laien zum Direktor des Oldenburger Landescaritasverbands ernannte – er blieb bis 1972 in dieser Funktion –, empfand Prälat Holling dies als Eklat.[25]

1949 konnten unter der erneuten Schriftleitung Domkapitular Hollings auch wieder die Caritasblätter für das Bistum Münster erscheinen, um den caritativen Gruppen und Einrichtungen eine „regelmäßige Orientierung" an die Hand zu geben. 1972 gingen die Caritasblätter schließlich in der neuen, von den nordrhein-westfälischen Diözesancaritasverbänden herausgegebenen Zeitschrift „Caritas in Nordrhein-Westfalen" auf.

Als Bischof Keller 1958 nach 22 Jahren in der Diözese Münster wieder eine Synode einberief, saß Domkapitular Holling der 15-köpfigen vorbereitenden Kommission zum Thema Caritas vor und hielt das einleitende Referat. Sein „rastloser Einsatz für die Armen und Bedrängten"[26] fand aber auch außerhalb der Caritas durch verschiedene Auszeichnungen Würdigung. So erhielt er 1957 das Bundesverdienstkreuz und 1958 das Ehrenzeichen des DRK.

„Große Sorgen bereiten heute der Mangel an Bereitschaft zum Dienen, zum Verzicht auf Bequemlichkeiten um notleidender Menschen willen, die Flucht der Frauenjugend aus der Hausarbeit und das Überhandnehmen der Berufstätigkeit verheirateter Frauen, ohne daß eine echte Notlage dazu zwingt. In ursächlichem Zusammenhang damit steht die Gefährdung der Jugend und des Familienlebens, der besorgniserregende Mangel an Pflegekräften in Krankenhäusern und anderen caritativen Anstalten." (Diözesansynode Münster 1958, hg. v. BGV Münster, Münster 1958, S. 221)

25 Hirschfeld, Katholisches Milieu und Vertriebene, S.163.
26 Tellen, Holling 50 Jahre Priester, S. 173f.

Seit Ende der 1950er Jahre beeinträchtigten jedoch Krankheiten und Überlastung zunehmend die Aktivitäten Domkapitular Hollings. Letztlich bedurfte es offenbar jedoch der bischöflichen Weisung, ehe er wenige Monate vor seinem 50-jährigen Priesterjubiläum im Frühjahr 1961 in den Ruhestand trat. Nach einem von „Siechtum geprägten Lebensabend" starb er schließlich am 28. August 1964.

Sein Nachfolger Prälat Heinrich Tellen erklärte in seinem Nachruf, dass das „ priesterliche und caritative Wirken" Hollings „in die Zeit von zwei Weltkriegen und schweren Nachkriegsjahren [fiel]. Eine sich wandelnde Welt und die Entwicklung Deutschlands zu einem modernen Sozialstaat stellten auch die kirchliche Liebestätigkeit vor große Aufgaben. Rastlos hat der Heimgegangene in diesen entscheidenden Jahren auf den vier starken Säulen der im Bistum Münster besonders zahlreichen Caritas-Stiftungen, Caritas-Anstalten, Caritas-Orden und Caritas-Vereine weitergebaut und die vielen caritativen Werke im Caritasverband zusammengeschlossen, um sie gleichzeitig aber auch in den Pfarreien mit dem Altar als Mittelpunkt zu verwurzeln. [...] Es ist schwer, das Leben eines Mannes nachzuzeichnen, der in von zwei Weltkriegen und ihren Folgen geprägten Jahrzehnten nichts anderes kannte als Arbeit und wiederum Arbeit; der sich geradezu verzehrte in der Sorge, der Caritas im öffentlichen Leben jenen Platz zu sichern, der ihr um der Kirche und des Volkes selber willen gebührt. Bei allem Bemühen, zuerst in den zwanziger Jahren infolge der neuen Sozialgesetzgebung und dann wieder nach 1945, den Caritasverband bis in seine letzten Gliederungen auf- und auszubauen, war ihm die eine Sorge vordringlich: Daß die christliche Sorge für die Notleidenden ein Herzensanliegen des ganzen katholischen Volkes blieb."[27]

27 Nachruf Prälat Tellens für Domkapitular Holling v. 22. Sept. 1964, in: Archiv DiCV Münster, Mappe Holling – Roleff.

Lebensbild Prälat Dr. Joseph Tenspolde

Im September 1922 ernannte Bischof Poggenburg mit dem Kaplan Joseph Tenspolde einen weiteren Caritassekretär für den Diözesancaritasverband Münster. Mit diesem Schritt trug er offenbar vor allem dem erweiterten Hilfsangebot des Verbands auf dem Feld der Tuberkulose-Bekämpfung Rechnung. Auf Grund der großen zeitbedingten Not bedrohte die Krankheit weite Bevölkerungskreise und gerade auch Kinder. Während besonders in den ländlichen Regionen viele Schwesternstationen der „nachgehenden Tuberkulosefürsorge" bereits große Bedeutung zumaßen, sah sich der Diözesancaritasverband nun verstärkt auch zu vorbeugenden Maßnahmen verpflichtet. Dabei war er bereit, erstmals auch Anstalten in eigener Trägerschaft einzurichten.

So übernahm der Diözesancaritasverband 1921 in Nordkirchen die Stiftung der Kinderbewahr- und Handarbeitsschule sowie das Ferdinand-Hospital, und bereits im Frühjahr 1922 fanden in Räumlichkeiten der Schule erste Kuren für Tuberkulosekranke statt. Zur gleichen Zeit mietete der Verband in Langenhorst bei Ochtrup die ehemalige Präparandenschule der Gemeinde für zwölf Jahre – diese Einrichtungen zur Vorbereitung auf das Volksschullehrer-Seminar waren zuvor infolge staatlicher Reformen aufgelöst worden – und gründete hier ebenfalls ein Kindergenesungsheim. Dem neuen Caritassekretär blieb also kaum Zeit sich einzuarbeiten.

Kaplan Tenspolde ging seine neuen Aufgaben mit einem caritativen Verständnis an, das maßgeblich durch sein zehnjähriges seelsorgliches Wirken in der Bottroper Herz-Jesu-Pfarrei geprägt war. 1886 in Wüllen bei Ahaus geboren, war er nach dem Abitur am Bocholter Gymnasium und dem Theologiestudium in Münster 1912 zum Priester geweiht worden. Sein Nachfolger Heinrich Tellen hob rückblickend hervor, dass „die Industriegemeinde mit den vielen neuzugezogenen und zum Teil noch nicht seßhaft gewordenen Familien [...] dem jungen, sozial und caritativ gesinnten Priester manche Probleme namentlich der Kinder- und Jugendfürsorge [brachte]. [...] Bis zuletzt blieb Bottrop die ‚große Liebe' des Doktors. Wie begeistert sprach er stets von dieser Zeit. Wie glücklich war er, wenn er sich in der Unterhaltung an diese seine seelsorgliche Tätigkeit namentlich unter ‚seinen Jungens' zurückerinnern konnte. Wie manchen hat er in feiner Zusammenarbeit mit Elternhaus, Schule, Jugendamt und Zeche und sonstigen Arbeitsstellen wieder auf den guten Weg gebracht. Von diesen Erfahrungen hat er zeitlebens gezehrt. Und nicht nur er selbst, auch viele andere, die seinen klugen Rat einholten oder im Gespräch mit ihm Fragen der Kindererziehung und der Jugendfürsorge anschnitten."[28]

Dieses praktische caritative Wirken Kaplan Tenspoldes dürfte auch der Bistumsleitung sowie nicht zuletzt Professor Weber und Domvikar Holling bekannt gewesen sein. Immerhin begann er 1922 beim Caritaswissenschaftler ein Studium der Sozialwissenschaften, das er 1924 mit einer Dissertation zum Thema „Die katholischen Standesvereine und ihre Bedeutung für die Volkspflege" erfolgreich abschloss. In seinem Gutachten schrieb der Doktorvater, dass die „Arbeit [...] den Praktiker [verrate], der sich auf dem Gebiet sehr gut auskennt und seinen Untersuchungsgegenstand als weit verbreitete gesellschaftliche Erscheinung zu analysieren versucht".[29]

Diese Eigenschaft kam Kaplan Tenspolde, den der Bischof Ende 1924 gemeinsam mit Domvikar Holling zum Diözesancaritasdirektor ernannte, beim Auf- und Ausbau der neu gegründeten Anstalten in Nordkirchen und Langenhorst zu Gute. Allerdings schränkte die galoppierende Inflation die Handlungsspielräume derart ein, dass im Herbst 1923 in Nordkirchen die Arbeit eingestellt werden musste. Nach der Währungsreform war es vor allem das Drängen, aber auch die finanzielle Unterstützung der Landesversicherungsanstalt Westfalen, die den Diözesancaritasverband zur Wiederaufnahme seiner Aktivitäten auf diesem Feld bewogen.

Dabei entstand von 1924 bis 1929 in Verbindung mit dem Ferdinand-Hospital durch Neubauten die Kinderheilstätte Nordkirchen, die Raum für 150 erkrankte Kinder bot. Ausgestattet mit „allen modernen diagnostischen und therapeutischen Hilfsmitteln auf dem Gebiete der Tuberkulosebekämpfung (Höhensonne, Röntgenanlage, Operationszimmer, Bäder, Duschen, Liegebalkone, Sonnenveranden usw.)"[30], betreuten fortan zwei entsprechend geschulte Ärztinnen und Heiligenstädter Schwestern die jungen Patienten. Daneben konnte in Nordkirchen das Kindergenesungsheim mit 70 Plätzen für Jungen wieder eröffnet werden. Wie in Langenhorst, wo Mauritzer Franziskanerinnen unter Anleitung eines in Ochtrup niedergelassenen Arztes bis

28 Ausarbeitung Prälat Tellens „Ein Leben für die Caritas. Zum Tode von Msgr. Dr. Joseph Tenspolde", in: Archiv DiCV Münster, Grüne Mappe.

29 Zit. n. Manfred Hermanns, Heinrich Weber. Sozial- und Caritaswissenschaftler in einer Zeit des Umbruchs, Würzburg 1998, S. 40.

30 Heinrich Weber, Die katholische Anstaltsfürsorge im Bistum Münster, Düsseldorf o. J. [1928], S. 184.

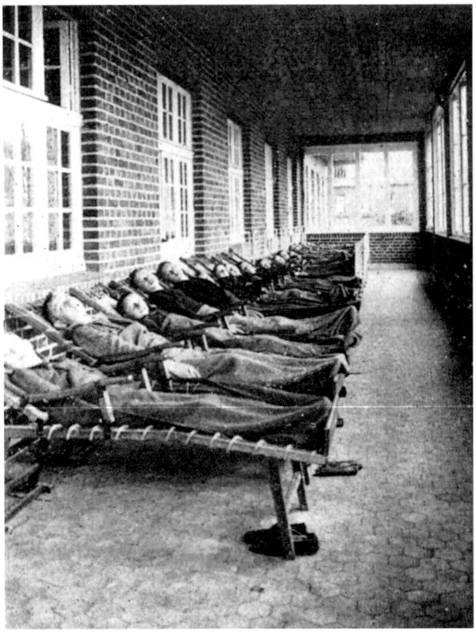

Abb. 11: Geschlossene Liegehalle in der Kinderheilstätte Nordkirchen Mitte der 1920er Jahre.

zu 100 Mädchen versorgten, waren „tuberkulös gefährdet[e]" Kinder und Jugendliche die Zielgruppe dieser Bemühungen.

1926 arbeitete Caritasdirektor Tenspolde erneut eng mit der Landesversicherungsanstalt Westfalen zusammen, als der Diözesancaritasverband Münster im sauerländischen Brilon-Wald – also außerhalb der Bistumsgrenzen – in namentlicher Anlehnung an Bischof Poggenburg das Johannes-Stift ins Leben rief, das sich um weibliche Tuberkulosekranke kümmerte. Nachdem die Versicherungsanstalt 1933 in direkter Nachbarschaft des Stifts ein eigenes Tuberkulosen-Krankenhaus eröffnet hatte, ergänzten sich beide Häuser. Vermehrt befanden sich jetzt unter den fast 6.000 Frauen, die bis April 1936 im Stift von Missionsschwestern aus dem Mutterhaus in Hiltrup betreut wurden, auch erholungsbedürftige Mütter (gut 1.000), die hier Kuren erhielten.[31]

Diese, im Zeichen der Müttererholungsfürsorge stehenden Kuren bildeten einen weiteren Arbeitsschwerpunkt, der für den Diözesancaritasverband Münster im Lauf der 1920er Jahre an Bedeutung gewann. Denn seit etwa 1920 führte der Landesfürsorgeverband Westfalen in Kooperation mit Caritas und Innerer Mission in Landkrankenhäusern „geschlossene Kuren für Frauen und Mütter" durch, die besonders Kriegswitwen zugute kamen. 1928 schlossen sich dann die Diözesancaritasverbände Münster und Paderborn gemeinsam mit den Frauen- und Müttervereinen ihrer Diözesen zum Verein „Mütterhilfe" zusammen, der das Erholungsheim St.-Anna-Haus in Waldliesborn eröffnete. Die „Organisationszentrale für die katholische Müttererholung", die von den Mitgliedern die Vorschläge entgegennahm, mit den jewei-

31 20 Jahre Diözesan-Caritasverband Münster, S. 41.

ligen Kostenträgern verhandelte und die jährlich ca. 615 Kuren vermittelte, befand sich auch für den Paderborner Verband in Münster.[32]

Da der Diözesancaritasverband Münster eine wichtige Aufgabe in der Beratung seiner Mitgliedseinrichtungen sah und gerade die Planung wie Finanzierung von Neu- und Umbauten begleitete, kamen Prälat Tenspolde seine wirtschaftlichen Erfahrungen besonders zugute. Diese Fähigkeiten erhielten zudem in noch größerem Rahmen Bedeutung, als er seit 1935 in der von Professor Weber geleiteten Bischöflichen Finanzkammer für die westdeutschen Bistümer die Geschäfte führte.[33]

Musisch veranlagt – er spielte Geige, übersetzte lateinische Texte Thomas von Kempens ins Deutsche und trat als Kunstsammler auf – machte Prälat Tenspolde die Künstlernothilfe des Diözesancaritasverbands Münster zu seiner Sache. So sorgte er beim Ausbau der Kinderheilstätte Nordkirchen neben zweckdienlichen, auch für schön ausgestattete Räumlichkeiten. „Dazu wurden in erheblichem Maße westfälische Künstler herangezogen und besonders dann, wenn in Notzeiten die Caritas-Künstlernothilfe, die Arbeit vermitteln will, aktiv werden mußte."[34] Andere größere Anstalten regte er zu ähnlichem Handeln an.

Schließlich setzte sich Prälat Tenspolde besonders für das Deutsche Studentenheim in Münster ein, in dem der Diözesancaritasverband auch Räume nutzte. Als diese während des Zweiten Weltkriegs durch die alliierten Luftangriffe schwer beschädigt waren, zog Prälat Tenspolde mit einigen Schwestern „zu Fuß und mit Bollerwagen" zur Kinderheilstätte nach Nordkirchen, wo sie Unterkunft fanden.[35]

Die Einrichtungen in Trägerschaft des Diözesancaritasverbands Münster – offenbar galten diese aus steuerrechtlicher Perspektive aber nicht als Bestandteile des Verbands[36] – überstanden den Krieg weitgehend unbeschadet, sodass Prälat Tenspolde für diese im Gegensatz zu vielen anderen Anstalten keinen Wiederaufbau koordinieren musste. Allerdings waren spätestens Ende der 1940er Jahre wegen des großen Nachholbedarfs umfang-

32 Ebd., S. 42.

33 Vgl. Lebensbild Professor Heinrich Weber.

34 Die caritativen Anstalten im Bistum Münster, hg. v. DiCV Münster, Bd. 1, Münster 1955, S. 172.

35 Wilfried Knievel, Die Geschichte der Caritas im Bistum Münster von 1945 bis heute, in: Johannes Schneider (Red.), Das Bistum Münster, Heft 3, Straßburg 1995, S. 32f.

36 Vgl. Bischöfliche Finanzkammer an DiCV v. 13. Nov. 1948, in: Archiv DiCV Münster, Ordner Ordnungen und Satzungen des CV.

reiche Sanierungen der Räumlichkeiten ebenso dringend erforderlich wie die Anpassung an die modernen diagnostischen und therapeutischen Standards bei der Versorgung von Lungenkranken. Schwerpunkt blieben dabei Tuberkulose-Erkrankungen. 1950 erweiterte etwa ein Neubau die Kinderheilstätte Nordkirchen, die nun bei insgesamt 320 Plätzen für Kinder und Jugendliche vier Ärzte, ca. 35 Heiligenstädter Schwestern, 10 freie Schwestern und mehr als 70 sonstige Kräfte beschäftigte.[37] Zehn Jahre später hatte der medizinische und hygienische Fortschritt die Tuberkulose soweit zurück gedrängt, dass die Kinderheilstätte sich zu einer Einrichtung der Behindertenhilfe wandelte.[38]

Außerdem bewog die große Flüchtlingsnot den Diözesancaritasverband Münster, zwei weitere Anstalten in eigener Trägerschaft zu übernehmen. 1946 stellte die Familie von Ketteler dem Verband Schloss Harkotten in Füchtorf zur Verfügung, der bis 1948 die Räumlichkeiten mit großem Aufwand zu einem Altenheim umbaute. 1955 betreuten sechs Heiligenstädter Schwestern gemeinsam mit fünf Laienkräften gut 60 heimatlose alte Menschen. Im ebenfalls im östlichen Münsterland gelegenen Marienfeld übergab 1947 die britische Militärverwaltung dem Caritasverband die nach Kriegsende beschlagnahmte herrschaftliche Besitzung des Freiherrn von Korff-Harkotten, um dort besonders für Flüchtlingskinder ein Erholungs- und Kinderheim einzurichten. Auch hier waren bauliche Veränderungen erforderlich, und 1953 kaufte der Verband das Anwesen, das Platz für insgesamt 90, von vier Caritasschwestern, zwei Kindergärtnerinnen und neun weiteren Angestellten versorgte Kinder bot.[39]

Somit erweiterten sich die Aufgaben in direkter Verantwortung von Prälat Tenspolde nach Kriegsende nochmals deutlich. Wenn seit Anfang der 1920er Jahre in der Regel Domvikar Holling etwa als Verhandlungspartner mit den staatlichen Stellen sowie als Mitglied oder sogar Vorsitzender der verschiedensten Gremien auftrat, war der Einfluss Prälat Tenspoldes als einer Art Arbeiter im Hintergrund auf die Entwicklung des Verbands auch über die geschäftsführenden Tätigkeiten hinaus nicht unbeträchtlich. Immerhin wurde er 1939 für sein caritatives Engagement zum Päpstlichen Geheimkämmerer ernannt.

37 Die caritativen Anstalten im Bistum Münster, Bd. 1, S. 172.
38 Vgl. Lebensbild Prälat Heinrich Tellen.
39 Die caritativen Anstalten im Bistum Münster, Bd. 2, S. 21.

Abb. 12: Prälat Joseph Tenspolde.

Prälat Tenspolde starb am 8. März 1959 nach einem Leben, das er zu großen Teilen in leitender Funktion in den Dienst der Caritas gestellt hatte. Den Umfang der damit verbundenen Belastungen kann man aus dem von seinem Nachfolger verfassten Nachruf erschließen. Denn „es war nicht leicht, was er zusammen mit Domkapitular Holling in der Leitung eines so großen Diözesanverbandes zu bewältigen hatte, eines Verbandes, der vor der Abtrennung eines Teiles nach Essen neben all den vielen Organisationen und Einrichtungen der offenen und halboffenen kirchlichen Wohlfahrtspflege doch immerhin rund 50.000 Betten in den Anstalten des Bistums umfaßte. Die Inflationsjahre, die Arbeitslosenzeit, dann die schwierige und bedrängnisvolle Zeit des Nationalsozialismus, der zweite Weltkrieg und die dann folgenden schrecklichen Notjahre! Danach der Wiederaufbau der zerstörten Häuser, die Reorganisation des Verbandes nach den Wirren und dem Durcheinander des verlorenen Krieges mit seinen Folgen. Alles das kann nicht spurlos an der Gesundheit eines Mannes vorübergehen, der wie wenige sah, worum es eigentlich in der Caritas geht, wenn sie mehr sein will als rein weltliche Wohlfahrtspflege; der wie wenige erkannte, wo die Aufgaben und die Grenzen eines Diözesancaritasverbandes liegen. [...]

Die 73 Lebensjahre des Doktors, wie wir ihn zu nennen pflegten, waren angefüllt mit Arbeit und Aufgaben, aber auch vielem, was durchlitten werden mußte. Gerade in solchen Situationen zeigte sich dann, wie sehr und wie durch und durch er in allem Priester war. Öfters hat er es mir versichert, daß er das alles nur schaffen konnte und auf sich zu nehmen bereit war, weil im letzten eine echte Heilung der vielfältigen Not nur durch Heiligung möglich ist.

Und weil gerade deswegen in der Herzmitte aller Nothilfe der Priester stehen muß.“[40]

Literatur-Tipps

Hans-Josef Wollasch, Beiträge zur Geschichte der deutschen Caritas in der Zeit der Weltkriege, Freiburg i. Br. 1978.

Wilhelm Damberg, Abschied vom Milieu? Katholizismus im Bistum Münster und in den Niederlanden 1945–1980, Paderborn u.a. 1997.

Wilhelm Damberg, Moderne und Milieu 1802–1998 (= Geschichte des Bistums Münster, Bd. 5), Münster 1998.

Peter Hammerschmidt, Wohlfahrtsverbände in der Nachkriegszeit. Reorganisation und Finanzierung der Spitzenverbände der freien Wohlfahrtspflege 1945–1961, Weinheim u.a. 2005.

40 Ausarbeitung Prälat Tellens „Ein Leben für die Caritas. Zum Tode von Msgr. Dr. Joseph Tenspolde“, in: Archiv DiCV Münster, Grüne Mappe.

Hubert Veroliemolen

(1889–1941)

Ein Idealbild kirchlich-caritativen Wirkens

Anfang der 1940er Jahre, Mitten im Zweiten Weltkrieg, verfasste Pater Heinrich Ostermann (1912–1973), dessen älterer Bruder Hans in Münster ein Architektur-Büro besaß und in der Diözese eine Reihe von Kirchen und caritativen Gebäuden errichtet hatte, ein ausführliches Lebensbild des kurz zuvor verstorbenen Duisburg-Hamborner Lehrers und „Apostels der Industrie", Hubert Veroliemolen. Pater Ostermann – 1931 in den Jesuiten-Orden eingetreten, nach Kriegsende als Kölner Stadtmänner-Seelsorger Gründer des dortigen Sozialen Seminars sowie 1965 bis 1971 Provinzial der Norddeutschen Ordensprovinz – war seit seiner Priesterweihe im Jahr 1940 Kaplan an der St.-Franziskus-Pfarre in Duisburg-Hamborn.[1]

Als Grundlage der Zusammenstellung Pater Ostermanns dienten weitreichende Recherchen, die etwa Briefe, Vorträge und sonstige Unterlagen aus dem Nachlass Hubert Veroliemolens wie auch viele Gespräche des Paters mit Personen umfassten, die den Lehrer kannten. So entstand auf fast 45 maschinengeschriebenen Seiten eine Vita, die anhand zahlreicher Beispiele das besonders intensive kirchliche und caritative Engagement Hubert Veroliemolens nachzeichnete.

Was Pater Ostermann zu dieser vermutlich viel Zeit kostenden Arbeit über das seiner Meinung nach „bewunderungswert[e] Apostolat" Hubert Veroliemolens veranlasste, ist nicht konkret überliefert. Aber man wird davon ausgehen können, dass der Pater die Bedeutung des Laienapostolats für das religiöse und kirchliche Leben herausstellen wollte. Denn Anfang der 1920er Jahre hatte Papst Pius XI. (1922–1939) gegen die Verweltlichung und Entchristlichung der Gesellschaft die so genannte „Katholische Aktion" angestoßen, die durch Gruppen besonders befähigter Laien getragen werden sollte. Allerdings behielt in Deutschland das traditionelle Vereinswesen seine Bedeutung, das jedoch von einer Reihe Geistlicher wegen seiner Zersplitterung kritisiert wurde. Pater Ostermann beschrieb jedenfalls in seiner Darstellung einleitend ausführlich die Kernpunkte der Laienapostolats Hubert Veroliemo-

1 Totenbild des Jesuitenordens zu Pater Heinrich Ostermann.

lens, nämlich das Apostolat des Gebets, des guten Beispiels und das Apostolat der Tat.

Pater Ostermann gab das Lebensbild offenbar dem einflussreichen münsterischen Domkapitular und Domprediger Adolf Donders (1877–1944) zu lesen, der den Ausführungen ebenfalls großen Wert beimaß. So leitete der Domkapitular die „ausgezeichnete" Ausarbeitung an Prälat Tenspolde weiter. Dabei legte er dem Caritasdirektor mit dem Hinweis „Exempla trahunt" – Beispiele regen an – nahe, bis zu deren Drucklegung „ein paar 100 Exemplare [...] ab[zu]ziehen u. an Caritasmänner [zu] verteilen".[2] Letztlich dürfte das Interesse an dieser Biografie in Kirchenkreisen darin begründet gewesen sein, dass der Lehrer gerade durch sein Handeln im Alltag ein Ideal verkörperte, das zur Nachahmung anregen sollte.

Durch die knappe Zusammenfassung dieses von Pater Ostermann zusammengetragenen Lebensbildes Hubert Veroliemolen, das an einigen Stellen ergänzt und in den historischen Kontext eingeordnet wird, sollen nachfolgend das Wirken des Lehrers gewürdigt sowie die wesentlichen Aspekte der bis weit in die zweite Hälfte des 20. Jahrhunderts von Theologen und Würdenträgern hervorgehobenen Bedeutung des Laienapostolats für das kirchliche Leben und die Caritas skizziert werden.

Lebensbild

Der am 28. Februar 1889 in Kempen am Niederrhein geborene Hubert Veroliemolen war der Sohn eines Schuhmachers. Die Familie, zu der noch zwei weitere Kinder zählten, lebte in einfachen, aber offenbar materiell abgesicherten Verhältnissen. Zumindest unternahm Hubert mit seinem Vater Reisen nach Rom und zum Wandern in den Schwarzwald. Die Kinder genossen eine Erziehung, die klare Grundsätze, tiefe Religiosität und einen engen Zusammenhalt vermittelte – so pflegte Hubert Veroliemolen zeitlebens einen regelmäßigen und intensiven Kontakt zu seinen Eltern und der Familie seiner Schwester.

Es gehörte für Hubert Veroliemolen zum festen Tagesablauf, im Haushalt und gerade auch in der Werkstatt des Vaters zu helfen. Gleiches galt

2 Domkapitular Donders an Prälat Tenspolde v. 5. Jan. 1943, in: BAM, DiCV Münster A 67.

für den Ministranten- und zeitweise auch Küsterdienst, die er beide äußerst gewissenhaft verrichtete. Auch prägten ihn der Organist der Pfarrkirche, der zudem sein Musiklehrer war, und ein befreundeter Taubstummenlehrer durch ihr Vorbild auf sozial-caritativem Feld. „Beide wecken in ihm die Liebe zu den Armen und Hilfsbedürftigen."[3]

Eine große Enttäuschung erlebte Hubert Verolimolen, als der Vater seinem Wunsch, Priester zu werden, vor allem wegen finanzieller Bedenken nicht entsprach. Obwohl ihm diese Entscheidung schmerzte, beeinträchtigte sie jedoch nicht das innige Verhältnis zum Vater. Vielmehr veranlasste sie ihn zu einer Berufswahl, mit der er dennoch seiner Berufung, „Menschen zu helfen und sie auf irgendeine Weise für Gott zu erziehen", nachfolgen konnte. Denn er besuchte das Kempener Lehrer-Seminar, an dem er 1909 das Examen ablegte.

Seine erste Anstellung erhielt Hubert Veroliemolen anschließend an einer Hamborner Volksschule. So sehr ihm dieser Schritt durch den Wegzug aus den familiären und pfarrlichen Bezügen schwer gefallen sein dürfte, so aufgeschlossen und engagiert betätigte sich Hubert Veroliemolen im neuen Arbeits- und Lebensumfeld des Ruhrgebiets. Dabei unterschieden sich die dortigen Verhältnisse allein schon wegen der Größe des heutigen Duisburger Stadtteils Hamborn mit seinen damals schon 100.000 Einwohnern in großem Maß von denjenigen seiner eher beschaulichen Heimatstadt.

Hinzu kam die Prägung durch den Bergbau und die Stahlindustrie mit zahlreichen, nicht selten aus den östlichen Reichsgebieten und aus Polen zugewanderten Arbeiterfamilien, sodass die Konfessionen etwa gleich stark vertreten waren. Darüber hinaus orientierte sich ihre politische Ausrichtung vielfach an der SPD und später auch der KPD, die kirchenkritische oder gar kirchenfeindliche Partei-Programme besaßen.

In diese Rahmenbedingungen hatte Hubert Veroliemolen, der 1912 das zweite Examen ablegte[4], sein alltägliches, berufliches und religiöses Leben einzufügen. Er fand sich schnell ein und pflegte einen lockeren Umgang mit seinen Kollegen und Kolleginnen auch über die Konfessionsgrenzen hinweg. Bei der Arbeit ging es ihm nicht allein um Wissensvermittlung, sondern um

3 Lehrer Hubert Veroliemolen, ein Apostel der Industrie, Maschinenschrift von Pater Heinrich Ostermann o. J. [1942/43], in: ebd., S. 10.

4 Einige Angaben zum beruflichen Werdegang finden sich in seiner Personal-Karte aus der Preußischen Volksschullehrer-Kartei, in: Bibliothek für Bildungsgeschichtliche Forschung.

eine ganzheitliche Formung der Kinder und Jugendlichen. Durch den Wechsel an die katholische Hilfsschule in Bruckhausen, den er 1923/24 vollzog und dem 1926 die Hilfsschullehrerprüfung in Düsseldorf folgte, erhielt dieser Aspekt eine noch größere Bedeutung.

Denn zu Hausbesuchen verpflichtet, musste Hubert Veroliemolen bei seinen pädagogischen Bemühungen immer auch das soziale Umfeld seiner Schüler – also etwa Armut, beengte Wohnungen oder einen zum Alkohol neigenden Vater – berücksichtigen. Mit großem Engagement führte er Gespräche mit den Eltern und suchte Notlagen zu lindern, um den Kindern und Jugendlichen bessere Voraussetzungen für ihre schulische Entwicklung zu verschaffen. Gleichzeitig legte er großes Gewicht auf ihre religiöse Erziehung. So feierte er z. B. Kinder-Gottesdienste oder bereitet auf die Erstkommunion vor. Bei Bedarf besorgte er auch die Festkleidung und die Geschenke.

Auf dieser Linie stand auch der Einsatz Hubert Veroliemolens innerhalb der kirchlichen Jugendarbeit der Hamborner Pfarrei St. Johann, die immerhin 18.000 Gemeindemitglieder zählte – erst 1926 bzw. 1931 brachte die Abpfarrung der Rektorate St. Joseph und St. Franziskus kleinere Pfarrbezirke. Hier betätigte er sich intensiv im Jünglingsverein. So galt es, die Heimabende zu begleiten, Vorträge zu halten, Sport- und Stiftungsfeste durchzuführen sowie den persönlichen Kontakt mit den Jungen zu pflegen. Auch schuf er musikalische Angebote. Nachdem er seit 1913 zwei Jahre den Präses vertreten hatte, bildete er dann mit dessen Nachfolger ein eigespieltes Leitungsteam, wobei er dem Kaplan bald freundschaftlich verbunden war. Darüber hinaus schätzte Hubert Veroliemolen während der Anfangsjahre in Hamborn durchaus auch andere Zerstreuungen. Er besuchte etwa regelmäßig Theater- und Konzertvorstellungen wie auch Tanzveranstaltungen.

Seit Anfang 1915 diente Hubert Veroliemolen als Soldat im Ersten Weltkrieg, den er im Rang eines Leutnants verließ. Auch für ihn bedeutete diese Zeit, die ihn wie große Teile der deutschen Bevölkerung zu Beginn patriotisch eingestellt sah, einen großen Einschnitt. Aber im Gegensatz zu vielen Soldaten ließen ihn das Erlebte im mörderischen Frontgeschehen und die eingehende Auseinandersetzung mit dem Tod nicht an seinem Glauben an Gott und die Kirche zweifeln. Daher machten ihn sein religiöser Eifer und seine caritative Grundhaltung auch im militärischen Umfeld zu einer Person, die sich um die Kameraden und insbesondere um ihr Seelenheil kümmerte sowie ihnen in der Todesstunde beistand. Letztlich hatten die Kriegsgeschehnisse „seinen Glauben vertieft und sein Gottvertrauen gestärkt". Damit verbunden war das

Abb. 13: Lehrer und „Apostel der Industrie“: Hubert Veroliemolen.

Versprechen, im Falle der gesunden Rückkehr „alle meine Kräfte“ für den Herrgott einzusetzen.[5]

Bald nach Kriegsende lernte Hubert Veroliemolen eine Kollegin an der Hamborner Schule lieben, die er 1922 heiratete. Die Ehe blieb kinderlos, was mit dazu beigetragen haben mag, dass sein Tagesablauf neben der Lehrertätigkeit offenbar immer stärker durch sein religiöses Leben und caritatives Wirken bestimmt war. Dabei sah er sich, wie eingangs bereits erwähnt, dem Apostolat des Gebets, des guten Beispiels und der Tat verpflichtet. Durch mehrfachen Gottesdienstbesuch an Werk- wie Sonntagen, bei denen er oft die Orgel spielte, wie auch durch inniges Gebet wollte er „sein Leben“ zum „lebendigen Sühneopfer für die Sünden der Menschen“ machen. „In seiner festen Tagesordnung wechseln Gebet und Arbeit“, und die im Gebet empfundene „Liebe Christi drängt ihn hin zu den Verlassenen, Armen und Irrenden“.[6]

Wenn auch die Beschreibungen, die Pater Ostermann den konkreten Werken der Nächstenliebe Hubert Veroliemolens widmete, im heutigen Empfinden des Öfteren befremdlich wirken und einen fast heiligmäßigen Charakter haben, stehen sie doch für den unbestreitbar hohen Stellenwert, den der Lehrer dem Laienapostolat beimaß:

„Seine [Veroliemolens] Sorge für die Armen und Verlassenen kennt keine Grenzen. Jeden Monat schleppt er zwei grosse Koffer voll Kleidern, Wäsche und Schuhe von Kempen nach Hamborn. Einen bestimmten Betrag seines eigenen Geldes gibt er für die Armen. Öfter erscheint er im Rektorat St. Franziskus und lässt dort etwa 50 RM in kleines Geld umwechseln. ‚Schönes

5 Lehrer Hubert Veroliemolen, ein Apostel der Industrie, Maschinenschrift von Pater Heinrich Ostermann o. J. [1942/43], in: BAM, DiCV Münster A 67, S. 23.

6 Ebd., S. 27–31.

Geld', sagt er dann. Schön, weil er viele damit glücklich machen kann. Ein Verwandter stirbt, Veroliemolen holt sich die Garderobe für seine Armen. Zu Hause liegt gewöhnlich ein Berg Schokolade für die Kinder. Zwei kleine Notizbücher finden sich in seinem Nachlass. Darin hat er seine Hausbesuche verzeichnet. Nach einem Notizbuch hat er 22 Paar Schuhe, 12 Anzüge, 6 Kleider, 4mal Wäsche, 5 Mäntel und 3 Hosen besorgt. Nach dem anderen Notizbuch 30 Paar Schuhe, 19 Kleider, 30 Anzüge, 6 mal Wäsche und 1 Mantel. Dazu kommen viele andere Dinge. Z. B. ‚für Anzugstoff 50 RM erhalten.' Beschaffung von Betten, mehrere Male. Stellensuche, Mittagessen für Kinder, Arzneien, 1 Hut, 2 Pakete Säuglingswäsche. Und dann Stösse von Gebetbüchern, Rosenkränzen, Kalendern, Klavierschule, Lesestoffe usw. Veroliemolen kann alles gebrauchen. Diese beiden kleinen Notizbücher umfassen aber nur einen kleinen Ausschnitt seiner Wirksamkeit. In ihnen sind ungefähr 500 Familien angegeben, die er besucht, beraten und unterstützt hat."[7]

Zu diesem Engagement Hubert Veroliemolens gehörten außerdem zahlreiche Aktivitäten für den Katholischen Männerfürsorgeverein bzw. KFV und für die Trinkerfürsorge. Sie umfassten die Zusammenarbeit mit den unterschiedlichen Institutionen der Fürsorge und des Gesundheitswesens wie auch Geistlichen, Lehrern oder Vormündern. Allein in den Akten des Männerfürsorgevereins fand Pater Ostermann 302 Berichte, die er im Lauf seines rund 25-jährigen Wirkens für die Behörden verfasst hatte. Da für die Berichte in der Regel mehrere Hausbesuche notwendig waren, dürfte hier die „Tausendergrenze" deutlich überschritten worden sein. Schließlich übernahm er selbst insgesamt ca. 70 Vormundschaften.

Nachkriegswirren, Inflation und Weltwirtschaftskrise mit ihrer hohen Zahl an Erwerbslosen und großer materieller Not trafen das Ruhrgebiet und hier besonders die Arbeiterfamilien mit voller Wucht. Um den eigenen Ansprüchen in der Nachfolge Christi gerecht zu werden, war Hubert Veroliemolen also immer wieder bis aufs Äußerste gefordert. Stets war ihm wichtig, seine Hilfen diskret durchzuführen, um die Empfänger nicht bloß zu stellen. Neben der materiellen Unterstützung lag ihm zudem besonders am Herzen, den Bedürftigen zuzuhören und ihnen Mut zuzusprechen.

Seine Heimatstadt Kempen, der sich Hubert Veroliemolen bis zum Lebensende verbunden fühlte – immerhin schrieb er seit 1937 in Erfüllung ei-

7 Ebd., S. 34.

nes Versprechens an den befreundeten Vorgänger die dortige Pfarr-Chronik fort[8] –, betrachtete er als „Hinterland seiner caritativen Arbeit".[9] Regelmäßig besuchte er seine Angehörigen und verbrachte in Kempen erholsame Ferien. Hier sammelte er aber wie gesehen auch „Liebesgaben" für die Bedürftigen in Hamborn.

Wenn man den Ausführungen Pater Ostermanns zum Lebensbild Hubert Veroliemolens folgt, bewerteten nicht nur die vom Lehrer unterstützten Hilfsbedürftigen, sondern auch alle Weggefährten dessen Frömmigkeit und caritatives Engagement positiv. In einem Schreiben des Paters an Prälat Tenspolde wies er jedoch auf die kritische Einschätzung der Ehefrau hin. In einer ersten Fassung der Vita hatte der Pater offenbar auch das Familienleben Veroliemolens in ähnlich beispielhafter Form geschildert, diese Passagen dann aber nach Rücksprache mit der Witwe wieder herausgenommen. Denn in der Realität war „das eheliche Verhältnis nicht gerade ideal" gewesen, „weil sie [die Ehefrau] seine religiöse Leidenschaft nicht verstand".

Außerdem scheint „das Schriftchen" bei den anderen Geistlichen vor Ort zunächst ebenfalls nicht nur Begeisterung hervorgerufen zu haben. Jedenfalls schrieb Pater Ostermann dem Prälaten, dass es nach der Überarbeitung „beim Klerus keine weitere Kritik gefunden" habe. Nur mit einem „Mitbruder", den er als „Advocatus diaboli" bezeichnete – also als einen Vertreter der Kirche, der in einem Heiligsprechungsverfahren die Gegenargumente ins Spiel brachte –, musste er offenbar eine kontroverse Diskussion führen. „Wenn es auch nie zur Heiligsprechung [Veroliemolens] käme", bilanzierte der Pater letztlich, „so bleibt sein Apostolat doch bemerkenswert."[10]

Im Sommer 1937 setzte sich im Alter von fast 50 Jahren – unerwartet, aber mit Freude angenommen – die militärische Laufbahn Hubert Veroliemolens fort, als er die Einberufung zur Wehrmacht erhielt und beim Wehrbezirkskommando Duisburg diente. Aber schon bald verschlechterte sich seine Gesundheit, sodass er schweren Herzens das Militär wieder verlassen musste.

Trotz immer wieder auftretender Schwäche- und Ohnmachtsanfälle reduzierte Hubert Veroliemolen seine umfangreichen beruflichen und ehren-

8 Vgl. Josef Reuter, Die Chronik der Pfarre Kempen. Erarbeitung und Nutzung von pfarrgeschichtlichen Aufzeichnungen, in: Hanns Peter Neuheuser (Hg.), Quellen und Beiträge aus dem Propsteiarchiv Kempen, Bd. 1, Köln 1994, S. 240f.

9 Lehrer Hubert Veroliemolen, ein Apostel der Industrie, Maschinenschrift von Pater Heinrich Ostermann o. J. [1942/43], in: BAM, DiCV Münster A 67, S. 13.

10 Pater Ostermann an Prälat Tenspolde v. 17. Febr. 1943, in: ebd.

amtlichen Bemühungen jedoch kaum, ehe ihn ein Krebsleiden auf das Krankenbett zwang und schließlich besiegte. Am 30. Oktober 1941 starb er im St.-Johannes-Krankenhaus, in dessen Kapelle er häufig ministriert hatte. Die Lebensskizze seines Totenzettels spiegelte nochmals die Eckpfeiler wider, die seine Biografie gerade im kirchlichen Umfeld beispielhaft machten:

„Sein Leben war Dienst Gottes im Dienste der Menschen. Ein Vater war er seinen Schülern, ein Berater den Armen und Waisen, ein Licht jenen, die Christus suchten. Ein Christusträger, gestaltete er sein ganzes Lebenswerk nach Christi Grundsätzen. Tief und innig war sein Vertrauen und seine Verehrung zur Gottesmutter Maria. Von der Morgenstunde bis zur Nacht war er Diener für Gottes Reich. Christus nahm ihn am Abend seines Lebens zu sich auf das Kreuz eines schweren Leidens, das er wissend und mit vorbildlicher Geduld ertrug für die Rettung der Seelen“[11]

Literatur-Tipps

Wilhelm Damberg, „Radikal katholische Laien an die Front!“ Beobachtungen zur Idee und Wirkungsgeschichte der Katholischen Aktion, in: Joachim Köhler/Damian van Melis (Hg.), Siegerin in Trümmern. Die Rolle der katholischen Kirche in der deutschen Nachkriegsgesellschaft, Stuttgart u.a. 1998, S. 142–160.

Wilhelm Damberg/Johannes Meier, Das Bistum Essen 1958–2008. Eine illustrierte Kirchengeschichte der Region von den Anfängen des Christentums bis zur Gegenwart, Münster 2008.

11 Totenzettel zit. n. Reuter, Die Chronik der Pfarre Kempen, S. 241.

Prälat Alexander Wähning

(1889–1960)

Prälat Ernst Laackman

(1888–1968)

Geistliche Direktoren, Rendanten, Geschäftsführer

Ob Krankenhäuser, Heil- und Pflegeanstalten oder Erziehungsheime: seit Mitte des 19. Jahrhunderts wuchs auch im Bistum Münster die Zahl caritativer Einrichtungen sprunghaft an. So kam es allein zwischen 1843 und 1865 zu 54 Neugründungen von Krankenhäusern, darunter sechs im Offizialatsbezirk Oldenburg. 1916 bestanden 148 Krankenhäuser, 19 Waisenhäuser, 15 Altersheime und 7 Anstalten für Menschen mit einer geistigen oder körperlichen Behinderung. 1936 waren es 161 Krankenhäuser, 22 Waisenhäuser, 22 Altersheime sowie 12 Behinderten-Einrichtungen.[1]

Nicht selten waren Pfarreien oder Stiftungen, aber vereinzelt auch Ordensgemeinschaften und, als Besonderheit im Vergleich zu den meisten anderen Diözesen, der Bischöfliche Stuhl Träger bzw. maßgebliche Trägerinstanz dieser Einrichtungen. Oftmals regelten daher Geistliche als Rendanten, später als Geschäftsführer die wirtschaftlichen Belange der Häuser und betreuten gleichzeitig die Patienten, Bewohner oder „Zöglinge“ seelsorglich. In den größeren Anstalten bekleideten sie das Amt des geistlichen Direktors.

Je nach Einrichtungsart und Träger-Satzung besaßen die geistlichen Direktoren eine herausgehobene Stellung innerhalb der Hausgefüge. Sie ergab sich vor allem aus der Verbindung des kirchlichen Amtsinhabers mit der Leitungskompetenz in wirtschaftlichen und sonstigen Verwaltungsfragen. Die Direktoren führten die Verhandlungen mit den zuständigen staatlichen Behörden, nahmen aber beispielsweise in einem Kinderheim den Mädchen und Jungen auch die Beichte ab, spendeten das Sakrament der hl. Kommunion oder führten die Fronleichnamsprozession an.

1 20 Jahre Diözesan-Caritasverband Münster e. V., hg. v. DiCV Münster, Münster 1936, S. 65.

Darüber hinaus galten die geistlichen Direktoren gerade für die vielen in den Einrichtungen tätigen Ordensschwestern als geistliche Respektspersonen, denen mit Demut und Gehorsam zu begegnen war. Immerhin waren 1933 im Bistum Münster in den insgesamt 313 Einrichtungen der geschlossenen Fürsorge mit über 31.000 Plätzen bei rund 500 Laienkräften weit über 3.000 Ordensschwestern und knapp 200 Ordensbrüder tätig.[2] In den 1960er, dann noch stärker in den 1970er Jahren ging die Leitung der Verwaltungsaufgaben zunehmend auf Laien über.

Diese Zusammenhänge sollen an Prälat Alexander Wähning – 1927 bis 1960 Rendant bzw. Geschäftsführer des Prosper-Hospitals in Recklinghausen – und an Prälat Ernst Laackman – 1937 bis 1965 geistlicher Direktor der Heil- und Pflegeanstalten Haus Hall in Gescher und dann im Stift Tilbeck bei Havixbeck näher in den Blick genommen werden. Beide haben zudem unter den Ausnahmebedingungen von Drittem Reich, Zweitem Weltkrieg und Wiederaufbauzeit agieren müssen, sodass etwa die Bedrohungen durch die NS-„Euthanasie" und die alliierten Luftangriffe bei ihren Aktivitäten eine Rolle gespielt haben.

Lebensbild Prälat Alexander Wähning

Bereits in seiner ersten Kaplanstelle in Rhede, in der er nach seiner Priesterweihe im Jahr 1915 wirkte, kam Alexander Wähning – 1889 in Emsdetten geboren und in Rheine zum Gymnasium gegangen – im dortigen St.-Vinzenz-Hospital mit Verwaltungsaufgaben in Berührung. Als Rendant trug er maßgeblich Verantwortung für die wirtschaftliche Entwicklung des Krankenhauses, das sich in Trägerschaft der katholischen Kirchengemeinde befand. Als er 1918 zum Tecklenburger Kreisvikar mit Sitz in Ibbenbüren ernannt wurde, übernahm er auch das Rektorenamt im dortigen St.-Elisabeth-Hospital.

In den Jahren nach dem Ersten Weltkrieg und der Inflationszeit dürften die Anforderungen nicht gering gewesen sein, zumal Vikar Wähning gleichzeitig als Geistlicher gefordert war. Jedenfalls lehnte er Ende 1921 „wegen Überlastung mit Arbeiten (alleine schon 29 Schulstunden) und anderen Posten" das Ansinnen der Bistumsleitung ab, ihn auch noch zum Dekanatsgeschäftsfüh-

2 Die Caritas im Bistum Münster an der Zeitwende 1933, S. 40f.

rer der Caritas zu ernennen.[3] Da im Raum Ibbenbüren in mehreren Zechen Kohle abgebaut wurde, mussten im Krankenhaus häufig verunglückte Bergleute versorgt werden. So besaß das St.-Elisabeth-Hospital Ende der 1920er Jahre immerhin 180 Betten, wobei in die Amtszeit Vikar Wähnings auch ein Erweiterungsbau fiel.

Vermutlich auf Grund dieser Erfahrungen erhielt Vikar Wähning 1927 die Berufung zum hauptamtlichen Rektor des Prosper-Hospitals in Recklinghausen, wobei sein Vorgänger Anton Burlage Kaplan in Rheine wurde. Das 1848 gegründete Krankenhaus, in dem Clemensschwestern die Patienten pflegten und die Hauswirtschaft leiteten, war im Zuge der Industrialisierung bis zum Vorabend des Ersten Weltkriegs auf ca. 260 Plätze ausgebaut worden, jedoch nun an seine Grenzen gestoßen.[4]

Daher hatte der Krankenhaus-Vorstand einen Neubau an anderer Stelle ins Auge gefasst und 1919 per Schenkung des Herzogs von Arenberg ein entsprechend größeres Grundstück erhalten. Nicht zuletzt unterstützt durch die Geldentwertung während der Inflation, wurde die Fläche zu günstigen Bedingungen erweitert. Auch konnte zur besseren Nahrungsmittelversorgung des Krankenhauses in unmittelbarer Nähe ein Gutsbetrieb errichtet werden. Allerdings führten städtebauliche Überlegungen und vor allem Probleme bei der Beschaffung der für den Krankenhaus-Neubau notwendigen Finanzen dazu, dass sich trotz fertiger Baupläne und der im Mai 1927 erfolgten Grundsteinlegung der Baubeginn weiter verzögerte.

Dieser Situation geschuldet, dürfte Rektor Wähning keine wirkliche Einarbeitungsphase in seine neue Aufgabe erhalten haben. So standen längere Verhandlungen mit einer Amsterdamer Bank an, mit der schließlich Mitte 1928 Einigung über die Bedingungen einer Anleihe von 600.000 holländischen Gulden erlangt wurde. Auch andere caritative Einrichtungen, aber auch Ordensgemeinschaften wählten in diesen Jahren einen ähnlichen Weg zur Finanzierung von Baumaßnahmen, da im Ausland deutlich bessere Konditionen bei der Kreditvergabe bestanden. Obwohl einige Monate später nur die Arbeiten am ersten Bauabschnitt begannen, reichten die Mittel nicht zur Fertigstellung, und während der einsetzenden Weltwirtschaftskrise war es nicht möglich, weitere Kredite aufzunehmen. Die Krankenversorgung im

3 Kreisvikar Wähning an den DiCV v. 14. Febr. 1921, in: BAM, DiCV Münster A 15.

4 Die nachfolgenden Ausführungen basieren weitgehend auf: Christioph Thüer, Das Prosper-Hospital Recklinghausen im wirtschaftlichen und sozialen Wandel 1848–1998, Recklinghausen 1998.

Prosper-Hospital blieb also nach wie vor auf den alten Standort mit seinen Unzulänglichkeiten beschränkt.

Die staatlichen Notverordnungen dieser Jahre trafen auch die Krankenkassen, die immer weniger ärztlich-pflegerische Leistungen, und diese nur noch zu einem Teil vergüteten. Im Prosper-Hospital sanken daher die jährliche Belegung zwischen 1930 und 1932 von 5.201 auf 2.466 Patienten sowie die Pflegegelder von ca. 751.000 RM auf 378.000 RM. Das Haus geriet in eine wirtschaftliche Schieflage, die sich nach 1933 nur allmählich wieder legte. Dieser Entwicklung fiel auch die 1930 staatlich anerkannte Krankenpflegeschule zum Opfer, die erst 1938 ihren Betrieb aufnehmen konnte.

Hinzu kam die Sorge, ebenfalls einem der so genannten Devisenprozesse ausgesetzt zu sein, die mit großem Propaganda-Aufwand gegen eine Reihe kirchlicher Einrichtungen angestrengt wurden.[5] Nachdem bereits 1936 der mit der Amsterdamer Bank vereinbarte Zinssatz gesenkt werden konnte, gelang es 1942 schließlich, mit Hilfe eines Kredites der Recklinghäuser Kirchengemeinde St. Petrus die noch verbliebene Restschuld zu tilgen.

Trotz der so gewonnenen finanziellen Spielräume ließ sich der Neubau des Prosper-Hospitals nicht fertig stellen, da die staatlichen Stellen zu Beginn des Zweiten Weltkriegs die Arbeiten still legten und die schon bestehenden Räumlichkeiten fremd nutzten. Erst im Sommer 1944 bezogen Kranke den neuen Trakt. Fast gleichzeitig zerstörten jedoch englische Fliegerbomben große Teile des alten Krankenhausgebäudes, sodass der Umzug zahlreicher Patienten notwendig wurde.

Diese Streiflichter zeigen die vielfältigen Schwierigkeiten, die Rektor Wähning bis zum Ende des Zweiten Weltkriegs bewältigen musste. „Seit seinem Eintritt im Jahr 1927", so eine Studie anlässlich des 150-jährigen Bestehens des Prosper-Hospitals, „hatte er in seiner Eigenschaft als Rendant und Vorstandsmitglied immer wieder großes kaufmännisches Geschick an den Tag gelegt. Rektor Wähning stieg neben dem Vorstandsmitglied und Chefarzt der Chirurgie, Dr. Christoph Kirschner, der die medizinischen Interessen des Hauses vertrat, mehr und mehr zu der wirtschaftlichen Führungskraft des Hauses auf. Im Gegensatz zu mancher Situation in früherer Zeit wurden jetzt kaum Entscheidungen gefällt, die den Überzeugungen des Rendanten – wie im übrigen auch Dr. Kirschners – entgegenstanden."[6]

5 Petra Madeleine Rapp, Die Devisenprozesse gegen katholische Ordensangehörige und Geistliche im Dritten Reich, Bonn 1981.

6 Thüer, Prosper-Hospital Recklinghausen, S. 94f.

Abb. 14: Prälat Alexander Wähning bei der Arbeit.

Außer seiner Tätigkeit im Prosper-Hospital wirkte Rektor Wähning auch auf Verbandsebene mit großem Engagement: 1933 wählte ihn der „Zweckverband der Krankenhäuser des Ruhrkohlenbezirkes" zu seinem Vorsitzenden. Schon bald führte Rektor Wähning maßgeblich die notwendigen Verhandlungen mit den staatlichen Behörden und den Krankenversicherungen. Zudem übernahm Rektor Wähning 1937 als Nachfolger des verstorbenen Prälaten Johannes von Acken, der ebenfalls aus dem Bistum Münster stammte, die Präsidentschaft des 1910 gegründeten „Verbands der Katholischen Kranken- und Pflegeanstalten Deutschlands". Beide Ämter behielt er bis zu seinem Tod. Trotz mancher Einschränkungen durch das NS-Regime wurde Rektor Wähning während des Dritten Reichs doch auch in einige Sachverständigenbeiräte berufen, wo man offenbar ebenfalls nicht auf seine Sachkompetenz verzichten wollte.[7]

„Ferner hat das Gesamtbild der Anstalten durch den Krieg und seine Folgeerscheinungen eine Veränderung erfahren, die weit über das Maß einer normalen Entwicklung hinausgeht. Allein 256 Anstalten sind im Krieg, und

7 Nachruf für Prälat Wähning, in: Caritasblätter für das Bistum Münster 12 (1960), S. 354.

> zwar zum größten Teil sehr erheblich, beschädigt worden. 45 Anstalten erlitten einen Totalschaden, d. h. eine 100prozentige Zerstörung. Beseitigung der Gebäudeschäden, Wiederaufbau aus den Trümmern unter den schwierigen Verhältnissen, das ist für sehr viele Anstalten ein vollständig neues und schwieriges Kapitel in ihrer Anstaltsgeschichte geworden." (Die caritativen Anstalten im Bistum Münster, hg. v. DiCV Münster, Bd. 1, Münster 1955, Vorwort von Weihbischof Heinrich Roleff, Vorsitzender des Diözesancaritasverband Münster)

Nach Kriegsende sahen sich auch die Verantwortlichen des Prosper-Hospitals mit der Frage konfrontiert, wie bei zunehmenden Krankenzahlen die Versorgung aufrecht erhalten bzw. im zerstörten Altbau wieder hergestellt werden konnte. Denn wie die anderen Ruhrgebietsstädte war auch Recklinghausen stark in Mitleidenschaft gezogen, mangelte es an Baumaterialen wie auch Arzneien und Verbandsstoffen. Zudem fehlten trotz der eigenen Landwirtschaft Lebensmittel. Gemeinsam mit dem Vorstand schaffte es Rektor Wähning, der 1948 zum Päpstlichen Geheimkämmerer ernannt worden war, das Krankenhaus durch diese Notzeit zu führen und das „alte Prosper" wieder aufzubauen. Als das Haus 1949 feierlich sein 100-jähriges Bestehen beging, symbolisierte dieses Ereignis augenscheinlich das Ende der unmittelbaren Nachkriegsphase.

In den nachfolgenden elf Jahren bis zu seinem Tod galt es für Rektor Wähning, der seit 1955 auch Mitglied des Bundesgesundheitsrats in Bonn war, als Rendant des Prosper-Hospitals die Umbrüche im Krankenhauswesen zu berücksichtigen und das Haus entsprechend zu modernisieren und auszubauen. So beeinflussten der Wandel der Krankheitsbilder – an Stelle von Infektionskrankheiten standen nun vor allem Krebs, Herz-Kreislauf-Erkrankungen oder Schädigungen des Bewegungsapparates im Zentrum – und die rasante Verbesserung der Behandlungsmethoden durch die Apparatemedizin z. B. nach Operationen immer stärker den Krankenhaus-Alltag.

Damit verband sich eine deutliche Zunahme des Pflegepersonals, wobei nun – auch im Zeichen des sich abzeichnenden Nachwuchsmangels der Ordensgemeinschaften – vermehrt freie Schwestern die Aufgaben übernahmen. Der logischen Steigerung der Personalkosten entsprachen jedoch nicht die gezahlten Pflegesätze, die erst 1972/74 durch das Krankenhauspflegegesetz und die Bundespflegesatzverordnung den realen Bedingungen entsprechend angepasst wurden. So konnte das Prosper-Hospital des Öfteren nur „durch die besondere kaufmännische Intuition sowie die guten Bezie-

Abb. 15: Einer von drei Geistlichen im Vorstand des Prosper-Hospitals (1948/49): Prälat Wähning (obere Reihe in der Mitte).

hungen des Rendanten" und durch Stiftungs- bzw. Pachteinnahmen einen ausgeglichenen Haushalt erreichen.[8]

Ebenso schwierig war es, die dringend erforderlichen baulichen Schritte einzuleiten. Da eine gesetzliche Regelung für die Übernahme der Investitionskosten fehlte, musste Rektor Wähning mehrfach um Landesdarlehen ringen. Dennoch gelang es ihm, u.a. ein Schwesternwohnheims, in dem die meist unverheirateten Krankenschwestern Unterkunft nahmen, und zwei Erweiterungsbauten am „neuen Prosper" zu errichten. In beiden Gebäuden konnten insgesamt 620 Betten belegt werden. Im Sommer 1960 bildete die bereits 20 Jahre zuvor konkret geplante, jedoch vom NS-Regime verhinderte Aufstellung einer monumentalen Christus-Statue auf der Krankenhaus-Kapelle den sichtbaren Abschluss dieser Baumaßnahmen. Dem Rektor lag viel daran, mit der Figur kenntlich zu machen, „daß speziell dieses Haus nicht mehr politisch administrativen, sondern nur noch karitativen Zwecken diente".[9]

8 Thüer, Prosper-Hospital Recklinghausen, S. 110; vgl. auch Lebensbild Schwester Reginalda.

9 Thüer, Prosper-Hospital Recklinghausen, S. 116.

Abb. 16: Ansichtskarte des Prosper-Hospitals: Jesus-Statue in zentraler Position.

Wenige Wochen später, am 9. November 1960, starb Prälat Wähning. „Er hatte das Haus 33 Jahre, seit 1927, durch seine Person und seinen Führungsstil geprägt. Mehr als einmal hatte er es durch schwieriges Fahrwasser gelost."[10] Weiter heißt es in der Festschrift, dass die sich anschließende Zeit „in verschiedener Hinsicht eine erste Phase der Übergangs von einem traditionell verwalteten zu einem modern gemanagten Haus" anzeigte. So trat neben den neuen geistlichen Rendanten nun ein Verwaltungsleiter, wobei die letzte Entscheidungskompetenz wieder beim Vorstand lag.

Dieser sah bereits 1965 die Notwendigkeit, durch einen kompletten Neubau des Prosper-Hospitals den zeitgemäßen Standard der Krankenversorgung zu gewährleisten. Aber die Finanzierung dieses Vorhabens erwies sich als schwierig. Erst das Krankenhausfinanzierungsgesetz des Bundes schuf hier 1972 mit seinem dualistischen Finanzierungssystem eine neue Grundlage. Denn während die Krankenhäuser für die laufenden Betriebs- und Be-

10 Ebd., S. 117.

handlungskosten auf Grundlage des Kostendeckungsprinzips nach wie vor die Pflegesätze heranzogen, gingen die Investitionskosten nun zu Lasten der öffentlichen Hand.

Zur Koordination der von den Krankenhäusern vorgesehenen Baumaßnahmen entwarfen die Bundesländer Krankenhausbedarfspläne, und nur über die Aufnahme in diese Planungen konnten Bauvorhaben mit öffentlichen Mittel realisiert werden. Das neue Prosper-Hospital wurde schließlich 1979 seiner Bestimmung übergeben. Dagegen schieden von den 137 Häusern im Bistum Münster, die 1970 existierten, bis 1989 70, oftmals im ländlichen Raum gelegene Einrichtungen aus der Krankenversorgung aus. Viele betätigten sich daraufhin in anderen Betreuungsfeldern wie etwa der Alten- oder Behindertenhilfe.[11]

Prälat Wähning hatte eine solche Entwicklung aus seiner Sicht befürchtet. Zumindest positionierte er sich entsprechend, als er kurz vor seinem Tod auf der 50-jährigen Jubiläumstagung des „Verbands katholischer Kranken- und Pflegeanstalten Deutschlands“ Bilanz zog. Am Ende des Vortrags wagte er einen Blick in die Zukunft, der auch wesentliche Grundmuster seines caritativen Engagements zeigte. Sie dürften für viele geistliche Direktoren seiner Generation gestanden haben:

„Eine neue Zeit ist jetzt angebrochen, und wir überschreiten die Grenze unseres ersten halben Jahrhunderts mit großem Ernst und tiefer Sorge. Wir sehen gegen die freie Wohlfahrtspflege, auch auf dem von uns betreuten Gebiet, schwere Wolken heraufziehen. Sie wird es in Zukunft nicht leichter, sondern schwerer haben, das hohe Kulturgut, das in ihr beschlossen und das ihr anvertraut ist, gegen Anfechtungen und Angriffe zu verteidigen. Dieses Kulturgut ist der caritative Wille, ist die Freiheit der caritativen Gesinnung, ist die freie und freudige Hingabe der Persönlichkeit an die Idee der Bruderliebe. Aber wir werden dieses Gut verteidigen. Wir werden es mit aller Kraft tun, und wir erbitten und erwarten dafür den Schutz und die Hilfe derer, denen das Volkswohl anvertraut ist und die es mit dem Volk gut meinen.

In ihren Grundlagen bleibt unsere Tätigkeit immer dieselbe, weil sie auf den ewigen Gesetzen Gottes und der neuen von Christus unserem Heiland gegebenen Weltordnung sich aufbaut. Den wechselnden Zeitbedingungen werden wir allezeit gerecht zu werden suchen. Gebe Gottes Güte in seiner

11 Klaus Schoch/Wolfgang Erfeld, Die Abteilung Krankenhäuser und Heime, in: DiCV Münster (Hg.), 75 Jahre Caritasverband für die Diözese Münster. Rückblicke 1916–1991, Münster 1991, S. 78.

Vorsehung, daß wir allezeit, in heiliger Liebe für Volk und Heimat, das Grundgesetz des Christentums auch im öffentlichen Leben betätigen können: ‚Ein neues Gebot gab ich Euch, daß Ihr einander liebet; daran soll die Welt erkennen, daß Ihr meine Jünger seid.'"[12]

Lebensbild Prälat Ernst Laackman

Im Gegensatz zu Prälat Wähning wiesen bei Prälat Ernst Laackman die ersten beruflichen Stationen weniger offensichtlich in den caritativen Raum, sodass das spätere Amt des geistlichen Direktors nicht vorgezeichnet scheint. 1888 in Schermbeck geboren, absolvierte Ernst Laackman das Gymnasium in Dorsten und das Theologiestudium in Münster, ehe er 1912 zum Priester geweiht wurde. Auf Kaplanstellen in Schaag (Nettetal), Duisburg und Kevelaer folgte 1924 die Berufung zum Präses am Bischöflichen Konvikt im niederrheinischen Kempen, in dem die auswärtigen Schüler des Gymnasiums Collegium Thomaeum wohnten. 1930 schickte ihn der Bischof als Pfarrer an die Berliner St.-Ludgerus-Kirche.

Dort blieb Pfarrer Laackman, bis er im Dezember 1937 Direktor von Haus Hall in Gescher wurde. In Trägerschaft des Bischöflichen Stuhls betreuten dort Canisianerbrüder, Clemensschwestern und einige weltliche Kräfte vor allem geistig behinderte Kinder und Jugendliche, die auch die heimeigene Hilfsschule besuchten.

Pfarrer Laackman übernahm die Leitung der Heil- und Pflegeanstalt in einer Zeit, als rigide Maßnahmen des NS-Regimes die Existenz des Hauses massiv in Frage stellten. Denn auf Anordnung des Landesfürsorgeverbands Westfalen, der bei den meisten Bewohnern der Kostenträger war, mussten von insgesamt ca. 300 Mädchen und Jungen fast 200 in staatliche Anstalten verlegt werden. Zwar galten Ermittlungen gegen einige Brüder wegen angeblicher sexueller Vergehen im Zuge der so genannten Sittlichkeitsprozesse gegen Priester und Ordensangehörige als Auslöser. Letztlich waren aber für die Provinzialverwaltung betriebswirtschaftliche Aspekte zu Gunsten der eigenen Anstalten die entscheiden Gründe für diese Maßnahme, die auch andere Häuser in Trägerschaft von Caritas und Innerer Mission betraf. Sei-

12 50-jährige Jubiläumstagung des Verbandes kath. Kranken- und Pflegeanstalten Deutschlands am 26. und 27. Juni 1960 in Köln, in: Caritasblätter für das Bistum Münster 11 (1960), S. 234.

nem langjährigen Vorgänger Direktor Kruse hatten die damit verbundenen Belastungen gesundheitlich derart zugesetzt, dass er in den Ruhestand trat.

Pfarrer Laackman muss über offenkundige Qualitäten verfügt haben, die ihn in dieser für Haus Hall äußerst kritischen Situation als geeigneten Leiter auswiesen. U. U. spielte bei seiner Berufung auch eine Rolle, dass er mit den Caritasdirektoren Holling und Tenspolde wie auch mit Professor Heinrich Weber im gleichen Weihe-Jahrgang gewesen war und daher engere Kontakte bestanden. Jedenfalls gelang es Direktor Laackmann in kurzer Zeit „durch weise Sparsamkeit und vermehrte Aufnahme privater Kinder, das Haus wieder hochzubringen", wie die Chronik Haus Halls vermerkte.[13]

Allerdings blieb Haus Hall als bischöfliche Heil- und Pflegeanstalt von Eingriffen des NS-Staats bedroht. Nach wie vor mussten Bewohner im Zuge des 1934 in Kraft getretenen „Gesetzes zur Verhütung erbkranken Nachwuchses" in Krankenhäusern Zwangssterilisierungen erleiden. Auch wurden sie immer stärker an den Rand der Gesellschaft gedrängt. Zudem sah sich Direktor Laackman im Sommer 1939 mit Vorwürfen gegen das Fürsorgeerziehungsheim Josefshaus in Wettringen konfrontiert, das sich in Rechtsträgerschaft der Stiftung Haus Hall befand. Die Gestapo hatte im Josefshaus Ermittlungen durchgeführt und angeblich „falsche Erziehungsmethoden" und „infolge mangelnder Aufsicht seitens des Leiters der Stiftung und damit auch des Erziehungspersonals [...] weitgehende sexuelle Verwahrlosung" unter den „Zöglingen" festgestellt. Daher rief die Gestapo Direktor Laackman von seinem Posten ab und setzte anstelle des Leiters des Josefshauses, geistlicher Direktor Gerhard Geesink, einen Staatsbeamten ein. Obwohl das Bischöfliche Generalvikariat und Bischof von Galen mehrfach gegen diese Maßnahmen protestierten, kam es zu keiner einvernehmlichen Regelung.[14]

Es gibt keine Hinweise, dass Direktor Laackman tatsächlich, und wenn auch nur zeitweise, die Leitung Haus Halls nicht wahrgenommen hätte. So war er es auch, der „vor Ort" auf die Auswirkungen der NS-„Euthanasie" für die Bewohner des Hauses reagieren musste. Denn Ende Oktober 1939 setzte Adolf Hitler mit einem Geheimbefehl eine gewaltige Tötungsmaschinerie in Gang, um ‚lebensunwertes' Leben zu vernichten. Verschiedene Tarnorganisationen übernahmen die Durchführung des Befehls und versandten u.a.

13 Chronik Haus Hall für das Jahr 1938, in: Archiv Haus Hall, S. 224.

14 Entsprechende Schreiben vom Juli/August 1939, in: BAM, GV Neues Archiv 101–8 und Peter Löffler, Galen, Clemens August von. Akten, Briefe, Predigten 1933–1946, Bd. 2, 2., erw. Aufl., Mainz 1996, S. 735–739.

Meldebogen zur Erfassung und Selektion der gerade in den Heil- und Pflegeanstalten betroffenen Menschen.

In Haus Hall wurden im Sommer 1940 insgesamt 277 Meldebogen ausgefüllt und zurückgeschickt, ohne Kenntnis über den wirklichen Zweck der Bogen zu haben. Wenig später erhielt Bischof von Galen Informationen über die in der Tötungsanstalt Hadamar (Westerwald) angelaufene Ermordung zahlreicher Bewohner und Patienten der westfälischen Provinzialanstalten – den heutigen Landeskliniken – durch Gas, sodass in Haus Hall keine Meldebogen mehr ausgefüllt wurden.

Wie in den anderen caritativen Anstalten im Bistum Münster kam es aber letztlich auch in Haus Hall zu keiner Verlegung von Bewohnern nach Hadamar. Dies widersprach dem allgemeinen Trend, dass gerade caritative Einrichtungen betroffen waren und hing vermutlich mit der strikten Abwehrhaltung Bischof von Galens zusammen. Als erster deutscher Oberhirte wagte er es am 3. August 1941 in seiner berühmten Predigt in der münsterischen Lamberti-Kirche, die ‚Euthanasie'-Maßnahmen öffentlich anzuklagen. Auch wies Bischof von Galen die Verantwortlichen der Anstalten in seiner Diözese an, gegenüber Verlegungen mit einer vermuteten Tötungsabsicht zumindest passiven Widerstand zu leisten.

„Seit einigen Monaten hören wir Berichte, daß aus Heil- und Pflegeanstalten für Geisteskranke auf Anordnung von Berlin Pfleglinge, die schon länger krank sind und vielleicht unheilbar erscheinen, zwangsweise abgeführt werden. Regelmäßig erhalten dann die Angehörigen nach kurzer Zeit die Mitteilung, die Leiche sei verbrannt, die Asche könne abgeliefert werden. Allgemein herrscht der an Sicherheit grenzende Verdacht, daß diese zahlreichen unerwarteten Todesfälle von Geisteskranken nicht von selbst eintreten, sondern absichtlich herbeigeführt werden, daß man dabei jener Lehre folgt, die behauptet, man dürfe sogenanntes ‚lebensunwertes Leben' vernichten, also unschuldige Menschen töten, wenn man meint, ihr Leben sei für Volk und Staat nichts mehr wert. Eine furchtbare Lehre, die die Ermordung Unschuldiger rechtfertigen will, die die gewaltsame Tötung der nicht mehr arbeitsfähigen Invaliden, Krüppel, unheilbar Kranken, Altersschwachen grundsätzlich freigibt. […] Wenn einmal zugegeben wird, daß Menschen das Recht haben, ‚unproduktive' Mitmenschen zu töten – und wenn es jetzt zunächst auch nur arme wehrlose Geisteskranke trifft –, dann ist grundsätzlich der Mord an allen unproduktiven Menschen, also an den unheilbar Kranken, den Invaliden der Arbeit und des Krieges, dann ist der Mord an uns allen, wenn wir alt und altersschwach und damit unproduktiv werden, freigegeben." (Predigt Bischof Clemens August Graf von Galens v. 3. August 1941 in der Lamberti-Kirche in Münster)

Auch für 41 der ehemaligen Bewohner Haus Halls, die 1937 in Provinzialanstalten verlegt worden waren, führte der Weg von dort aus in den Tod, und auch nach dem Ende dieser so genannten ‚Aktion T4' wurden in einer Reihe von Anstalten weiterhin geistig behinderte und psychisch kranke Menschen etwa durch Nahrungsentzug und Medikamente gezielt getötet. Diesen Maßnahmen fielen im Bistum Münster, wiederum über westfälische Provinzialanstalten, auch viele der insgesamt 250 Bewohner Haus Kannens und des Stifts Tilbeck zum Opfer, die Ende 1941 – erneut aus betriebswirtschaftlichen Gründen – dorthin verlegt worden waren.

Die zunehmenden alliierten Luftangriffe führten vermehrt zur Fremdnutzung von Anstalten etwa für Lazarette oder Ausweichkrankenhäuser, der die eigentlichen Bewohner weichen mussten. 1943 konkretisierte sich daher die Gefahr auch wieder für die Bewohner von Haus Hall und damit für Direktor Laackman, da Haus Hall als Entbindungsheim und Abteilung für Siechenkranke der Stadt Gelsenkirchen bestimmt wurde. So erhielt die Hausleitung im Juli 1943 die Aufforderung, die Einrichtung zu räumen und die 322 Bewohner „abzüglich der unentbehrlichen Arbeitskräfte nach innerreichsdeutschen Anstalten" zu verlegen. Dabei sollte Kranken, „die über ihre Person keinen Aufschluss geben können […] ein Leukoplaststreifen" mit ihrem Namen „zwischen die Schulterblätter" geklebt werden.

Direktor Laackman informierte umgehend Bischof von Galen, der sofort das Gespräch mit dem Regierungspräsidenten suchte und einen Aufschub von acht Tagen erreichte. Gleichzeitig wies er den Direktor an, sich gegen jeden Versuch einer vorherigen Verlegung zu stellen. Unabhängig von diesen Verhandlungen sorgte Direktor Laackman zudem dafür, dass zahlreiche Kinder von den Angehörigen abgeholt wurden. Schließlich erreichte Domkapitular Holling, nur noch 100 Bewohner in die süddeutsche caritative Anstalt Ursberg verlegen zu müssen, die sie Ende Juli 1943 „wenn auch sehr matt und nach Irrfahrten" erreichten, wie die Ursberger Oberin mitteilte.

Zuvor hatte Direktor Laackman in einem Dankesschreiben an die Einrichtung von der „Sorge und Arbeit" gesprochen, „die seit dem 24 Juni auf uns gelastet hat. Wir haben uns keinen Augenblick der dringenden Notwendigkeit der Unterbringung der Kranken aus den heimgesuchten Gegenden verschlossen. Aber wir haben dabei unter Führung unseres Hochwürdigsten Herrn Bischofs die schwere Sorge tragen müssen, daß unsere Pfleglinge wieder gut untergebracht würden. Nun haben Sie uns für einen großen Teil unserer Kranken diese Sorge abgenommen." Anfang bzw. Mitte August kamen dann die ersten Kranken und Wöchnerinnen aus Gelsenkirchen nach Haus Hall.[15]

Bald danach berief Bischof von Galen Direktor Laackman als Nachfolger des Ende Juli verstorbenen Direktors Heinrich Rampelmann – als Präses zuvor ebenfalls in Haus Hall – zum Direktor des in der Nähe von Havixbeck gelegenen, auch in bischöflicher Trägerschaft stehenden Stifts Tilbeck.[16] Unter den in dieser Heil- und Pflegeanstalt tätigen Mauritzer Franziskanerinnen kursierte das Gerücht, das der Bischof den Amtswechsel auch deshalb so schnell vorgenommen habe, um Direktor Laackman in Gescher vor Konflikten mit der Gestapo zu bewahren. Der Chronist von Haus Hall bilanzierte die Amtszeit Direktor Laackmans zwar sachlich, aber durchaus mit Spielräumen für Vermutungen:

„Es war eine Zeit schwerster Sorgen und größter Schwierigkeiten. Mit Umsicht und Tatkraft fand er [Direktor Laackman] immer wieder gangbare Wege, um die Geschicke des Hauses auf eine sichere Bahn zu führen. Bei seinem Einzuge war das Haus weit unterbelegt. Schon bald erreichte die Anzahl der Kinder die normale Höhe und die Finanzlage besserte sich zusehends. Dann kam der Krieg mit seinen Begleiterscheinungen: Beschaffung von Brennmaterial, Kleider- und Lebensmittelversorgung, Schutz gegen feindliche Flieger und andere Gefahren, die das Haus bedrohten, und noch zuletzt die Umstellung des Hauses."[17]

Eine Fotografie Direktor Laackmans vom September 1943 zeigt jedenfalls, wie stark ihn die Belastungen der Zeit gezeichnet hatten. Auch im Stift Tilbeck mit seinen ca. 650 Patientinnen und Bewohnerinnen, ca. 75 Schwestern und 30 weltlichen Angestellten – für die Kriegsdienst leistenden Männer kamen bis Kriegsende wenigstens 17 ausländische Zwangsarbeiter zum Einsatz – blieb die Anspannung hoch. Nicht zuletzt die im Stift untergebrachten Ausweichabteilungen des St.-Franziskus-Hospitals und der Universitätskliniken in Münster beanspruchten große räumliche und hauswirtschaftliche Kapazitäten. Für den Oktober 1944 nennt die Chronik immerhin „1200 Insassen", die versorgt werden mussten. Obwohl alliierte Flugzeuge häufig das Stift überflogen und kurz vor Ende des Zweiten Weltkriegs in unmittelbarer Nähe Kampfhandlungen

15 Die Ereignisse sind ausführlich dargestellt bei: Bernhard Frings, „Zu melden sind sämtliche Patienten …" NS-‚Euthanasie' und Heil- und Pflegeanstalten im Bistum Münster, Münster 1994, S. 19–62 u. 103–107.

16 Vgl. Bernhard Frings, Stift Tilbeck 1881–2006, Münster 2006, bes. S. 137–198.

17 Chronik Haus Hall für das Jahr 1943, in: Archiv Haus Hall, S. 253.

stattfanden, blieb das Stift von Zerstörungen verschont.

Auch die ersten Nachkriegsjahre brachten im Stift Tilbeck viele Schwierigkeiten. Vor allem die weiter bestehenden Fremdbelegungen des Hauses stellten immer wieder eine Belastung dar. So ordnete die alliierte Militärverwaltung unmittelbar nach Kriegsende die Unterbringung eines Lazaretts für 350 ehemalige sowjetische Zwangsarbeiter an, die bis August anhielt. Nachfolgend beanspruchten belgische Soldaten und die Universitätskinderklinik Platz, und erst Ende 1948 bzw. 1949 verließen die Ausweichabteilungen des St.-Franziskus-Hospitals und der Kinderklinik das Stift. Als Direktor Laackman 1951 nicht zuletzt wegen seiner Haltung während des Dritten Reichs zum Päpstlichen Geheimkämmerer ernannt wurde, galt die Nachkriegszeit jedoch überwunden.

Abb. 17: Prälat Laackman kurz nach seinem Amtsantritt im Stift Tilbeck mit deutlichen Spuren der vorausgegangenen Anspannungen.

Während dieser Jahre waren die räumlichen Einschränkungen für die eigentlichen Patientinnen und Bewohnerinnen und die sie betreuenden Schwestern wie auch die Anforderungen an Koch- und Waschküche beträchtlich. Auf der anderen Seite ermöglichte diese Überbelegung, größere Erträge zu erwirtschaften. Immerhin gewährte Direktor Laackman 1947 kriegsgeschädigten Krankenhäusern am Niederrhein Aufbauhilfen in Höhe von 66.000 RM und dem St.-Vinzenz-Hospital in Duisburg ein Darlehn von 500.000 RM. Zudem beeinträchtigte der Verlust von einer Million RM durch die Währungsreform von 1948 die Rentabilität des Stiftes nur kurzfristig.

Hierzu trugen neben der äußerst sparsamen Haushaltsführung der Schwestern auch die relativ niedrigen Personalkosten bei. Denn im Vergleich zur Entlohnung weltlicher Krankenschwestern hatte das Stift nur ein geringes Gestellungsgeld für die Schwestern zu zahlen, das 1948 monatlich 25 DM und 1964 130 DM betrug. Zudem machte die eigene Landwirtschaft, die 1954 300 Morgen Acker-, Wiesen, Weide- und 50 Morgen Waldfläche sowie 9 Pferde, 92 Rinder, 164 Schweine und 400 Hühner umfasste, das Stift zu einem weitgehenden Selbstversorger.

Dabei blieb der Provinzialverband Westfalen bzw. der Landschaftsverband Westfalen-Lippe per vertraglicher Bindung der Hauptkostenträger, mit dem 1948 ein Pflegesatz von 2 DM und 1951 von 3,20 DM vereinbart wurde. Durchaus mögliche Erhöhungen strebte Direktor Laackman nur selten an, und auch die für 1964 festgelegte Erhöhung auf 7,20 DM erreichte bei Weitem nicht die Höhe des Satzes vergleichbarer Anstalten. Gleichzeitig führte er bis auf das 1961 fertig gestellte Schwesternwohnheim nur Renovierungs- und Sanierungsarbeiten durch.

Mit dem Bau des Schwesternwohnheims reagierte Direktor Laackman auf den Rückgang der Schwesternzahlen im Stift Tilbeck. Auch hier schlug sich der fehlende Nachwuchs in den Ordensgemeinschaften nieder, der u.a. im wachsenden Funktionsverlust der Kongregationen eine wesentliche Ursache hatte. Denn die Neuerungen der staatlichen Sozial- und Erziehungssysteme förderten den Einsatz weltlicher Kräfte und machten ihn finanzierbar. Somit war es für viele junge Frauen viel leichter, etwa einen qualifizierten Pflegeberuf auszuüben, ohne einer Ordensgemeinschaft angehören zu müssen.[18]

Immerhin sank im Stift die Schwesternzahl zwischen 1950 und 1965 von 81 auf 67 Schwestern mit der Konsequenz, dass die Verantwortlichen die Plätze für die Kranken von 600 auf 500 reduzierten. Durch das Wohnheim erhielten die Schwestern, von denen nach wie vor viele auf den Stationen unmittelbar bei den Kranken schliefen, zumindest Rückzugsräume zur Erholung, die letztlich ihre Arbeitskraft erhalten sollte. Um weltliche Pflegekräfte bemühten sich die Verantwortlichen in dieser Phase noch nicht.

Auch sonst blieben die Betreuungs- und Versorgungskonzepte unter Direktor Laackman eher rückgewandt. Zwar eröffneten die neuen Psychopharmaka im Lauf der 1950er Jahre auch im Stift die Möglichkeit, auf immer mehr Abteilungen Türen zu öffnen, und ebenso wurden für die Behandlung von Epilepsien neue Präparate eingeführt. Aber das Haus, auf der „grünen Wiese" gelegen, behielt seinen vorwiegend verwahrenden und bewahrenden Charakter. Die Stationen waren in der Regel mit 30 bis 40 Kranken belegt,

18 Vgl. auch Lebensbild Schwester Reginalda.

Bischöfl. Heil-u. Pflegeanstalt Stift Maria Hilf zu Tilbeck b. Münster in Westfalen

Postanschrift: Stift Tilbeck (21a) Post Schapdetten (Kr. Münster, Westf.)

Postscheck-Konto: Stift Maria Hilf Tilbeck, Dortmund 2869

Bank-Konto: Nr. 124 bei der Kreissparkasse in Münster

Das Stift Maria Hilf zu Tilbeck ist eine Heil- und Pflegeanstalt für epileptische und geistig erkrankte Frauen und Mädchen jeden Alters. Die Anstalt ist eine Einrichtung des Bischofs von Münster und wird geleitet durch einen geistlichen Direktor. Die ärztliche Leitung untersteht einem Facharzt, die Pflege ist Franziskanerinnen aus dem Mutterhaus St. Mauritz in Münster anvertraut. Die Anstalt hat eine schöne Lage in ländlicher Stille am Fuße der Baumberge und besitzt große Gärten sowie eigene Landwirtschaft.

Die Bahnstation Tilbeck an der Strecke Münster—Coesfeld ist 3 km und die Bahnstation Bösensell an der Strecke Münster—Haltern ist 6 km von der Anstalt entfernt.

Eine Haltestelle der täglich mehrmals verkehrenden Autobuslinie von Münster (Bahnpostamt am Hauptbahnhof) nach Coesfeld liegt gleich bei der Anstalt. (Fahrtdauer 30 Min.)

Abb. 18: Mitte der 1950er Jahre erschienener Haus-Prospekt des Stifts Tilbeck: Betonung der abgeschiedenen Lage.

besaßen meist einen großen Schlafsaal und richteten sich in ihrer Lebensform an einer Großfamilie aus.

Anlässlich der Vollendung des 75. Geburtstags Direktor Laackmans, der gleichzeitig sein silbernes Arbeitsjubiläum im Dienst der bischöflichen Anstaltscaritas beging, erschien 1963 in der Kirchenzeitung ein Artikel, der zeigt, wie sehr sich Behindertenhilfe und Psychiatrie – genauso wie Altenhilfe und Heimerziehung – um die Betreuung von gesellschaftlichen Randgruppen bemühten. Dies entsprach allerdings auch noch weitgehend dem damaligen caritativen Selbstverständnis auf diesem Feld. So hieß es einleitend:

„Der Dienst am kranken Menschen und besonders auch an dem, der nach menschlichem Ermessen nur eine teilweise oder keine Heilung erwarten kann, ist tiefster Ausdruck christlicher Caritas. Dieser Dienst geschieht in der Stille. Die Öffentlichkeit nimmt nur selten Kenntnis von solchem Dienst."

Zu den maßgeblichen Strukturen des Stifts Tilbeck hieß es dann:

„Wähnte man sich eben noch, unter dem Eindruck von Hofeichen und Fachwerkhäusern, auf einem Bauernhof, so könnte man sich nun in einen Kurort versetzt fühlen, alles überstrahlt von der Sommersonne: Das geräumige Anstaltsgebiet wirkt wie eine Sanatoriums-Idylle. Die hier werken und dienen, nehmen diese ‚Zutaten' der Natur und der ruhigen Lage dankbar auf. Und die hier weilen, um Besserung zu finden, genießen diese Atmosphäre als lindernde Ruhe. Hier bücken sich Mädchen und Frauen zur Arbeit im Garten, dort nehmen andere den Besen in die Hand oder die Harke oder Nadel und Faden in den Flicksälen, Schwestern zwischen ihnen, die lenken und leiten. [...] Immer wieder wird man die 75 [!] Ordensfrauen des hl. Franziskus nennen müssen. Schwesternmangel? Wenn auch dank dem Entgegenkommen der Ordensleitung die 75 Tilbecker Franziskusschwestern sich eben behelfen können, so würden sie doch gern etwa zehn neue Schwestern hier begrüßen, zumal – wie überall – weltliche Hilfskräfte schwer zu gewinnen sind. Wertvolle Hilfe leisten im therapeutischen Arbeitseinsatz auch manche Kranke. Über ihre wertvolle Mithilfe sagte der Hausdirektor: ‚Ohne sie würden wir

Abb. 19: „Vater des Stifts": Prälat Laackman mit einer „kleinen Patientin".

Abb. 20: Gemeinsames Gemüseputzen von Schwestern und Bewohnerinnen im Garten einer Station des Stifts Tilbeck (1965).

hier einfach nicht mehr fertig!' Viele haben fast ihr ganzes Leben hier gelebt und gewerkt."[19]

Im nachfolgenden Jahr sah Direktor Laackman in Anbetracht seines Alters die Zeit gekommen, Bischof Joseph Höffner (1962–1969) während eines Besuchs im Stift um die baldige Abberufung als geistlicher Direktor zu bitten und gleichzeitig den in Ibbenbüren als Pfarrer tätigen Wilhelm Ulms, der als Präses bereits mit ihm in Haus Hall zusammengearbeitet hatte, als Nachfolger vorzuschlagen. Doch innerhalb der Bistumsleitung gab es zunächst konkrete Überlegungen, eine weltliche Verwaltungskraft mit der Leitung des Hauses zu betrauen. Denn sowohl der sich abzeichnende Priestermangel als auch ein Bericht der Bischöflichen Finanzkammer über das Stift, der die negative Entwicklung „zu einer einfachen Bewahranstalt" kritisierte und eine dringende Kurskorrektur auch durch neue Verwaltungsstrukturen anmahnte, legten einen solchen Schritt nahe.

19 „Haus der heimlichen Hilfe. Die Bischöfliche Heil- und Pflegeanstalt ‚Maria Hilf' im Stift Tilbeck", in: Kirche und Leben v. Juli 1963; zum Wandel der Behindertenhilfe vgl. Lebensbild Bernhard Tryba.

Dennoch ernannte der Bischof Pfarrer Ulms zum neuen geistlichen Direktor des Stifts. Prälat Laackman übertrug er gleichzeitig das Amt des Spirituals der Schwestern des Hauses. Im Ankündigungsschreiben des Bischofs hob er die Leistung des alten Direktors hervor, der seinem Nachfolger „ein in jeder Hinsicht, auch im wirtschaftlichen Bereich, gesundes Erbe" hinterlasse. Bis zu seinem Tod am 1. Juni 1968 wohnte Prälat Laackman im Stift Tilbeck.

Nach einem weiteren aufrüttelnden Gutachten über die Situation des Stifts und ausdrücklich vom jungen Generalvikar (1967–1973) und späteren Diözesanbischof (1980–2008) Dr. Reinhard Lettmann unterstützt, wurde dem geistlichen Direktor erst 1971 der erste weltliche Verwaltungsleiter an die Seite gestellt, der maßgeblich den erforderlichen grundlegenden Wandel auf den Weg brachte. Dabei entstanden bis 1998 unter intensivierter pädagogischer Ausrichtung u.a. ein Wohnheim, Außenwohngruppen und eine Werkstatt für behinderte Menschen. In einer zweiten, an der Gemeindenähe orientierten konzeptionellen Phase gelang mit der Klinik am Schlossgarten in Dülmen die Umsiedlung des akutpsychiatrischen Bereichs.

Literatur-Tipps

Heinrich Weber, Die katholische Anstaltsfürsorge im Bistum Münster, Düsseldorf o. J. [1928].

Die caritativen Anstalten im Bistum Münster, hg. v. DiCV Münster, Bd. 1, Münster 1955.

Alfons Labisch/Reinhard Spree (Hg.), „Einem jeden Kranken in einem Hospitale sein eigenes Bett". Zur Sozialgeschichte des Allgemeinen Krankenhauses in Deutschland im 19. Jahrhundert, Frankfurt a. M./New York 1996.

Peter Hammerschmidt, Finanzierung und Management von Wohlfahrtsanstalten 1920 bis 1936, Stuttgart 2003.

Bernhard Frings/Peter Sieve, Zwangsarbeiter im Bistum Münster. Kirchliches Handeln im Spannungsfeld von Arbeitseinsatz, Seelsorge und Krankenpflege, Münster 2003.

Hans-Walter Schmuhl, Die katholische Kirche und die ‚Euthanasie', in: Jahrbuch der Juristischen Zeitgeschichte 7 (2005/06), S. 55–63.

Michael Fischer, Das konfessionelle Krankenhaus. Begründung und Gestaltung aus theologischer und unternehmerischer Perspektive, 2. Aufl., Münster 2010.

Schwester M. Reginalda (Elisabeth) Kuß

(1922–2000)

Ordensschwestern und Krankenpflege nach 1945

Wie bereits an anderer Stelle gesehen[1], war während der zweiten Hälfte des 19. und zu Beginn des 20. Jahrhunderts für die Gründung katholischer Krankenhäuser in der Regel die Zusage einer Ordensgemeinschaft, Schwestern für die stationäre und häufig auch ambulante Pflege der Kranken zu stellen, die entscheidende Voraussetzung. Ihre ständige Verfügbarkeit – sie lebten in einem klösterlichen Bereich in oder nahe bei den Krankenhäusern und standen quasi in einer 24-Stunden-Bereitschaft – wie auch ihre meist qualifizierte Ausbildung machten die Ordensschwestern bis in die 1960er Jahre zu einem unverzichtbaren Bestandteil der modernen Krankenhausversorgung, zumal erst nach dem Zweiten Weltkrieg die Zahl ausgebildeter weltlicher Krankenschwestern langsam zunahm.

Außerdem lag die Höhe des Gestellungsgelds, das die Krankenhäuser der jeweiligen Ordensgemeinschaft für eine Schwester zahlten, deutlich unter dem Lohn einer Laienkraft, wurden erst seit den 1970er Jahren Sozialabgaben für die Schwestern entrichtet, was die Arbeitgeber nochmals finanziell entlastete. Immerhin betrugen 1950 die Personalkosten eines Krankenhauses, dessen Pflegedienst von Ordensschwestern geleistet wurde, für einen Patienten täglich 2,56 DM gegenüber 7,08 DM in einem Krankenhaus mit weltlichen, nach Tarif entlohnten Krankenschwestern. 1960 waren es 11,47 DM zu 20,24 DM.[2]

So setzte sich noch zu Beginn des Jahres 1960 das Personal in den 153 Krankenhäusern im NRW-Teil des Bistums Münster aus 6.643 Laien- und 2.522 Ordenskräften zusammen. Diese Angaben umfassten auch die im technischen Bereich und in der Hauswirtschaft der Krankenhäuser Tätigen, wobei die qualifizierte Krankenpflege weitgehend und die Stationsleitung fast ausschließlich von Ordensfrauen ausgeübt wurden. Erst als durch die rasante

1 Vgl. Hinführung.

2 Ewald Frie, Caritativer Katholizismus im expandierenden Wohlfahrtsstaat. Abschied von der Fürsorgeeinheit Gemeinde, in: Traugott Jähnichen u.a. (Hg.), Caritas und Diakonie im „goldenen Zeitalter“ des bundesdeutschen Sozialstaats. Transformationen der konfessionellen Wohlfahrtsverbände in den 1960er Jahren, Stuttgart 2010, S. 48.

Verbesserung der Behandlungsmethoden der Bedarf an Pflegekräften stark anstieg – das Pflegepersonal in den Krankenhäusern nahm zwischen 1965 und 1970 um gut 30 % sowie zwischen 1970 und 1975 um mehr als 38, % zu –, gleichzeitig aber immer weniger Frauen in die Ordensgemeinschaften eintraten, änderten sich die Relationen nachhaltig.[3]

In den meisten dieser Krankenhäuser im Bistum Münster wirkten Schwestern der 1808 bzw. 1844 gegründeten Ordensgemeinschaften der Clemensschwestern[4] und der Mauritzer Franziskanerinnen, die ihre im Zweiten Weltkrieg zerstörten Mutterhäuser in Münster bis Mitte der 1950er Jahre wieder aufgebaut hatten. Ihre Ordensregeln schrieben die Krankenpflege als für die Schwestern entscheidendes Tätigkeitsfeld fest. Daher gehörte etwa bei den Mauritzer Franziskanerinnen für die Novizinnen von Anfang an die eingehende krankenpflegerische Schulung in Theorie und Praxis zur Ordensausbildung.

Als 1907 die Krankenpflegeausbildung per Gesetz geregelt und fortan überwacht wurde, errichtete die Gemeinschaft umgehend bei ihrem Mutterhaus eine staatlich anerkannte Krankenpflege- sowie 1927/28 auch noch eine spezielle Kinderkrankenpflege-Schule. Beide Schulen wurden von Ordensschwestern geleitet, und die Chefärzte des benachbarten ordenseigenen St.-Franziskus-Hospitals trugen die ärztliche Verantwortung für die Ausbildung. Bis etwa 1970 durchliefen alle Schwestern der Kongregation einen dieser seit dem Krankenpflegegesetz von 1957 dreijährigen Ausbildungszweige, wobei eine Reihe von ihnen aber auch in anderen Krankenhausbereichen wie z. B. im Operationssaal, Labor, in der Röntgen- oder Badeabteilung oder der Hauswirtschaft zum Einsatz kam.[5]

Die Ordensgemeinschaften der Clemensschwestern und der Mauritzer Franziskanerinnen zählten 1955 in Deutschland immerhin jeweils über ca. 2.500 Schwestern. Nachdem im Lauf des Dritten Reichs auf Grund des Absolutheitsanspruchs der NS-Ideologie und der Kirchenkampf-Maßnahmen kaum noch Frauen den Weg in die Ordensgemeinschaften gefunden hatten, verzeichneten etwa die Mauritzer Franziskanerinnen in den ersten 15 Nach-

3 Ebd.

4 Vgl. Mutterhaus der Barmherzigen Schwestern (Clemensschwestern) Münster in Westfalen (Hg.), Immer auf dem Wege. 175 Jahre Genossenschaft der Barmherzigen Schwestern von der allerseligsten Jungfrau und schmerzhaften Mutter Maria (Clemensschwestern) 1808-1983, Münster 1983.

5 Schwester M. Diethilde Bövingloh, Die Pflege der Kranken in den Hospitälern, in: Werner Frese (Bearb.), Die Mauritzer Franziskanerinnen, Münster 1994, S. 244–246.

kriegsjahren mit jährlich durchschnittlich 60 Frauen zwar nur noch rund halb so viele Eintritte wie Mitte der 1930er Jahre. Dennoch wiesen die absoluten Zahlen der Ordensfrauen Höchststände auf. Danach brachen bei beiden Gemeinschaften wie auch den anderen Kongregationen die Aufnahmezahlen jedoch vor dem Hintergrund der gewaltigen gesellschaftlichen Umbrüche stark ein, und in Folge des Zweiten Vatikanischen Konzils mit seinem neuen Verständnis des gottgeweihten Lebens und seinen Forderungen nach neuen Aufbrüchen in den Gemeinschaften verließen zudem viele Schwestern die Klöster.[6]

Da die beiden Ordensgemeinschaften die Tätigkeit in den Krankenhäusern als ihre Kernbereiche betrachteten, versuchten sie durch eine Konzentration ihrer Kräfte auf dieses Feld weiterhin möglichst gut aufgestellt zu bleiben. So zogen sie wie auch andere Gemeinschaften Schwestern aus den Gemeindestationen ab, um sie in den großen Niederlassungen einzusetzen.[7] Doch der Nachwuchsmangel führte letztlich dazu, dass nach und nach kaum noch Ordensfrauen im Stationsdienst tätig waren. Allerdings stellten sie nicht selten noch bis in die 1990er Jahre in einer Reihe von Krankenhäusern die Pflegedienstleitung.

Die Mauritzer Franziskanerin Schwester Reginalda Kuß hat diese Nachkriegsentwicklung in verschiedenen Krankenhäusern des Ruhrgebiets erlebt. Als tatkräftige Persönlichkeit stand sie dabei bald in Leitungsämtern, die sie innovativ und zukunftsweisend ausfüllte. Von Anfang an setzte sie sich vor allem für die Ausbildung der Pflegekräfte „vor Ort" ein, engagierte sich aber auch auf Landes- und Bundesebene in den entsprechenden Gremien. Ihre letzte Wirkungsstätte war das Elisabeth-Krankenhaus in Recklinghausen-Süd. Hier beeinflusste sie als Pflegedienstleiterin ebenfalls das Berufsbild der Mitarbeiter und beteiligte sich zudem Mitte der 1980er Jahre maßgeblich an der Gründung des ersten eigenständigen Hospizes in Deutschland und an der Etablierung der Hospizbewegung.

Auch wenn sich ihr Lebensbild von der Mehrzahl der in den Krankenhäusern tätigen Ordensschwestern abhebt, steht Schwester Reginalda doch exemplarisch für zahlreiche Ordensfrauen auch anderer Gemeinschaften, die über Jahrzehnte die katholischen Krankenhäuser im Bistum Münster prägten.

6 Frese, Mauritzer Franziskanerinnen, S. 96f.
7 Vgl. auch Frie, Caritativer Katholizismus, S. 44ff.

Lebensbild

Mitte April 1945, also rund zwei Wochen, nachdem amerikanische und britische Soldaten in Münster einmarschiert waren und dort den Zweiten Weltkrieg beendet hatten, trat Elisabeth Kuß in die Ordensgemeinschaft der Mauritzer Franziskanerinnen ein und erhielt den Ordensnamen Reginalda. Am 4. Januar 1922 in Gronau als Tochter eines „Eisenbahn-Lokomotivführers" geboren, besaß sie zu diesem Zeitpunkt bereits einige Lebenserfahrung. Sie war mit zwölf Geschwistern aufgewachsen, von denen ein älterer Bruder ein Möbelhaus aufgebaut hatte. In dessen Firma machte sie nach der Volksschule eine kaufmännische Ausbildung und erhielt den Posten einer Abteilungsleiterin. Trotz dieser zu damaliger Zeit für eine junge Frau eher ungewöhnlichen Führungsposition wandte sie sich der Pflege kranker Menschen zu.

Ob dieser Wunsch schon länger bestand oder etwa durch den Ausbruch des Zweiten Weltkriegs geweckt worden war, ist nicht überliefert. Allerdings bestanden für die Krankenpflege außerhalb einer Ordensgemeinschaft auch nur wenige Ausbildungsmöglichkeiten. Als dann auf Grund der stark gesunkenen Eintritte die Ordensleitung der Mauritzer Franziskanerinnen beschlossen hatte, auch weltliche junge Frauen in die Krankenpflegeschule in Münster aufzunehmen, zählte Elisabeth Kuß seit Frühjahr 1943 zu den Teilnehmerinnen des zweiten „weltlichen" Kurses.

Die Schülerinnen wohnten im St.-Franziskus-Hospital. Neben dem breit gefächerten theoretischen Unterricht betätigten sie sich zur praktischen Schulung auf den Stationen. Hier gehörte es jeden Tag auch zu ihren Aufgaben, zunächst die Krankenzimmer sorgfältig zu putzen. In einem rückblickenden Reim kommt zum Ausdruck, dass ihnen die Ausbildung einiges abverlangte:

> „Schülerin sein, das heißt entsagen,
> heißt Erfüllung schwerster Pflicht,
> heißt die Sorgen anderer tragen
> stets mit lächelndem Gesicht!"[8]

8 Heft zum 25-jährigen Jubiläum der Examensablegung (1969), in: Mutterhausarchiv der Mauritzer Franziskanerinnen, Akte Schwester Reginalda.

Dennoch verlief nach den Erinnerungen Schwester Reginaldas diese Zeit „im Franziskushospital für uns Schülerinnen froh. Unterkunft und Verpflegung waren sehr gut, was die meisten von uns zu Hause nicht hatten. Die nächtlichen Fliegerangriffe bedrückten uns Schülerinnen nicht."[9] Auch heckte die verschworene Gruppe „manchen Streich" aus, wobei Elisabeth Kuß sich offenbar besonders hervortat. Wesentliche Orientierung fanden die Schülerinnen an den beiden Schulschwestern, die zwar streng, aber gerecht und mitfühlend waren. Sie erkannten auch die starke Persönlichkeit, die Elisabeth Kuß auszeichnete. So hatte man ihr, die durchaus auch hitzköpfig sein konnte, bereits damals „manche Aufgabe anvertraut, die andere nur anschauen durften, z. B. einen Tropf anlegen", wie sich eine ehemalige Mitschülerin erinnerte.[10]

Als 1944 das zuvor meist verschonte Mutterhaus und das St.-Franziskus-Hospital der Mauritzer Franziskanerinnen mehrfach von Bomben getroffen wurden, holte Elisabeth Kuß nichtgezündete Brandbomben von einem Dach,

Abb. 21: „Weltliche" Klasse der Krankenpflegeschule des Franziskus-Hospitals in Münster (1943/44): Die spätere Schwester Reginalda vermutlich ganz links.

9 Zit. n. Schwester M. Diethilde Bövingloh, Ausbildung in der Krankenpflege, Kinderkrankenpflege und Diätetik, in: Frese, Mauritzer Franziskanerinnen, S. 247.

10 Schwester Birgitta Morthorst an Provinzoberin Schwester Theresina v. 25. Okt. 2000, in: MHA der Mauritzer Franziskanerinnen, Akte Schwester Reginalda.

wofür sie eine Kriegsverdienstmedaille erhielt. Der schwere Angriff vom 22. Oktober, der beide Gebäude stark in Mitleidenschaft zog, zerstörte jedoch auch den Schultrakt, sodass kein Unterricht mehr stattfinden konnte. Daher legten die Schülerinnen zwei Tage später ein Notexamen ab, und bald danach verließ auch Elisabeth Kuß die Ausbildungsstätte.

Trotz oder vielleicht wegen der äußerst schwierigen Rahmenbedingungen der Ausbildung reifte bei einigen Schülerinnen nicht zuletzt durch das Vorbild der Schulschwestern der Entschluss, selbst Ordensschwester zu werden. Zu ihnen gehörte wie gesehen auch Elisabeth Kuß, die, sobald es nach Kriegsende möglich war, bei den Mauritzer Franziskanerinnen eintrat. Nach Postulat und Noviziat legte sie am 4. Mai 1948 ihre Gelübde ab.[11]

„Für den Werktag haben wir [Schwestern im Mutterhaus] folgende Tagesordnung:
5.25 Uhr Laudes (Stundengebet der Kirche; Morgenlob)
6.00 Uhr Eucharistiefeier
7 Uhr Arbeitsbeginn, zwischenzeitlich Frühstück
12 Uhr Mittagessen
14 Uhr oder 15 Uhr erneuter Arbeitsbeginn
18 Uhr Rosenkranzgebet
18.30 Uhr Vesper (Abendlob)
19 Uhr Abendessen
19.30 Uhr freie Zeit
Ab 21.30 Uhr Nachtruhe." (Schwester M. Walteris Kirch, Ein Tagesablauf, in: Werner Frese (Bearb.), Die Mauritzer Franziskanerinnen, Münster 1994, S. 230)

Diese Tagesordnung galt grundsätzlich auch für die Schwestern in den unterschiedlichen Niederlassungen, wobei sie sich häufig bereits um 5 Uhr zur so genannten „Betrachtung" in der Kirche trafen. Wenn möglich wurden die Mahlzeiten gemeinsam im Klausurbereich eingenommen, was auch für die sich dem Mittagessen anschließende Erholungszeit galt. Nicht selten widmeten sich die Schwestern in ihrer freien Zeit Tätigkeiten, die der Gemeinschaft bzw. der Einrichtung zu Gute kamen. So standen etwa im Sommer die Verarbeitung des in den eigenen Gärten geernteten Gemüses und Obstes oder über das Jahr hinweg Flickarbeiten an. Meist beteten die Schwestern auch noch um 21 Uhr gemeinsam die Komplet.

11 Vgl. zur Ordensausbildung das Lebensbild Schwester Nikola Ackfeld.

Als die Krankenhäuser in den 1970er Jahre für die freien Schwestern den Schichtdienst einführten, aber die Ordensschwestern weiterhin zwischen 7 Uhr und oftmals 19 Uhr Dienst taten, änderte sich zunächst wenig an der großen Belastung. Denn ein solch beständiger Tagesablauf führte zu einer chronischen Übermüdung der Schwestern. So kann es nicht verwundern, dass zunehmend die verheirateten freien Schwestern Vorbilder für die Krankenpflege-Schülerinnen wurden.

So sah sich auch Schwester Reginalda einem großen Tagespensum gegenüber, als sie im Herbst 1948 mit dem Stationsdienst im Marien-Hospital in Oberhausen-Osterfeld begann. Auch dieses Krankenhaus hatte im Krieg starke Zerstörungen davon getragen, sodass die Pflegekräfte allein schon durch die schwierigen räumlichen Verhältnisse stark gefordert waren. Nach dem Wiederaufbau bot das Haus Platz für ca. 400 Kranke, die von rund 35 Ordensschwestern und 10 weltlichen Schwestern betreut wurden.

Schwester Reginalda muss sich bei ihrer Arbeit bewährt haben, die krankenpflegerische mit seelsorglichen Aspekten verband, also eine ganzheitliche Betreuung anstrebte. Zumindest versah sie seit 1953 den Dienst an ihrer neuen Wirkungsstätte im 500 Betten umfassenden Marien-Hospital in Bottrop als Stationsschwester und Assistentin der Oberin. Weltliche Krankenschwestern besaßen dagegen in katholischen Krankenhäusern kaum Aufstiegschancen, galten nicht selten als „Krankenpflegerinnen zweiter Güte“[12]. Daher kam es immer wieder zu Konflikten zwischen Ordens- und Laienkräften. Letztere wechselten daher häufig an kommunale Krankenhäuser, wo sie zudem eine bessere Bezahlung und geregeltere Arbeitszeiten erhielten.

1964 kam Schwester Reginalda als Oberin und Pflegedienstleiterin zum Vinzenz-Krankenhaus nach Datteln, das rund 300 Betten besaß. Bereits zuvor hatte sie die Schulung der Krankenschwestern im Blick, und vor dem Hintergrund des enorm gewachsenen Bedarfs an Pflegekräften ging sie diese Aufgabe im Dattelner Krankenhaus offensiv an. Direkt zu Beginn ihrer neuen Tätigkeit führte sie in Zusammenarbeit mit dem Malteser-Hilfsdienst erstmals Weiterbildungskurse für Schwesternhelferinnen durch, 1967 folgte die Einrichtung einer Schule für Krankenpflegehilfe, die sie 1972 in eine Schu-

12 Andreas Henkelmann/Katharina Kunter, Diakonie und Caritas im Traditionsbruch? Historische Perspektiven zur Kirchlichkeit der Laien in der konfessionellen Wohlfahrtspflege, in: Wilhelm Damberg (Hg.), Soziale Strukturen und Sematiken des Religiösen im Wandel. Transformationen in der Bundesrepublik Deutschland 1949–1989, Essen 2011, S. 76f.

le für die große Krankenpflege mit dreijähriger Ausbildungsdauer umwandeln konnte. Gleichzeitig setzte sich Schwester Reginalda für bauliche Verbesserungen des Krankenhauses wie die Errichtung eines Schwesternwohnheims mit 92 Plätzen oder den 1974 fertiggestellten ersten Neubau-Abschnitt ein. Dabei führte nicht zuletzt ihr Organisationstalent zum guten Ablauf des Umzugs vom Alt- in den Neubau.

Bald darauf erfolgte die Versetzung zum Elisabeth-Krankenhaus nach Dorsten, wo Schwester Reginalda bis 1981 in gleicher Funktion tätig war. Dort ging sie als „fliegende Oberin" in die Geschichte ein, die z. B. maßgeblich an der Neuordnung der Pflegebereiche, einer verbesserten Nachsorge der Patienten und der Einführung der Intensivpflege beteiligt war. Auch trug sie dazu bei, dass das Schwesternwohnheim und die Schwesternschule neu errichtet wurden.

Schwester Reginalda erkannte schon früh, dass für eine nachhaltige Verbesserung der Standards in der Krankenpflege nicht nur die Ausbildungsbedingungen „vor Ort", sondern auch die Erfahrungen und Ansätze in anderen Krankenhäusern in den Blick genommen werden mussten. Nachdem sie bereits 1969 den Arbeitskreis leitender Krankenpflegekräfte gegründet und hier besonders Fragen der Fort- und Weiterbildung thematisiert hatte, nahm sie als Delegierte auf Landes- und Bundesebene – seit 1980 auch als Vorstandsmitglied – kontinuierlich Einfluss auf die Entwicklung des Krankenpflegeberufs.

Ihre letzte berufliche Station fand Schwester Reginalda in Recklinghausen-Süd. 1981 wechselte sie erneut als Oberin und Pflegedienstleiterin an das dortige Elisabeth-Krankenhaus. Wiederum gründete sie umgehend eine Krankenpflegeschule für das große Examen. Ebenso setzte sie sich dafür ein, den angehenden wie auch den erfahrenen Pflegekräften neben einem guten „Betriebsklima" vor allem ein „Berufsbild" zu vermitteln, „in dem die engagierte Sorge um den kranken und hilfsbedürftigen Mitmenschen eine besondere Verpflichtung ist", wie es 1988 in der Laudatio des Landrats anlässlich der Verleihung ihres Bundesverdienstkreuzes hieß. Diese Würdigung stand letztlich für ihren erfolgreichen Einsatz, „der Krankenpflege in der Bundesrepublik [zu] eine[m] besonderen Stellenwert" verholfen zu haben.[13]

1988 schied Schwester Reginalda aus ihren Leitungsämtern im Elisabeth-Krankenhaus aus. In den Ruhestand ging sie jedoch nicht. Denn seit

13 Redeskript Landrats Helmut Marmulla v. 2. Mai 1988, in: MHA der Mauritzer Franziskanerinnen, Akte Schwester Reginalda.

einiger Zeit widmete sie sich einer Aufgabe, die nochmals ihre volle Kraft erforderte. Im Frühjahr 1986 befassten sich Krankenhaus-Seelsorger Hans Overkämping und Verwaltungsleiter Norbert Homann eingehend damit, die Versorgung unheilbar Kranker und ihrer Angehörigen in der letzten Lebensphase zu verbessern. In Schwester Reginalda, die schon seit längerem den Wunsch verspürt hatte, die Begleitung Sterbender ins Zentrum ihrer Arbeit zu stellen, fanden sie bald eine resolute Mitstreiterin für dieses „Pionier-Projekt".

Denn nicht selten wurden die lebensverlängernden Maßnahmen der Apparatemedizin als inhuman empfunden und das Sterben aus den lebensweltlichen Bezügen verdrängt. Auch verstärkten sich Diskussionen um eine Legalisierung aktiver Sterbehilfe. Letztlich ging es den drei Planern darum, diesen Entwicklungen „das Konzept einer christlich geprägten und motivierten Sterbebegleitung entgegen" zu setzen.[14] Gemeinsam mit einer Reihe weiterer Personen gelang es ihnen schließlich, in der Nähe des Krankenhauses das „Hospiz zum Heiligen Franziskus" zu gründen.

Es spricht für ihre Innovation und Tatkraft, da die moderne Hospizbewegung zu dieser Zeit in Deutschland nach wie vor auf viele Vorbehalte stieß. Während im britischen und amerikanischen Raum seit Ende der 1960er Jahre zahlreiche stationäre und ambulante Hospizeinrichtungen entstanden und gesellschaftlich anerkannt waren, lehnten in Deutschland u.a. Kirchen, Wohlfahrtsverbände und viele Persönlichkeiten des öffentlichen Lebens Hospize als „Sterbekliniken" ab. Sie galten als Orte zur Absonderung von Sterbenden, hätten keinen Bezug zum Leben und vermittelten keine Hoffnung. Dennoch konnte bereits im Herbst 1986 mit Unterstützung der Aufsichtsgremien des Elisabeth-Krankenhauses die staatliche Anerkennung des „Hospiz-Vereins zum Heiligen Franziskus" erreicht werden, der, bei baulicher und konzeptioneller Unabhängigkeit, eng mit dem Krankenhaus zusammenarbeitete.

Nur zehn Monate später öffnete in einem umgebauten Wohnhaus gegenüber dem Krankenhaus das Hospiz mit sechs Einzelzimmern und einem Doppelzimmer für die Patienten sowie den notwendigen Funktionsräumen seine Türen. Bis dahin mussten die Verantwortlichen und Helfer jedoch viele Hürden meistern. Vor allem die Finanzierung des Projekts blieb schwierig, obwohl von Seiten des Krankenhauses durch den Kauf des Gebäudes eine wichtige materielle Basis geschaffen wurde. Letztlich waren es die Vereins-

14 Janbernd Kirschner, Die Hospizbewegung in Deutschland am Beispiel Recklinghausen, Frankfurt a. M. 1996, S. 60.

Abb. 22: Tatkräftiges Spendensammeln für das Hospiz: Schwester Reginalda an der Drehorgel.

beiträge und Spenden, die die Baumaßnahmen, und dann auch die Deckung der Pflegekosten ermöglichten. Denn bei einem Personalschlüssel von 1,5 zu 1 ließen sich die laufenden Kosten nur schwer decken, zumal Kranken- und Rentenkassen wie auch Sozialämter auf Grund der gesetzlichen Vorgaben nur völlig unzureichend Pflegegelder zahlten. Neben diesen Beträgen und einem geringen Eigenanteil der Patienten waren es anfangs rund 65 % der Kosten, die durch Spenden beglichen wurden.[15]

Entscheidende Bedeutung erlangte hier das Engagement Schwester Reginaldas als erster Leiterin des Hospizes. Zusammen mit den anderen Verantwortlichen gelang es ihr, gerade in Recklinghausen, aber auch weit darüber hinaus die Anliegen der neuen Einrichtung bekannt zu machen und um Unterstützung zu werben. Verschiedenste Aktionen ließen in der Umgegend bei Privatpersonen, Vereinen und anderen Gruppierungen einen festen Stamm an Spendern entstehen. Norbert Homann schilderte anschaulich diese schwierige Anfangszeit in seiner Rede anlässlich der Verabschiedung Schwester Reginaldas:

„Oft haben wir uns in schwierigen finanziellen Situationen gefragt, wie wir die Kosten der nächsten Wochen decken können. Ihre [Schwester Reginaldas] Zuversicht war grenzenlos, immer auch unter dem Gesichtspunkt, dass das, was gut ist, auch Anerkennung finden wird. […] Auf wundersame Art und Weise verflüchtigten sich immer wieder unsere Sorgen, um die aufgetretenen Finanzierungslücken zu schließen. Das Vertrauen der Bürger in Ihre Person war entscheidend für die Großzügigkeit bei Spenden und Nachlässen für unser Hospiz."[16]

15 Ebd., S. 64–67.

16 Laudatio Norbert Homanns v. Herbst 2000, zit. n. Andreas Heller u.a., Die Geschichte der Hospizbewegung in Deutschland, 2., überarb. Aufl., Ludwigsburg 2013, S. 126.

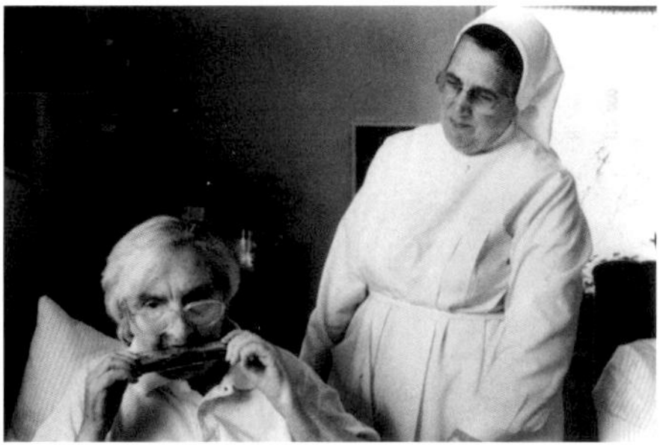

Abb. 23: Ganzheitlicher Beistand in der letzten Lebensphase: Schwester Reginalda mit einer Patientin.

Die Arbeit im Hospiz zum Heiligen Franziskus, das bereits im zweiten Jahr seines Bestehens über 300 Anfragen für Besuche und Vorträge aus dem gesamten Bundesgebiet erhalten hatte, trug dazu bei, das die Akzeptanz von Hospizen deutlich wuchs. Allein Schwester Reginalda berichtete auf zahllosen Veranstaltungen über die Ziele und die konkreten Abläufe des Hauses. Anfang der 1990er Jahre machten auch die Kirchen Hospize zu ihrer Aufgabe, forderten Caritas und Diakonie zu einer aktiven Unterstützung der Bewegung auf. In Recklinghausen wiederum ermöglichten zwei Erbschaften einen Erweiterungsbau, der die bestehenden Raum- und Transportprobleme löste sowie dem Hospiz eine hellere und wohnlichere Atmosphäre gab.

Durch die Ausrichtung an der Palliativ-Care-Pflege, die den Patienten bei möglichst klarem Bewusstsein Schmerzfreiheit und angemessene medizinische Optionen der Lebensverlängerung bieten möchte, kristallisierte sich schließlich ein dreigeteiltes Angebot heraus. Im Hospiz selbst standen neun Zimmer zur Verfügung und im Elisabeth-Krankenhaus wurden acht Betten für Kranke in der letzten Lebensphase und ihre Angehörigen vorgehalten. Für fünf bis zwölf Patienten konnte eine ambulante 24-Stunden-Betreuung im heimischen Umfeld ermöglicht werden. Insgesamt mehr als 30 qualifizierte Mitarbeiterinnen und Mitarbeiter, die meist entsprechende Zusatzausbildungen besaßen, gewährleisteten den angestrebten hohen Versorgungsstandard, als Schwester Reginalda im Herbst 2000 die Leitung des Hauses in andere Hände legte und nach Münster zog.

„Die Grundkrankheiten werden selbstverständlich weiter behandelt. Ansonsten wird durch eine ausgefeilte palliative Medizin versucht, die Balance zwischen Schmerzfreiheit und klarem Bewußtsein zu erhalten. Das ist es nämlich, worum die Patienten immer wieder bitten. Außerdem möchten sie nicht allein gelassen werden, sondern sie wollen mit den Angehörigen, den Pflegekräften und den anderen Mitbewohnern des Hospizes diese letzte, ihnen verbliebene Zeit durchleben. Lebensverlängernde Maßnahmen werden nicht gewünscht.

> Das volle Bewußtsein und das Vertrauen auf den menschlichen und seelsorgerischen Beistand, der angeboten, aber keineswegs aufgedrängt wird, machen es möglich, daß die Kranken mit ihren Angehörigen offen über ihre Situation reden können, daß Gefühle, die verschüttet waren, wieder bewußt werden, daß menschliche ‚Rechnungen' beglichen werden können und innere und äußere Klärungsprozesse ermöglicht werden können, und daß sich Patienten und Angehörige geistig und spirituell auf den Tod vorbreiten, daß sie bereit sind, ihn anzunehmen. Die Erfahrung hat gezeigt, wieviel Ruhe und Kraft dadurch auf Kranke und Angehörige übergeht, diesen letzten Dingen gelassen entgegen zu sehen." (Hospiz zum hl. Franziskus e. V., in: 100 Jahre Kirchweih 1893–1993. Pfarrkirche St. Marien Recklinghausen-Süd, o. Seitenangabe)

Fünf Jahre zuvor hatte Schwester Reginalda aus den Händen von Bundesarbeitsminister Norbert Blüm auch noch das Bundesverdienstkreuz Erster Klasse überreicht bekommen, da sie sich „jahrzehntelang in einzigartiger Weise für kranke und sterbende Menschen eingesetzt" hat. Sie selbst sagte allerdings über ihre Arbeit im Hospiz, dass man dort mehr von den Sterbenden lerne, „als wir ihnen geben können".[17]

Nachdem sie erst drei Wochen im St.-Heriburg-Haus nahe dem Mutterhaus der Mauritzer Franziskanerinnen wohnte, starb sie unerwartet am 26. Oktober 2000. Ihr bedingungsloser Einsatz für die Menschen blieb so nachhaltig in Erinnerung, dass 2008 in Recklinghausen eine Einrichtung für 80 alte Menschen nach ihr benannt wurde. Wie Schwester Reginalda die Kraft für ihr Engagement aus dem christlichen Glauben geschöpft hat, soll diese Orientierung auch im „Caritashaus Reginalda" ein wesentlicher Maßstab sein.

Literatur-Tipps

Joachim Schmiedl, Das Konzil und die Orden. Krise und Erneuerung des gottgeweihten Lebens, Vallendar 1999.

Relinde Meiwes, „Arbeiterinnen des Herrn". Katholische Frauenkongregationen im 19. Jahrhundert, Frankfurt a. M. 2000.

Christoph Thüer/Christoph Mrosek, Den Gründungsvätern verpflichtet. Die Geschichte des Elisabeth-Krankenhauses in Recklinghausen-Süd, Recklinghausen 2002.

Susanne Kreutzer, Vom „Liebesdienst" zum modernen Frauenberuf. Die Reform der Krankenpflege nach 1945, Frankfurt a. M. 2005.

Christoph Schweikardt, Die Entwicklung der Krankenpflege zur staatlich anerkannten Tätigkeit im 19. und frühen 20. Jahrhundert. Das Zusammenwirken von Modernisierungsbestrebungen, ärztlicher Dominanz, konfessioneller Selbstbehauptung und Vorgaben preußischer Regierungspolitik, München 2008.

17 „Zur Person", in: Kirche und Leben vom 11. Juni 1995.

Margarete Hillebrand

(1915–2006)

Änne Kasper

(1910–1999)

Im Geist des hl. Vinzenz von Paul: Elisabeth-/Caritas-Konferenzen im Bistum Münster

Der französische Priester Vinzenz von Paul (1581–1660) sah sich zu Beginn des 17. Jahrhunderts dazu berufen, in seinem Heimatland das kirchliche Leben zu erneuern und die große Not der armen Bevölkerung zu lindern. Dazu gründete er nicht nur die Ordensgemeinschaft der Vinzentinerinnen, sondern initiierte auch örtliche caritative Gruppen meist wohlhabender Frauen. In diesem Geist rief 1833 in Frankreich Frédéric Ozanam (1813–1853) Vinzenz-Konferenzen für Männer ins Leben, die schnell große Strahlkraft erlangten.

> „Damals riefen wir aus: Wohlan! Ans Werk! Unsere Taten sollen in Einklang stehen mit unserem Glauben! Aber was tun, um wahre Katholiken zu sein, wenn wir nicht tun, was Gott am meisten gefällt? Wir müssen also unsern Nächsten eine Hilfe sein, wie Jesus Christus es gewesen, und darum: Stellen wir unseren Glauben unter den Schutz der barmherzigen Liebe." (Auszug aus einer 1853 von Frédéric Ozanam gehaltenen Rede, zit. n. Gilbert Kranz, Frédéric Ozanam, Regensburg, S. 15)

Bereits 1849 konstituierte sich in Münster die erste Vinzenz-Konferenz im Diözesangebiet, und 1914 waren es 66 Konferenzen. Die beiden Weltkriege sorgten zwar für einen Rückgang, dem jedoch jeweils eine rasche Wiederbelegung folgte. 1922 bildeten münsterische Studenten auch eine akademische Vinzenz-Konferenz und 1933 gab es im Bistum Münster 71 Konferenzen mit fast 5.000 tätigen und rund 38.000 zahlenden Mitgliedern. Im Lauf der 1960er Jahre setzte ein kontinuierlicher Rückgang ein, sodass 1995 nur noch 22 Konferenzen mit ca. 280 Mitgliedern gezählt wurden. 2015 waren noch 14 Vinzenz-Konferenzen mit knapp 160 Mitgliedern offiziell beim Diözesancaritasverband Münster gemeldet.

Noch größere Verbreitung fanden ähnlich ausgerichtete katholische Frauen-Gruppierungen, die ebenfalls Mitte des 19. Jahrhunderts in deutschen Städten entstanden. Auch ihre Mitglieder sahen sich dem Auftrag des Evangeliums besonders verpflichtet und nahmen sich der Bedürftigen in ihrem Umfeld an. Als Geburtsstunde dieser Elisabeth-Konferenzen oder auch Elisabethvereine gilt der 1840 in Trier erfolgte Zusammenschluss von 13 Frauen, die in der Nachfolge Jesu und der hl. Elisabeth von Thüringen konkrete Werke der Nächstenliebe üben wollten. Weitere Konferenzen traten in München (1842), Barmen (1843) und Köln (1848) ins Leben.

Nach dem 1949 herausgegebenen „Handbüchlein für die Elisabetharbeit" begann das Engagement der Gruppierungen bereits damals „in der Form", wie sie nach wie vor Bestand hatte. So fanden sich die Frauen „zu regelmäßigen Sitzungen zusammen, in denen ihre Aufgaben besprochen wurden; sie besuchten und pflegten die Kranken und Armen in den Häusern, errichteten eine Nähstube und unterhielten eine Suppenküche, um besser für ihre Schutzbefohlenen sorgen zu können. Sie hielten sich dabei an eine vom Bischof bestätigte Satzung, die ihre Arbeit als kirchliches Liebeswerk kennzeichnete."[1]

Das eigene Seelenheil zu befördern, war eine zentrale Motivation für die Mitglieder der Vinzenz- und Elisabethvereine bei ihren Aktivitäten. Gleichzeitig sollten die Hausbesuche bei Bedarf genutzt werden, die Bedürftigen zum religiösen Leben zurück zu führen. Die Vinzenzbrüder und Elisabethfrauen, die in der Regel aus den bürgerlichen Schichten stammten, besaßen nicht selten einen moralisierenden Blick und übten, unterstützt von den Ortsgeistlichen, durchaus auch Druck aus. So verbanden sie nicht selten die materiellen Hilfen etwa mit der Aufforderung zum Gottesdienstbesuch oder zur Beichte.[2] Die Ursachen der Notlagen zu beseitigen, stand nicht im Fokus.

Als 1848 auf dem Mainzer Katholikentag die Idee der Vinzenz-Konferenzen verbreitet wurde und für einen Aufschwung der Bewegung sorgte, schlug sich dies auch positiv auf die nachfolgende Entwicklung der Elisabeth-Konferenzen nieder – eine Reihe der Gruppen nannte

Abb. 24: Logo der Vinzenz-Konferenzen.

1 Handbüchlein für die Elisabetharbeit, hg. v. Generalsekretariat der Elisabethvereine, Freiburg i. Br. 1949, S. 29.

2 Meike Wagener-Esser, Organisierte Barmherzigkeit und Seelenheil. Das caritative Sozialnetzwerk im Bistum Münster von 1803 bis zur Gründung des Diözesancaritasverbandes 1916, Altenberge 1999, S. 71–88.

sich Frauen-Vinzenz-Konferenz, wobei die als typisch weiblich geltende Caritasarbeit im Mittelpunkt stand.

Im Bistum Münster stießen Bischof Johann Georg Müller (1847–1870) bzw. dessen Schwester die erste Gründung einer Elisabeth-Konferenz an. Durch seine verschiedenen Leitungsfunktionen, die er zuvor in Trier ausgeübt hatte, kannte er die Arbeit der dortigen Konferenz. 1851 ergriff seine Schwester die Initiative und bildete mit zehn weiteren Frauen in Münster eine Konferenz, die Ende des 19. Jahrhunderts rund 200 aktive Mitglieder zählte. Gerade in den Städten des Ruhrgebiets, aber auch vermehrt in den ländlichen Regionen der Diözese fanden sich ebenfalls Gruppen zusammen, sodass 1911 insgesamt 70 Konferenzen bestanden.

Während des Ersten Weltkriegs ging die Zahl der Vereine auf rund 40 zurück, um dann – vermutlich auch mit Unterstützung des neu gegründeten Diözesancaritasverbands Münster – wieder kontinuierlich anzuwachsen. 1926 schlossen sich die Elisabeth-Konferenzen unter der Führung der Vorsitzenden des münsterischen Elisabethvereins, Elisabeth Hillger, in einem Diözesanverband zusammen, der dann wiederum Mitglied der 1931 gebildeten Reichsgemeinschaft war. Das Generalsekretariat war dem DCV in Freiburg zugeordnet.

1936 umfasste der Diözesanverband Münster fast 2.800 aktive Mitglieder in 170 Elisabeth-Konferenzen, ohne dass jedoch auf Ortsebene eine wirkliche Bereitschaft zu einem organisatorischen Zusammenhalt vorhanden gewesen wäre, also in der Regel nur die eigenen spezifischen Anschauungen maßgeblich waren. Nachdem zu dieser Zeit bereits Konflikte mit der NSV das Wirken mancher Vereine beeinträchtigte, beendeten die Auswirkungen des Zweiten Weltkriegs dann fast vollständig ihre Strukturen.

Entscheidende Impulse für den Wieder- bzw. Neuaufbau der ehrenamtlichen Caritasarbeit in den Pfarreien gingen nach Kriegsende vom Freiburger Generalsekretariat der Elisabeth-Konferenzen aus. Dabei bemühten sich die dortigen Verantwortlichen offenbar, dass in den Bistümern entsprechende Referentinnen eingestellt wurden. 1971

Abb. 25: Logo der Caritas-Konferenzen Deutschlands.

fand die Umbenennung der Elisabeth- in Caritas-Konferenzen statt, die eine größere Nähe zum Caritasverband signalisieren und gleichzeitig die Türen für männliche Mitglieder öffnen sollte. Diesen Schritt vollzog die Basis nur zögerlich, und Männer fanden kaum den Weg in die Gruppen. Im NRW-Teil der Diözese Münster gab es 2015 gut 400 Caritasgruppen mit ca. 8.000 Helferinnen und Helfern.

Die Lebensbilder von Magarete Hillebrand und Änne Kasper bieten aus unterschiedlichen Perspektiven Einblicke in die Arbeit der Caritas-Konferenzen im Bistum Münster zwischen Nachkriegszeit und Anfang der 1980er Jahre. Während sich Margarete Hillebrand von 1946 bis 1978 als Diözesansekretärin bzw. Diözesangeschäftsführerin der Elisabeth-/Caritas-Konferenzen quasi um das Gesamte und den „Überbau" kümmerte, organisierte und leistete Änne Kasper als Vorsitzende der Kevelaerer Konferenz St. Antonius wie auch der Konferenzen und Helferinnen-Kreise des Dekanats Kevelaer/Goch die konkrete Arbeit „vor Ort".

Lebensbild Margarete Hillebrand

Die ersten 30 Lebensjahre der am 23. Januar 1915 geborenen Margarete Hillebrand ließen sich nur unvollständig anhand ihres rückblickenden Adventsbriefs von 1994 nachvollziehen. Gemeinsam mit ihrem Bruder und ihrer Schwester – weitere Geschwister nennt sie nicht –, zu denen sie offenbar ihr Leben lang ein gutes Verhältnis hatte, genoss sie eine Erziehung, die ihr viele Freiheiten gewährte. So erwähnte sie, nur mit Jungen das Abitur gemacht zu haben. Sie scheint dabei ebenso eine feste religiöse Verankerung erhalten zu haben. Denn ihr Abitur-Zeugnis enthielt ihrer Schilderung nach den Zusatz, sie habe „durch ihre starke Fesselung an die röm. kath. Kirche [...] den rechtzeitigen Anschluß" verpasst.

Im weiteren Verlauf ihrer Erinnerungen kommt die Sprache auf das 1939 abgelegte Examen, mit dem Margarete Hillebrand ihre Ausbildung in Aachen beendete. Auf die Zwischenzeit seit dem Abitur ging sie nicht ein. Da sie im Zusammenhang mit den Aachener Jahren auf ihre Freundschaft mit „Dr. Offenberg" zu sprechen kam, dürfte sie die Soziale Frauenschule besucht haben, die sich in Trägerschaft des Katholischen Deutschen Frauenbunds befand und sich nun, den Anforderungen der NS-Terminologie entsprechend, Frauenschule für Volkspflege nennen musste. Maria Offenberg (1888–1972) leitete die Schule von 1921 bis 1941 sowie von 1946 bis 1957. Nachdem sie von den NS-Stellen ihres Amtes enthoben worden war, durfte sie sich während des Dritten Reichs nur noch als Dozentin betätigen. Margarete Hillebrand hob hervor, von ihr besonders gelernt zu haben, „daß die Freiheit des Christen eine wohltuende Erkenntnis ist".[3]

Der weitere berufliche Werdegang Margarete Hillebrands lässt vermuten, dass sie an der Sozialen Frauenschule während ihrer Ausbildung als Wohlfahrtspflegerin den Schwerpunkt auf den Bereich der Berufs- und Wirtschaftsfürsorge gelegt hatte, der neben der Gesundheitsfürsorge und der Jugendwohlfahrtspflege angeboten wurde. Zumindest trat sie 1939 – in diesem Jahr starb auch ihr Vater – in Leipzig eine Stelle in der „Werkfürsorge" an. Ihrer Aussage nach ermordeten die „Nazis" ihren Chef. Danach war sie in gleicher Funktion in Chemnitz tätig. Als Bomben alliierter Flieger ihre Wohnung trafen, entging sie selbst nur knapp dem Tod. Offenbar legte sie in diesen Jahren zudem noch in Aachen das Examen als Seelsorge-Helferin ab.

Nach Kriegsende ging Margarete Hillebrand „zu Fuß" nach Siegen, wo ihre Mutter und Schwester lebten und sie als städtische Mitarbeiterin bei der Bewältigung der Flüchtlingsproblematik half. In der Folgezeit ergaben sich durch Anfragen der westfälischen Provinzialverwaltung und des DCV neue berufliche Perspektiven für sie. Da sich mittlerweile im familiären Umfeld Veränderungen ergeben hatten, nahm sie den Vorschlag des DCV an, auf Diözesanebene den Neuaufbau der ehrenamtlichen Caritasarbeit zu organisieren. Ihr Vater hatte in Münster einige glückliche Jahre verbracht, sodass es auch sie in diese Stadt zog.

Allerdings stießen nach den Erinnerungen Magarete Hillebrands die Vorstellungen des DCV, die Pfarrcaritas und insbesondere die Elisabeth-Konferenzen durch eine eigene Mitarbeiterin zu beleben, bei der Leitung des Diözesancaritasverbands Münster zunächst auf wenig Gegenliebe. Zumindest Domkapitular Holling signalisierte deutlich seine ablehnende Haltung, indem er zwei Vorstellungsgespräche mit ihr platzen ließ. Erst als sich der Verbandsvorsitzende, Weihbischof Roleff, aktiv für sie einsetzte, erhielt sie die notwendige Zustimmung.

Im Juli 1946 begann Magarete Hillebrand schließlich ihre Arbeit als Diözesansekretärin der Elisabeth-Konferenzen „an der Fensterbank stehend

3 Adventsbrief v. 1994, in: Nachlass Knievel, Ordner Div. Historisches Material Caritas allg.

– ohne Stuhl und Tisch – im Büro von Frau Cohors-Fresenborg". Grundlage war eine „alte Liste, auf der etwa 10 Namen von Vorsitzenden von Elisabethkonferenzen standen". Weiter berichtete sie anschaulich, wie sie dann im August „von Wesel (von Pastor Jansen aus) zu Fuß nach Xanten gegangen [ist] und auch noch am Abend zurück. Man sagte, ich sei der 1. ‚offizielle' Mensch aus Münster, der sie besucht und der sich auf einer (Kuh-)Fähre über den Rhein bringen ließ. Xanten lag ganz darnieder und die Frauen hatten keinen Mut, neu mit Nichts zu beginnen."[4]

Obwohl gerade in den Industriestädten die Elisabethvereine wieder Aktivitäten entwickelten sowie im Münsterland und im Oldenburger Land speziell Hilfen für Flüchtlinge anliefen, traf diese Feststellung für viele andere Regionen zu, die durch Kriegszerstörungen und Evakuierungen besonders betroffen waren. Wenn auch das Ergebnis dieser Bestandsaufnahme nicht selten niederschmetternd war, ließ sich Margarete Hillebrand nicht entmutigen, sondern sie entwickelte mit Unterstützung Bischof Kellers ein zukunftsweisendes Programm, das sie in einer Stellungnahme skizzierte:

„Was bleibt uns also zu tun beim Neuaufbau unserer Elisabethkonferenzen? Die Antwort ist nicht mehr schwer: Es muß uns gelingen, all diese Frauen zu einer Gemeinsamkeit zu bringen. Und da darf man sich schon die Mühe machen, persönlich von einer Elisabethfrau zur anderen zu gehen. Und da das Herz in gleicher Weise schlägt, ist es garnicht so schwer, diese Frauen zu einer gemeinsamen, geordneten Besorgtheit, in einem klar umrissenen Kreis, zu gewinnen. Je klarer die Form (nämlich die Konferenz), umso sicherer das Bewußtsein der Verantwortung. Und dies Letzte ist das Geheimnis einer guten Elisabethkonferenz. Damit nun die Elisabethkonferenz zu einer fruchtbringenden Arbeit kommt, muß ihre Stellung im Gesamtgefüge der Pfarrgemeinde klar sein. Einmal ist unbedingt notwendig, daß der Pfarrer überzeugt ist, daß er den Laien, die Frau, wie den Mann, zur Mitarbeit in der Armenpflege nicht entbehren kann. Zweitens muß es klar sein, in welchem Verhältnis Pfarrcaritas und Elisabethkonferenz stehen. Zu Zwei sei gesagt: Eine Elisabethkonferenz neben einer Pfarrcaritashelfergruppe, durch nichts mit ihr verbunden, führt ein Schattendasein und ihr ganzes Mühen bleibt in Einzelheiten stecken. Hier gilt es, auf dem Wege der Aussprache mit dem Pfarrer und seinen Kaplänen eine organische Helferschar mit Einbeziehung der Elisabethkonferenz anzustreben. Resignation führt unweigerlich bergab."[5]

4 Ebd.

5 Stellungnahme „Neue Elisabethkonferenzen" v. Margarete Hillebrands o. J., in: BAM, DiCV Münster A 25.

In der Diözese Münster bestand ebenfalls ein Nebeneinander von Elisabeth-Konferenzen und Helferinnen-Gruppen. Um eine einheitliche Ausrichtung zu gewährleisten, übernahm Magarete Hillebrand 1948 außer dem Amt der Diözesansekretärin der Elisabeth-Konferenzen gleichzeitig die Stelle als „Referentin aller Frauencaritasarbeit in der Diözese", sodass fortan „innerhalb des Diözesancaritasverbandes ein Referat für alle Fragen der Frauencaritasarbeit" bestand.[6] In dieser Funktion schuf sie Strukturen, denen sie in Anlehnung an das vom DCV herausgegebenen „Handbüchlein für die Elisabetharbeit" klare Konturen gab:

„Die Vorsitzenden der Elisabethkonferenzen sowie die Leiterinnen von Caritashelfergruppen bilden die Orts- bezw. Dekanatskonferenzen. Aus ihrem Kreise übernimmt eine Frau den Vorsitz der Dekanatskonferenz. Die Dekanatsvorsitzenden wiederum bilden die Arbeitsgemeinschaft der Orts- und Dekanatsvorsitzenden, die zweimal im Jahre in Münster zusammenkommt. [...] Diese beiden Kreise, die durch den oben gezeichneten Aufbau der Frauencaritasarbeit klar umrissen sind bezw. sich aus der Besetzung der Dekanatscaritassekretariate ergeben, sind festgefügte Kreise. Von diesen beiden Arbeitsgemeinschaften erfährt das Caritasleben in unseren Dekanaten und damit in unseren Pfarrgemeinden dauernden Impuls."[7]

Auf dieser Grundlage prägte Margarete Hillebrand in den gut 30 Jahren ihrer Tätigkeit maßgeblich die ehrenamtliche Caritasarbeit im Bistum Münster. Unermüdlich besuchte sie die Pfarrgemeinden, um Helferinnen zu gewinnen und zu schulen wie auch im Glauben zu verankern. In über 20 Kladden, die sie akribisch geführt hat und die ein anschauliches Bild vermitteln, sind die Reisen und Veranstaltungen einschließlich der teilnehmenden Personen wie die Inhalte der Vorträge dokumentiert.[8] Immerhin bestanden Mitte der 1950er Jahre rund 250 Konferenzen und 100 Helferinnenkreise mit ca. 9.000 Aktiven, 1967 noch 200 Konferenzen und 100 Kreise mit ca. 6.000 Aktiven.

Die Aufmerksamkeit dieser Gruppierungen galt außer der Beseitigung von Notlagen durch konkrete materielle Hilfen alten, kranken und einsamen Menschen und den Familien – z. B. durch Mütter- und Kindererholung sowie Familienpflege. Zudem bemühten sie sich lange Zeit um die in Notunterkünften lebenden Menschen und die „Glaubensbrüder hinter dem Eisernen

6 Protokoll vermutlich Margarete Hillebrands v. 27. Jan. 1948 über ein Gespräch mit Domkapitular Holling v. 26. Jan. 1948, in: ebd.

7 „Der Aufbau der Frauencaritasarbeit" v. Margarete Hillebrand v. 14. Juli 1949, in: ebd.

8 Die Kladden befinden sich im Archiv des DiCV Münster.

Vorhang".[9] Den oftmals langjährigen Konferenz- und Dekanatsvorsitzenden gab Margarete Hillebrand immer wieder Leitlinien an die Hand, wobei sie von den Caritasdirektoren Holling und Tellen als geistliche Beiräte des Diözesanverbands der Konferenzen unterstützt wurde. Oftmals stellten sie in ihren Vorträgen Eigenschaften wie Hingabe, Eifer und Opfermut, die die Helferinnen auszeichnen sollten, ins Zentrum ihrer Ausführungen.

Offenbar entstanden viele persönliche Beziehungen und ein besonderes Vertrauensverhältnis zwischen den Gruppenmitgliedern und Margarete Hillebrand. Jedenfalls hob sie hervor, dass die Elisabethfrauen und Helferinnen neue Ansätze trotz mancher Risiken etwa bei Fragen der Finanzierung mittrugen und letztlich erfolgreich angingen. Bereits 1947 suchte sie Frauen, die bereit waren, gegen Bezahlung Familien und alten Leuten zu helfen. Es waren aber nicht Kriegswitwen, sondern Bauerntöchter, die mit ihren Müttern bis zur Rückkehr der Väter und Brüder die Höfe bewirtschaftet hatten, die in den darauf folgenden Jahren vom Diözesansekretariat angebotene Vorbereitungswochen besuchten.

1950 fand der erste Kurs für acht Familienhelferinnen statt, Mitte der 1950er Jahre gab es schon ca. 50 ausgebildete Familienpflegerinnen und 1973 waren es fast 150 Frauen. Viele von ihnen hatten die entsprechende Qualifikation in Haus Horkenstein in Bochum-Dahlhausen sowie im St.-Josefs-Haus in Bad Pyrmont und Winfriedhaus in Bad Wildungen erhalten, die in Trägerschaft des Diözesancaritasverbands Paderborn standen.

Auch galt es für Margarete Hillebrand, im Rahmen der Familienpflege die seit dem Ersten Weltkrieg bestehende katholische Müttererholung in das 1950 von Elly Heuss, der Frau des Bundespräsidenten, gegründete Müttergenesungswerk zu integrieren. So gehörte die Referentin – auch in leitender Funktion – verschiedenen Arbeitsgemeinschaften und Ausschüssen auf Diözesan- und Bundesebene an. Wie innovativ sie auf diesem Feld wirkte zeigen auch ihre Erinnerungen. So hob sie hervor, dass im Bistum bereits „Kuren für Mütter mit ihren behinderten Kindern" durchgeführt wurden, „als noch kein Müttergenesungsheim dafür eingerichtet war".[10]

9 Kurze Ausarbeitung Magarete Hillebrands „Frauencaritasarbeit im Bistum Münster, Elisabethkonferenzen, Caritashelferinnenkreise" o. J. [nach 1954], in: Archiv DiCV Münster, Mappe Diözesan-Caritas-Verband Münster, Geschichte.

10 Adventsbrief v. 1994, in: Nachlass Knievel, Ordner Div. Historisches Material Caritas allg.

Abb. 26 Frauen im Garten des Müttererholungsheims Gemen (1965).

Des Weiteren waren es vor allem die Elisabethfrauen und Caritashelferinnen, die sich seit Anfang der 1960er Jahre auf ihren Tagungen und Fortbildungsveranstaltungen intensiv mit der Errichtung von Altentagesstätten befassten und nachfolgend Gründungen anstießen. Schließlich bemühte sich Margarete Hillebrand bei ihren Besuchen der Elisabeth-Konferenzen und den Treffen der Vorsitzenden, die Auswirkungen des 1961 in Kraft getretenen BSHG auf die konkreten Hilfebemühungen zu erläutern. So konnte etwa ein stundenweiser Helferdienst qualifizierter Frauen in Familien organisiert und über das BSHG abgerechnet werden.[11] In ihren Vorträgen kamen dabei auch Spannungen zum Ausdruck. Einerseits wies sie auf die neuen Möglichkeiten staatlicher Hilfsleistungen hin, die die Helferinnen nutzen könnten. Andererseits hob sie aber immer hervor, wie entscheidend die persönliche Hinwendung an den Bedürftigen und die christliche Motivation seien.

Nach den organisatorischen Umstrukturierung im Diözesancaritasverband, die 1972 erfolgt war, zählte Margarete Hillebrand als Referentin des Fachbereichs „Offene Arbeit in den Pfarrgemeinden" zur neu gebildeten Ab-

11 Margarete Hillebrand, Stundenweiser Helferdienst in Familien, in: Alfons Fischer (Red.), 1897–1972. 75 Jahre Deutscher Caritasverband, Waldkirch 1972, S. 41f.

teilung „Gemeindecaritas“.[12] Ihre Hauptaufgaben lagen in der Geschäftsführung des Diözesanverbands der Caritas-Konferenzen und der Katholischen Arbeitsgemeinschaft für Müttererholung. Im Jahresbericht des Diözesancaritasverbands für das Jahr 1973 nannte sie für den NRW-Teil des Bistums „230 Elisabeth- und Caritaskonferenzen mit etwa 6.000 Mitgliedern und etwa 4.000 Helferinnen, die in loser Form in den Gemeinden die Caritasarbeit tragen. Dazu kommen noch 36 Vinzenzkonferenzen mit rund 700 Mitgliedern.“

Danach stellte sie fest, dass die „Bedeutung der Caritas für das Leben der Gemeinde […] durch das Konzil, durch die Einrichtung von Caritas- oder Sozialausschüssen der Pfarrgemeinderäte und auch durch die jetzt zum Abschluß kommende Synode unterstrichen“ wurde. Dabei bestanden die Dienste, die von den ehrenamtlichen, nebenamtlichen und hauptamtlichen Kräften durchgeführt wurden, weiter fort. In der „Gewinnung, Information und Weiterbildung aller Mitarbeiterinnen und Mitarbeiter“ sah sie auch zukünftig die wesentliche Aufgabe des Fachbereichs.[13]

Als Margarete Hillebrand Anfang 1978 in den Ruhestand ging, stand auf den ersten Blick die ehrenamtliche Caritasarbeit in den Pfarreien des Bistums Münster in voller Blüte. Sowohl die Zahl der Konferenzen und Helferkreise als auch der Mitarbeiterinnen hatte sich kaum verändert. Zu den traditionellen Feldern der Altenhilfe, Familienhilfe und Müttererholung, Kranken- und Behindertenhilfe sowie der Vermittlung von Sachspenden waren verstärkt Hilfen für Ausländer, Kinder- und Jugendhilfe – auch in sozialen Brennpunkten –, Hilfen für Spätaussiedler, Hilfen für psychisch Kranke und Hilfen für Suchtkranke gekommen. Allerdings wies ihr letzter Beitrag im Jahresbericht des Diözesancaritasverbands für das Jahr 1977 auf einen deutlichen Nachwuchsmangel der Konferenzen hin, da immerhin 63 % der aktiven Mitglieder über 50 Jahre und davon fast 22 % über 65 Jahre, aber nur knapp 3 % bis 30 Jahre alt seien.[14]

Bei allen zahlenmäßigen Entwicklungen behält die Aussage Margarete Hillebrands bis heute Gültigkeit, dass „ein großer Teil der ehrenamtlichen Caritasarbeit […] ungesehen [bleibt], auch in der heutigen Zeit, die die Möglichkeiten der Veröffentlichung kennt. Und das, was sich bei persönlichen Diensten und Hilfen und Begegnungen wirklich vollzieht, entzieht sich der Erfassung durch Worte. So bleiben die Aussagen über ehrenamtliche Cari-

12 Vgl. auch Lebensbilder Prälat Heinrich Tellen, Wilfried Knievel und Bernd Bietmann.
13 Jahresbericht des DiCV Münster 1973, S. 16–20.
14 Jahresbericht des DiCV Münster 1977, S. 48ff.

Abb. 27: Treffen ehemaliger „Elisabethfrauen" auf Schloss Lembeck (1992): Margarete Hillebrand in der Mitte.

Abb. 28: Treffen ehemaliger „Elisabethfrauen" im Nottulner Marienhof (1997): Margarete Hillebrand (untere Reihe zweite von links) neben Weihbischof Voß. Änne Kasper (oben links neben der Ordensschwester) und Domvikar Dieter Geerlings (Vorsitzender des Diözesancaritasverbands) in der unteren Reihe als Zweiter von rechts.

tasarbeit zwangsläufig ‚oberflächlich' und können nur äußerlich Sichtbares beim Namen nennen."[15]

Margarete Hillebrand zog nach ihrem Ausscheiden beim Diözesancaritasverband in das Haus ihrer Großeltern im südsauerländischen Kruberg. Von dort aus nahm sie weiterhin Anteil an der Entwicklung der oftmals von ihr aufgebauten bzw. geformten Caritas-Konferenzen im Bistum Münster und besuchte etwa Festlichkeiten, um Weggefährtinnen zu treffen. Am 31. Januar 2006 starb sie im Alter von 91 Jahren.

Lebensbild Änne Kasper

Zu den Elisabeth-Frauen, die die Vorstellungen Margarete Hillebrands in der konkreten Arbeit der Konferenzen mit getragen und umgesetzt haben, zählte auch Änne Kasper. Von 1956 bis 1982 Vorsitzende der Elisabeth-/Caritas-Konferenz der Kevelaerer Pfarrgemeinde St. Antonius und seit 1964 des Dekanats Kevelaer bzw. Goch verband sie in großem Maß eigenes persönliches Engagement für bedürftige Menschen mit der Initiative und Verwirklichung wegweisender sozial-caritativer Projekte auf weitgehend ehrenamtlicher Basis.

Dabei besaß die Caritas-Konferenz St. Antonius eine lange Tradition, da sie neben der ersten Gründung in Münster auch auf das Jahr 1851 zurückreichte. Denn unter dem Vorsitz des damaligen Pfarrers Johann Heinrich Krickelberg konstituierte sich in diesem Jahr ein Frauenverein, der „den in hiesiger Gemeinde in erfreulicher Weise vorhandenen, aber bisher nur zerstreut wirkenden Wohltätigkeitssinn zum Vorteil der Bedürftigen und zur Erleichterung der Gebenden zu einem geordneten Ganzen" vereinigen wollte, „um hauptsächlich arme Wöchnerinnen und in dringender Not auch andere Kranke dieser Gemeinde zu unterstützen mit Rat und Tat".[16]

In diesem Sinne setzten sich die Mitglieder des Frauenvereins, der ebenfalls 1886 offiziell in Elisabethverein umbenannt wurde, gerade in Kriegs- und Krisenzeiten ein. Immerhin gehörten 1928 21 aktive und 475 zahlende Mitglieder dem Verein an, der in diesem Jahr regelmäßig 27 „alte und kränkli-

15 Ebd., S. 48.

16 § 1 der ersten Statuten, zit. n. Die Menschen im Blick. 150 Jahre ehrenamtliche Caritas in Kevelaer, hg. v. d. Caritas-Konferenzen von St. Antonius und St. Marien Kevelaer, Geldern 2001, S. 3.

che“ Personen unterstützte und zeitweise 87 Familien und 37 Einzelpersonen durch unterschiedliche Zuwendungen in Höhe von fast 6.000 RM versorgte. Wegen der schweren Kämpfe am Niederrhein und der daher erfolgten Zwangsevakuierung der Bevölkerung während der letzten Monate des Zweiten Weltkriegs musste die Konferenz, die seit Ende der 1920er Jahre die Vorsitzende Josefine Terhoeven (1878–1964) leitete, ihre Arbeit zwar einstellen. Aber bereits kurz nach der Rückkehr begannen die Helferinnen wieder mit ihren Bemühungen, und 1949 betrugen die finanziellen Aufwendungen für die Bedürftigen schon 6.000 DM.

Unter der Vorsitzenden Terhoeven wurde auch Änne Kasper, die am 28. Januar 1910 als Mittlere von sieben Kindern geboren worden war, aktives Mitglied der Elisabeth-Konferenz St. Antonius. Sie stammte aus der Kevelaerer Familie Joosten, die neben einem Bauernhof noch eine Kohlenhandlung und eine Gaststätte betrieb, und hatte nach der Volksschule zur Vorbereitung auf ihre Rolle als Hausfrau und Mutter noch ein oder zwei Jahre auf einer Höheren Töchterschule in Süddeutschland verbracht. Durch den frühen Tod der Mutter musste sie bereits in jungen Jahren Verantwortung übernehmen, da sie nun den Haushalt der Familie führte. Dies hielt sie jedoch nicht davon ab, sich gleichzeitig caritativ zu betätigen. Nachdem sie ihrer Mutter schon als Jugendliche beim intensiven Einsatz im Elisabethverein geholfen und auch Hausbesuche gemacht hatte, trat sie Ende der 1920er Jahre ebenfalls als aktives Mitglied in die Konferenz ein.

1938 heiratete Änne Joosten Jakob Kasper aus Köln, der Bauingenieur war. Er fand in Wuppertal eine Anstellung bei der Reichsbahn, sodass die Familie dort auch wohnte – zwei Töchter kamen 1939 und 1944 auf die Welt. Da ihr Mann als Soldat am gesamten Zweiten Weltkrieg teilnahm, war Änne Kasper mit den beiden Kindern in zunächst fremder Umgebung mehr oder weniger auf sich allein gestellt, als auch noch ihre Wohnung den Bomben zum Opfer fiel. Nach Kriegsende ließ sich die Familie in Kevelaer nieder. Der Vater arbeitete in Wesel, verließ also früh das Haus und kam spät zurück. Erneut war es Änne Kasper, die in der Regel die Behördengänge und Finanzgeschäfte der Familie erledigte. 1953 wurde noch eine dritte Tochter geboren.

Änne Kasper gehörte also zu der durch den Zweiten Weltkrieg geprägten Müttergeneration, die auf Grund der Abwesenheit der Ehemänner alleinverantwortlich handeln musste. Noch grundlegender bestimmte ihre Frömmigkeit ihr Leben. Hier spielte es vermutlich auch eine Rolle, dass sie im Marien-Wallfahrtsort Kevelaer aufgewachsen war. Außer der meist täglichen

Teilnahme an der Messfeier wie auch der sonntäglichen Vesper gehörten das regelmäßige Rosenkranz-Gebet und Besuche des Gnadenbildes zur religiösen Praxis. In der Gnadenkapelle zündete sie Kerzen an und bat die Muttergottes um Beistand in allen Lebenslagen. Letztlich bekundete sie so ihr großes Gottvertrauen, das sie nie verlor.

1956 erhielt die Kevelaerer St.-Marien-Kirche eine eigenständige Pfarrei. Damit war auch die Gründung einer eigenen Elisabeth-Konferenz verbunden, die durch die Abtrennung von der St.-Antonius-Konferenz vollzogen wurde. Unter den 13 Helferinnen, die nach St. Marien wechselten, befand sich auch die Vorsitzende Terhoeven, sodass die 12 Helferinnen der Elisabeth-Konferenz St. Antonius dieses Amt neu besetzen mussten. In dieser Situation ließ sich Änne Kasper in die Pflicht nehmen. In ihrem nach der Einarbeitungsphase verfassten Jahresbericht für 1957, der 18 Konferenz-Mitglieder und 302 zahlenden Mitglieder sowie 204 Betreute – 60 Familien und 144 Alleinstehende – auflistete, schilderte sie anschaulich die konkreten Konferenz-Aktivitäten:

„Unsere Konferenz versammelt [sich] jeden ersten Montag im Monat. 18 Mitglieder nehmen daran teil, wovon eins auch im Wohlfahrtsausschuß vertreten ist. Wir beginnen die Konferenz mit einem kurzen Gebet, daran schließt sich die Ansprache unseres Herrn Pastors [an], die uns immer wieder auf unsere Caritasarbeit hinweist. Wir besprechen die Arbeit und tauschen Erfahrungen aus. Eine große Anzahl kinderreicher Familien haben wir zu betreuen. Daß hier unsere Hilfe immer wieder möglich ist, dafür sorgt die Nähstube. Dort werden die Spenden aus der Korbsammlung vom Herz-Jesu-Freitag sortiert und umgeändert. Manche Wöchnerin freute sich über ein Paket Säuglingswäsche. Wo es nottat, gab es Bettwäsche dazu. Auch führten wir die Kochwochen wieder ein. Dieses wurde von mancher kranken Mutter begrüßt."

Daneben wurde Kommunionkindern, auch in der Diaspora, bei der Ausstattung geholfen sowie ein besonderer Tag für die alten Menschen mit Messe und Frühstück sowie kleinen Gaben durchgeführt. Die Feier des Elisabeth-Tags war auch als Dank an die Helferinnen gedacht. „Zu Weihnachten wurden besonders die Alleinstehenden sowie auch alle Hilfsbedürftigen bedacht. Die Helferinnen hatten für jeden eine Freude bereitet. Wo nötig, wurde mit Lebensmitteln, Kleidung und Brennmaterial geholfen. Für die Helferinnen hielt Frl. Hillebrand einen Schulungstag über die praktische Elisabetharbeit.

Auch nahmen wir an einem Einkehrtag teil im Priesterhaus. Möge uns St. Elisabeth auch in diesem Jahre helfen, unsere Caritaswege richtig zu gehen."[17]

Die Berichte der nachfolgenden Jahre zeichnen ein Bild, das den beträchtlichen Umfang der Bemühungen der Konferenz-Mitglieder wiedergibt. So führten sie außer den regelmäßigen Besuchen bei den Bedürftigen auch die Pfingst- und Adventssammlungen durch und schickten zahlreiche Hilfspakete in die Flüchtlingslager Friedland, Uelzen, Rheine und Wesel wie auch in die „Ostzone". Änne Kasper motivierte ihre Helferinnen vermutlich nicht zuletzt durch ihr Vorbild für diesen umfassenden Einsatz. So nahm sie nicht nur selbst zahlreiche Hausbesuche vor, sondern hielt auch im eigenen Haus wöchentliche Sprechstunden ab und dort auch eine erste „Kleiderkammer" vor – später war diese in der Turmstube der Antonius-Kirche untergebracht.

Auch standen immer wieder Nichtsesshafte an der Haustür Änne Kaspers, denen sie in der Küche ein Butterbrot gab und des Öfteren auch mit Kleidungsstücken ihres Mannes versorgte. Allerdings kannte ihre Gutmütigkeit auch Grenzen, wenn sie etwa in einem Geschäft den bevorstehenden Einkauf eines Bedürftigen z. B. in Höhe von 20 DM mit den Worten ankündigte, „aber kein Alkohol und keine Zigaretten", wie sich eine Tochter erinnerte.[18]

Wesentlich für die weitere Entwicklung der Kevelaerer Elisabeth-/Caritas-Konferenz St. Antonius war die Bereitschaft Änne Kaspers und der Vereinsmitglieder, zeitnah Veränderungen der Rahmenbedingungen aufzugreifen wie auch – durchaus in „ökumenischer Zusammenarbeit" mit der Inneren Mission bzw. seit 1975 dem Diakonischen Werk – neue Wege zu gehen. So begann 1960 eine ausgebildete hauptamtliche Familienpflegerin mit der Arbeit, um kranke und erholungsbedürftige Mütter zu unterstützen. Auch erklärte Änne Kasper bereits im Jahresbericht für 1962, dass „im letzten Jahre so viel über das neue Bundessozialhilfegesetz gesprochen [wurde], und 3 unserer Helferinnen nahmen an einem Schulungskursus in Freckenhorst teil. So sprachen wir in unserer Konferenz immer wieder darüber, wie wir möglichst vielen älteren Rentnern, Alleinerziehenden und Kranken helfen konnten, um das Gesetz für diese auch auszunutzen. Wir konnten durch Beraten und Stellen der Anträge vielen alten Rentnern helfen. Statt der kleinen Rente oft unter 100 DM erhalten sie jetzt wenigstens den Regelsatz. Auch vermittelten wir durch

17 Jahresbericht der Elisabeth-Konferenz St. Antonius, Kevelaer für Jahr 1957, in: Archiv der Caritas-Konferenz St. Antonius.

18 Hinweis von Barbara Pauls v. 17. Nov. 2014.

Abb. 29: Helferinnen-Ausflug der Elisabeth-Konferenz St. Antonius nach Kamp-Bornhofen/Rhein vermutlich in den 1960er Jahren mit Änne Kasper (vorne als Zweite von rechts).

unseren Antrag bei Kranken Hilfe zur Pflege u.s.w. Eine gute Zusammenarbeit mit dem Sozialamt ist da sehr wichtig.“[19]

Zusammen mit Ruth Knaust von der Inneren Mission – die evangelische Kirchengemeinde im katholischen Kevelaer war bis Anfang der 1960er Jahre durch die Flüchtlingswelle aus der DDR auf über 1.500 Mitglieder angewachsen – gelang es Änne Kasper mit großer Zielstrebigkeit, Ende 1964 in den Räumlichkeiten einer ehemaligen Gaststätte eine Altentagesstätte zu eröffnen. Bereits im nachfolgenden Jahr besuchten gut 3.500 Frauen und Männer die neue Einrichtung. Im Jahresbericht für 1964 fasste sie zusammen:

„Lange schon beschäftigte uns der Plan und nun sind wir froh, dass die lieben alten Besucher täglich kommen, insgesamt 15–20 Männer und Frauen aus der ganzen Stadt, katholisch und evangelisch. So halten wir es auch mit der Betreuung; die Helferinnen unserer Konferenzen und die der Inneren Mission kommen nach einem bestimmten Plan. Jede Frau hat nur an einem Nachmittag im Monat Dienst. So wird niemand überfordert und alle kommen

19 Jahresbericht der Elisabeth-Konferenz St. Antonius, Kevelaer für Jahr 1962, in: Archiv der Caritas-Konferenz St. Antonius.

gern. Wir haben einen großen Raum ganz gemütlich eingerichtet; in einem kleinen Raum – für Nichtraucher – steht ein Fernsehgerät. In der praktischen Küche bereiten wir den Kaffee, den es für 25 Pfennig je Tasse gibt. Auch geben wir Apfelsaft und weitere alkoholfreie Getränke aus. Ein Schnäpschen gibt es zu besonderen Gelegenheiten, natürlich von uns spendiert. Bis jetzt brauchten wir noch keine Flasche zu kaufen und haben immer Vorrat im Kühlschrank. Es ist in unserer Stadt so viel Interesse für die alten Leute und die neue Einrichtung. Immer wieder kommen Besucher und bringen Zigarren, Schnaps, Kaffee und Gebäck. So konnten wir bis jetzt zu der Tasse Kaffee immer einige Plätzchen reichen zur Freude unserer Alten. [...] Für uns aber steht fest, wir sehen jetzt Einsamkeit wo wir sie nicht vermutet haben; durch das Gespräch gehen auch die Stillsten einmal aus sich heraus. Wir hoffen und wünschen, dass unsere Altentagesstätte vielen alten Menschen eine Stätte der Begegnung sein möge."[20]

Als 1969 die Elisabeth-Konferenz St. Antonius als weiteres Projekt mit „Essen auf Rädern" begann und zunächst täglich 40 bis 45 Essen, die in der Küche des Kevelaerer Marien-Krankenhauses zubereitet wurden, mit dem eigenen, vom Kuratorium Deutsche Altershilfe gestifteten Wagen verteilte, zeigte sich erneut die Fähigkeit Änne Kaspers, auch in anderen Gruppierungen Helfende zu rekrutieren. Zwei Rentner fuhren „im Wechsel je 5 Tage. Die Wochenenden fahren DRK und die kath. Jugend. Die Innere Mission stellt dann die Beifahrerin."[21]

1970 startete die „Arbeit im Sozialen Brennpunkt" in einer Kevelaerer Stadtrandsiedlung. In einer kleinen Wohnung betreute nachmittags eine Clemensschwester mit einigen Frauen – „auch die Frau vom evangelischen Pfarrer" – und Gymnasiasten ca. 40 Kinder. Sie beaufsichtigten die Schularbeiten, spielten und bastelten mit ihnen. Die Schwester schaffte es auch, eine Ferienfreizeit durchzuführen. Letztlich erhielten Kinder wie Eltern feste Strukturen, aber auch Abwechslung und Freude im sonst oftmals tristen Alltag. 1973 wurde diese Arbeit wieder eingestellt, da die Familien in andere, im Stadtgebiet verteilte Wohnungen zogen.[22]

20 Jahresbericht der Elisabeth-Konferenz St. Antonius, Kevelaer für Jahr 1964, in: BAM, DiCV Münster A 45.

21 Jahresbericht der Elisabeth-Konferenz St. Antonius, Kevelaer für Jahr 1970, in: Archiv der Caritas-Konferenz St. Antonius.

22 Jahresbericht der Elisabeth-Konferenz St. Antonius, Kevelaer für die Jahre 1970 u. 1973, in: ebd.

Änne Kasper hatte bis Anfang der 1970er Jahre mit den Mitgliedern der Elisabeth-Konferenz St. Antonius ein deutlich breiteres Angebot ehrenamtlicher Hilfen geschaffen, ohne auf die traditionellen Maßnahmen zu verzichten und den Blick über den Kevelaerer Tellerrand etwa in die DDR oder die Missionsgebiete zu vergessen. Dabei blieb sie selbstkritisch, wie etwa ihr Fazit zu einer Veranstaltung im Rahmen des 125-jährigen Jubiläums zeigte. Die Helferinnen hatten rund 70 Nichtsesshafte ins Jugendheim eingeladen, „die in den letzten zwei Wochen vor dem Fest bei uns vorsprachen", um „Wäsche, den Anzug, die Schuhe, und auch etwas Geld zu erfragen". Die Tische waren „gedeckt, eine gute Suppe gekocht, Brötchen vorbreitet, Kaffee gekocht, Bier und Rauchwaren besorgt. Wir erwarteten etwa 20 Gäste – so meinten wir. Es kamen 4 Männer. Wir waren enttäuscht. Doch jetzt wissen wir, dass es so nicht richtig war. Am Samstag, dem 27.11.[1976] kamen schon am frühen Morgen die ersten zu mir; sie entschuldigten sich für das Nichtkommen, und im Gespräch erfuhr ich dann, dass diese Menschen nicht aus ihren Gewohnheiten herausgeholt sein wollen. Sie wollen kein Aufsehen, sie freuen sich über die anonyme Hilfe."[23]

Die Festwoche im Jubiläumsjahr diente der Caritas-Konferenz zudem der Werbung neuer, gerade auch jüngerer Mitglieder. Obwohl letzteres nicht gelang, konnte die Zahl der Helferinnen durch direkte Ansprache in den nachfolgenden fünf Jahren auf 37 Frauen erhöht werden. Männer, die die Elisabeth-Konferenz aktiv unterstützten – so etwa 1968 im Zusammenhang mit der Bildung eines Caritas-Arbeitskreises im erstmals gewählten bzw. delegierten Pfarrkomitee, aus dem später der Pfarrgemeinderat hervorging –, blieben die Ausnahme.

Grundsätzlich ging es ihr darum zu verdeutlichen, dass auch im Sozialstaat die ehrenamtliche Caritasarbeit dringend nötig sei und caritatives Wirken ein entscheidendes Wesensmerkmal kirchlichen Lebens darstelle. Hiermit lag Änne Kasper auf der Linie Margarete Hillebrands, wie die Referentin auf allen Treffen, Tagungen und Schulungen dargelegt hatte. Vermutlich nicht von ungefähr besuchten die St.-Antonius-Helferinnen 1980 bei einem Ausflug die ehemalige Diözesan-Geschäftsführerin.

Anfang 1982 konnte Änne Kasper durch die Wahl einer neuen Vorsitzenden das Amt der Caritas-Konferenz St. Antonius in Kevelaer in „jüngere Hände" geben, nachdem ihr zuvor anlässlich ihres 70. Geburtstags für ihre

23 Jahresbericht der Elisabeth-Konferenz St. Antonius, Kevelaer für Jahr 1976, in: ebd.

52-jährige ehrenamtliche caritative Tätigkeit die goldene Caritas-Ehrendnadel verliehen worden war. Aber nach wie vor nahm sie regelmäßig an den Konferenzen teil und besuchte Bewohner im Seniorenwohnheim „Regina Pacis". Auch blieb sie weiterhin in der Verwaltung der Altentagesstätte wie auch des Mahlzeitendienstes tätig, der dann im neuen Jahrtausend in die Trägerschaft des Caritasverbands Geldern-Kevelaer überging. Zudem verstärkten nun Helferinnen beider Kevelaerer Konferenzen ihre gemeinsamen Aktivitäten, wie es etwa bei der 1984 zusammengefundenen Gruppe der Fall war, die fortan im Marien-Krankenhaus Patienten besuchte.

„Die Mitarbeitergewinnung ist eine bleibende Aufgabe [der Kevelaerer Caritas-Konferenzen St. Antonius und St. Marien] bei einem hohen Altersstand der Helferinnen. Beauftragte müssen immer wieder neu für die einzelnen gemeinsam eingerichteten Arbeitsfelder gesucht werden. Für die Vorsitzenden und die Vorstände erschwert sich die Arbeit dadurch, dass sie jetzt in einem ständig größeren Spannungsfeld stehen zwischen den immer differenzierter arbeitenden hauptamtlichen Caritasdiensten, den Nöten der noch zahlreicher gewordenen und heute kleinen Haushalte, den zunehmend in Not geratenen Einzelpersonen, den hohen bürokratischen und gesetzlichen Anforderungen, den zahlreichen unterschiedlich stark sich einbringenden Mitarbeiterinnen, den zuständigen städtischen und politischen Stellen sowie den vielen Kontaktpunkten in der Pfarrgemeinde. Weiterhin aber ist der Kontakt von Mensch zu Mensch nach dem Wort Jesu: ‚Geht, ich sende euch voraus' das beide Seiten Froh-Machende: Alle über 80-Jährigen werden jedes Jahr zum Geburtstag besucht, alle über 75-Jährigen werden zum Adventskaffee eingeladen, die Helferinnen haben die Kranken in ihrem Bezirk im Blick und versuchen Menschen in Notlagen die passende Hilfe zu geben oder zu vermitteln. Viele Gespräche entwickeln sich bei den beiden zwar mühevollen jährlichen Haussammlungen, die neben den Mitgliedsbeiträgen und Spenden, auch aus Trauerfällen, den Grundstock für die finanziellen Hilfsmöglichkeiten der pfarrlichen Caritas legen." (Die Menschen im Blick. 150 Jahre ehrenamtliche Caritas in Kevelaer, Geldern 2001, S. 9ff.)

1989/90 erhielt Änne Kasper, die in den vergangenen Jahren den Tod ihres Mannes und einer Tochter erleben musste, den Kalkarer „Ochsenorden" und das Elisabeth-Kreuz. Die Inschrift des Ochsenordens, „Ein Herz hat nur, wer ein Herz für andere hat", kennzeichnete dabei eine wesentliche Motivation ihres Engagements, das nicht immer leicht mit dem eigenen Familienleben in Einklang zu bringen war. Umso mehr nutzte Änne Kasper jetzt die Zeit, sich um ihre Enkel zu kümmern.

Als Änne Kasper am 1. Januar 1999 starb, dürfte vielen Bewohnern ihrer Heimatstadt das besondere caritative Wirken in Erinnerung geblieben sein. Es war durch Bescheidenheit, Hartnäckigkeit in der Sache und das Bewusstsein geprägt, ohne den Einsatz aller Helferinnen nichts erreichen zu können.

Literatur-Tipps

Magdalena Lüttgen, Die Elisabethvereine. Frauen im Dienst am Nächsten seit dem Jahre 1840, insbesondere in Rheinland und Westfalen, Paderborn 1969.
Rudolf Schermann, Vinzenz von Paul. Anwalt der Ärmsten, Kevelaer 2015.

Prälat Heinrich Tellen

(1914–1972)

Caritas in Umbruchzeiten: die 1960/70er Jahre im Bistum Münster

Bahnbrechende sozialpolitische Reformen, Zweites Vatikanisches Konzil, Studentenunruhen, Beginn der sozial-liberalen Koalition: die 1960er Jahre waren in der Bundesrepublik Deutschland unzweifelhaft eine Phase tiefgreifender gesellschaftlicher, politischer und kirchlicher Umbrüche. Wie bereits einleitend skizziert, wirkten sich diese Veränderungen ebenfalls auf die organisierte Caritas aus. Anfragen an das eigene Selbstverständnis, das Verhältnis von geistlichen und weltlichen Mitarbeitern, aber auch die Anpassung von Strukturen und Angeboten an die neuen Unterstützungsmöglichkeiten etwa infolge des BSHG und JWG führten daher auch für die Caritas im Bistum Münster zu, teilweise spannungsreichen, Veränderungen.

Hier war es nicht zuletzt Prälat Heinrich Tellen, der sich diesen Herausforderungen stellte. Im Vergleich zu seinen Vorgängern, die über 35 Jahre als Direktoren bzw. 25 Jahre als Vorsitzender des Diözesancaritasverbands tätig waren, wirkt seine reine Amtszeit eher bescheiden. Aber diese zwölf Jahre standen von Anfang an im Zeichen des Übergangs, den er in vielen Bereichen durch neue Initiativen tatkräftig vorantrieb. So war er bereits Ende der 1950er Jahre maßgeblich an der Gründung der kirchlichen Darlehnskasse beteiligt, und schon früh erkannte er etwa die dringende Notwendigkeit, in der Alten-, Behinderten-, Jugend- und Auslandshilfe neue Wege zu gehen und offene Hilfsangebote zu schaffen. Auch forcierte er den Auf- und Ausbau örtlicher Caritasverbände, die eine breite Angebotspalette mit vielfältigen Beratungsdiensten schufen. Gleichzeitig bemühte er sich, ehrenamtliches caritatives Engagement auch im Zeichen eines sich auflösenden katholischen Milieus als ein entscheidendes Wesensmerkmal der Kirche zu beleben.[1]

Ende der 1960er Jahre wuchs bei Prälat Tellen zudem die Erkenntnis, dass auch die Geschäftsstelle des Diözesancaritasverbands in Münster neuer Strukturen bedurfte. So legte er 1971 das Direktorenamt erstmals in welt-

1 Vgl. Hinführung und die Lebensbilder Margarete Hillebrand und Änne Kasper, Bernhard Tryba, Bernd Bietmann, Schwester Reginalda, Schwester Nikola.

liche Hände, und unter seinem Nachfolger kam es zu einem entscheidenden organisatorischen Wandel. Die ein Jahr später verabschiedete neue Satzung des Verbands war letztlich in weiten Teilen ein Spiegelbild der Amtszeit Prälat Tellens.

Lebensbild

Heinrich Tellen wurde am 17. September 1914 im ostmünsterländischen Füchtorf als Zweites von zehn Kindern in eine Familie mit festen kirchlichen Bezügen geboren. So war sein Vater neben der Tätigkeit als Rendant der örtlichen Spar- und Darlehnskasse wie bereits der Großvater Küster und Organist an der Pfarrkirche. Außerdem gehörten zur näheren Verwandtschaft drei Priester, was die spätere Berufsentscheidung Heinrich Tellens mit beeinflusst haben dürfte. Immerhin wohnte er nach dem Abschluss der Volksschule eine Zeit lang in Dülmen-Buldern bei seinem Onkel, Dechant Anton Tellen, und besuchte von dort aus das Gymnasium Paulinum in Münster. Spätestens in dieser Phase wird er die eigene Berufung zum Geistlichen empfunden haben. Denn er siedelte zum münsterischen bischöflichen Konvikt Collegium Ludgerianum über, das der Vorbereitung des Priesternachwuchses diente. Nach dem Abitur begann er 1934 u.a. mit Karl Leisner, dessen 1977 eingeleitete Seligsprechung er schon in den 1950er Jahren befürwortete, das Theologie-Studium. 1939 weihte ihn Bischof von Galen zum Priester.

Bereits im Ludgerianum setzte sich Heinrich Tellen mit den Ideen des hl. Vinzenz von Paul auseinander und gründete eine Vinzenz-Konferenz. Anschließend leitete er während des Studiums an der Universität die akademische Vinzenz-Konferenz. Durch diese Aktivitäten erhielt er konkrete Einblicke in die Caritasarbeit und knüpfte zahlreiche Kontakte zu Akteuren der Caritas, aus denen nicht selten langjährige Freundschaften entstanden. Ebenso prägten diese Erfahrungen seinen pastoralen Schwerpunkt, der nachfolgend sein gesamtes Priesterleben bestimmte.

Nach der Priesterweihe folgten Kaplanstellen in Reckenfeld, Duisburg und Holsterhausen bei Dorsten, ehe Heinrich Tellen von 1942 bis 1945 als Sanitäter am Zweiten Weltkrieg teilnahm. Im Sommer 1945 aus der Kriegsgefangenschaft zurückgekehrt, schickte ihn der Bischof als Kaplan nach Coesfeld an die St.-Jakobi-Pfarre. Gleichzeitig berief er ihn zum Caritassekretär für das Dekanat Coesfeld. In dieser Funktion galt sein Augenmerk vor allem dem

(Wieder-)Aufbau der im Krieg zerstörten caritativen Einrichtungen, aber auch den Strukturen „einer pfarrlichen Landcaritas, die beispielhaft wurde".[2]

1950 übertrug die Bistumsleitung Heinrich Tellen die schwere Aufgabe, als Duisburger Caritasdirektor die caritativen Hilfen zu organisieren und auszubauen. Denn die Ruhrgebietsstadt litt immer noch stark unter den Kriegsfolgen. Prälat Johannes Kessels – 1945 bis 1958 Caritasdirektor in Bochum und danach erster Direktor des Caritasverbands für die neue Diözese Essen – sprach von einem „Caritasfrühling", den sein Amtskollege in den nachfolgenden Jahren anstieß. „Die Caritas der Pfarreien wie der Einrichtungen, der Fachvereine wie des Ortscaritasverbandes war ihm ein Herzensanliegen, für das er unaufhörlich Wissen sammelte und Kraft verschenkte, für das er Menschen begeisterte und neue Werke schuf."

So betrieb Caritasdirektor Tellen den Ausbau des 1946 in Großenbaum gegründeten Kinderheims „Maria in der Drucht", das besonders viele Flüchtlingskinder aufnahm. 1954 konnte das Mädchen-Wohnheim St. Elisabeth und ein Jahr später das Altersheim Mariendorf im außerhalb der Diözese Münster liegenden Mühlheim-Speldorf eröffnet werden, wobei der Caritasverband Duisburg als Träger der neu errichteten Einrichtungen fungierte. Bezeichnender Weise suchte Heinrich Tellen bei seinen Bemühungen regelmäßig die Zusammenarbeit mit den anderen Caritasdirektoren des Ruhrgebiets.[3]

Es kann daher nicht verwundern, dass Bischof Keller Caritasdirektor Tellen 1956 wieder nach Münster holte, um die beiden Leiter des Diözesancaritasverbands zu unterstützen. Denn die bald 70-jährigen Direktoren trugen bereits seit mehr als 30, oftmals schwierigen Jahren die Verantwortung für die Caritasarbeit im Bistum, und als Prälat Tenspolde drei Jahre später starb, übernahm Heinrich Tellen als Diözesancaritasdirektor dessen Aufgaben. Aber auch darüber hinaus sah er sich immer stärker gefordert, weil auch Prälat Hollings Kräfte nachließen. Zudem unterrichtete er am Seelsorgehelferinnen-Seminar, hielt Einkehrtage ab und war ein gefragter Referent. Trotz dieses bereits großen Arbeitspensums griff die Bistumsleitung nicht wieder auf eine Doppelspitze zurück, als Prälat Holling 1961 in den Ruhestand trat. Im Gegenteil berief Bischof Keller Heinrich Tellen auch noch zum Nachfolger des im gleichen Jahr ebenfalls ausscheidenden Vorsitzenden Weihbischof Roleff.

2 Johannes Kessels, Heinrich Tellen zum Gedenken, in: Caritas in Nordrhein-Westfalen 4/1972, S. 48.

3 Ebd.; vgl. auch Die caritativen Anstalten im Bistum Münster, hg. v. DiCV Münster, Bd. II, Münster 1955, S. 56, 79 u. 117f.

Somit stand Heinrich Tellen für den personellen Umbruch in der Leitung des Diözesancaritasverbands Münster, der auch einen Generationenwechsel bedeutete. Ganz im Sinne der Synodal-Beschlüsse von 1958 und der von Bischof Keller geprägten Ausformung der Katholischen Aktion trat er zunächst besonders für eine starke Pfarrcaritas als Koordinationsstelle der caritativen Aktivitäten auf Pfarrebene ein. In verschiedenen Beiträgen des Informationsorgans „Unsere Seelsorge“, die er 1959 verfasste, kam dies deutlich zum Ausdruck.

> „Dabei bleibt ihr [der Pfarrcaritas] vordringlichstes Anliegen, daß niemand sich durch die Tätigkeit der Vinzenzkonferenz und der Elisabethkonferenz von der persönlichen Verpflichtung zum Dienst an den Notleidenden für dispensiert hält, sondern daß die Sorge um die Armen und um die Hilfsbedürftigen die Sorge der ganzen Pfarrgemeinde bleibt. Je höher von Jahr zu Jahr das Sozialprodukt und damit der Lebensstandard steigt, um so deutlicher wird es uns: Wir haben nicht nur die Aufgabe, um der Armen willen Liebe zu üben, wir haben auch die Verpflichtung, Sorge zu tragen, daß kein Christ in der Gemeinde sich dem Dienst an den Armen entzieht. Denn der Glaube stirbt in den Herzen der Gläubigen, und das religiöse Leben in den Pfarrgemeinden verödet, wenn wir unseren Glauben an Christus nicht immer wieder in der Liebe, in der praktischen und tätigen Nächstenliebe erproben und bewähren.“ (Heinrich Tellen, Vinzenzkonferenz und Bezirkshelfersystem in der Pfarrcaritas, in: Unsere Seelsorge. Wegweisung und Mitteilungen für Seelsorge und Laien-Apostolat im Bistum Münster, Nr. 1 v. Januar 1959, S. 4)

Gerade für die Caritasarbeit bedürfe es seiner Meinung nach einer kleinen Elite – nicht zuletzt auch aus Männern –, die quasi als Sauerteig missionarisch wirke und auf diese Weise neue Mitarbeiter gewinne. So könne die Pfarrgemeinde „mehr und mehr wahre Liebesgemeinde, lebendige Caritasgemeinde“ und „jeder einzelne Gläubige [...] durch den Dienst am Notleidenden ein Zeugnis für Christus in dieser Welt“ werden. Diese Sendung der Kirche ginge gleichermaßen an die „selbständigen Laienvereinigungen“ wie auch an die „heute mehr denn je“ notwendigen Fachverbände mit ihrer reichen Erfahrung, die unsere ehrenamtlichen und hauptamtlichen Helfer und Helferinnen schulen und immer wieder neu vom Religiösen, vom Berufsethischen und vom Berufsfachlichen her an ihre Aufgaben heranführen.“ Klar müsse jedoch sein, dass „für alle [...] der Altar der Mittelpunkt der Arbeit“ bleibe.[4]

4 Heinrich Tellen, Vinzenzkonferenz und Bezirkshelfersystem in der Pfarrcaritas, in: Unsere Seelsorge. Wegweisung und Mitteilungen für Seelsorge und Laien-Apostolat im

Das Wirken Heinrich Tellens an der Spitze des Diözesancaritasverbands war nicht nur eng mit den Beschlüssen des von 1962 bis 1965 stattfindenden Zweiten Vatikanischen Konzils, sondern auch mit dem Wechsel der Bistumsleitung verknüpft. Denn mit Joseph Höffner war 1962 ein Geistlicher zum Bischof von Münster ernannt worden, der zuvor ein Jahrzehnt in der Nachfolge Franz Hitzes und Heinrich Webers den Lehrstuhl für Christliche Sozialwissenschaft inne gehabt und in beratender Funktion die Sozialpolitik der Adenauer-Regierungen beeinflusst hatte. So wird Übereinstimmung darüber bestanden haben, dass die traditionellen caritativen Strukturen in Anbetracht der sich teilweise drastisch verändernden gesellschaftlichen, sozialpolitischen und kirchlichen Rahmenbedingungen eines Wandels bzw. Ausbaus bedurften. Dabei begrüßten beide die Möglichkeiten des BSHG und des JWG und stellten sich offensiv dem damit verbundenen Wettbewerb mit den anderen Trägern der freien Wohlfahrtspflege.

Auf dieser Grundlage kristallisierten sich einige Unterstützungsbereiche heraus, die Diözesancaritasdirektor Tellen besonders am Herzen lagen und die er innovativ vorantrieb, ohne nur die „caritative Brille" aufzuhaben. Ende der 1950er Jahre beschrieb er etwa die Altenhilfe als „drängende Zeitaufgabe", da die Familien und die moderne Gesellschaft immer weniger in der Lage seien, der zunehmenden Zahl älterer Menschen Heimat und Geborgenheit zu geben. Um das Versagen der „organischen Altenhilfe" in Familie und Nachbarbarschaft aufzufangen, müsse die Caritas „mit aller Kraft die institutionelle Altenhilfe" entwickeln. Neben den Hausbesuchen der Vinzenzbrüder und Elisabethfrauen gelte es, die pflegerischen Hilfsangebote zu verstärken, zumal die hier von den Familienpflegerinnen geleistete Arbeit an ihre Grenzen stieß. Vor allem in den Großstadt-Pfarreien müssten „Alten-Klubs, Alten-Tagesstätten, Häuser der Offenen Tür für alte Menschen" geschaffen werden. Schließlich sei es dringend erforderlich, zu den 125 Altersheimen mit gut 4.000 Plätzen im NRW-Teil der Diözese „neue Altenheimplätze und besonders auch Plätze in Heimen für Pflegebedürftige" einzurichten. „Das Problem der alten Leute ist viel ernster und brennender, als die meisten von uns ahnen. Altenhilfe aber soll vor allem ‚Lebenshilfe' werden. Deshalb ist unsere Verantwortung so groß, daß wir die kirchliche Trägerschaft für die

Bistum Münster, Nr. 1 v. Jan. 1959, S. 4 u. ders., Caritas, in: ebd, Nr. 2 v. März 1959, S. 10.

Altenhilfe erhalten und ausbauen."[5] Während der nachfolgenden Jahre hielt Direktor Tellen hartnäckig an dieser Programmatik fest.

Wenn schon der hier geforderte Aus- und Umbau der Altenhilfe mit beträchtlichen Investitionen verbunden war, galt dies ebenso für zahlreiche andere Bemühungen auf kirchlichem und caritativem Feld. Z. B. plante die Bistumsleitung, weitere neue Kirchen zu errichten, um die großen, durch die Zuwanderung stark gewachsenen Pfarreien in überschaubarere Einheiten zu teilen. Dazu gehörten auch neue Gemeinde-Zentren und Kindergärten. Wie an anderer Stelle beschrieben, stellte der medizinische Fortschritt die Krankenhäuser vor neue Anforderungen an Gebäuden und Einrichtungen. Nicht umsonst hatte bereits die Diözesan-Synode von 1958 die Gründung einer kirchlichen „Genossenschaftsbank" angeregt, um eine günstige sowie solidarische Finanzierung dieser und anderer Vorhaben zu gewährleisten.

Es war Diözesancaritasdirektor Tellen, der gemeinsam mit Dompropst Wilhelm Gertz, Leiter der Abteilung Verwaltung und Finanzen im Bischöflichen Generalvikariat, das Projekt vorantrieb. Es musste viel Überzeugungsarbeit geleistet werden, bis Anfang 1961 die Gründungsversammlung der „Darlehnskasse der Kirchengemeinden und kirchlichen Einrichtungen im Bistum Münster eGmbH" (DKM) stattfinden konnte. Fortan übernahm das Institut die Geldgeschäfte für seine Mitglieder aus katholischen Kirchengemeinden und Verbänden, kirchlich-caritativen Stiftungen und Einrichtungen sowie aus Orden, Gesellschaften und Vereinen im Diözesangebiet. „Maßgebend soll hierbei nicht die Erzielung von Gewinnen, sondern die Ordnung und Hebung der wirtschaftlichen Verhältnisse der Mitglieder, der Ausbau von Wohlfahrtseinrichtungen und die Linderung von Notständen sein mit dem Ziele, durch Behebung von wirtschaftlichen und materiellen Schäden zur geistigen und sittlichen Hebung und Festigung schwacher Volksteile beizutragen." Erster Vorstandsvorsitzender der DKM wurde Heinrich Tellen.[6]

Als zu Beginn der 1960er Jahre die Behindertenhilfe vermehrt in den Fokus sozialpolitischer Diskussionen rückte und Veränderungen angemahnt wurden[7], ergriff Direktor Tellen u.a. schon früh die Initiative in Richtung offener und halboffener Hilfsangebote. Ein großes Anliegen war ihm die Einrichtung

5 Heinrich Tellen, Die christliche Sorge um die alten Menschen, in: ebd., Nr. 3 v. Mai 1959, S. 13ff.

6 Gründungssatzung v. 24. Jan. 1961, zit. n. 50 Jahre DKM. 1961–2011, hg. v. d. DKM, Münster 2011, S. 9f.

7 Vgl. Lebensbild Bernhard Tryba.

Abb. 30: Kindergarten als wichtige pfarrliche Aufgabe: Mädchen im Kindergarten Emilienhaus der Kirchengemeinde St. Joseph in Münster (1960er Jahre).

von Tagesstätten für Kinder mit einer geistigen Behinderung, zumal hier „aus rein innerweltlichen und humanistischen Motiven tätige Kreise", wie er den Verein „Lebenshilfe" beschrieb, der Caritas „längst den Rang abgelaufen" hätten.[8] 1964 ergab sich für den Diözesancaritasverband in seiner Kinderheilstätte Nordkirchen die Gelegenheit, konkret zu handeln.[9]

Denn die ursprüngliche Zweckbestimmung der Einrichtung, die in der Behandlung tuberkuloseerkrankter Kinder lag, hatte immer mehr an Bedeutung verloren, sodass eine andere Nutzung notwendig wurde. Zunächst auf einer abgetrennten Etage konnten in Abstimmung mit dem Gesundheitsamt und dem Landschaftsverband nach und nach 40 geistig behinderte Kinder aus dem Kreis Lüdinghausen in einer Tagesstätte betreut werden. Schon bald vergrößerte sich das Einzugsgebiet auf die Kreise Coesfeld und Beckum. Da für die jetzt auch aus weiter entfernt liegenden Gegenden kommenden Kinder die An- und Abreise zu beschwerlich war, richtete man bis 1968 bei 180 Gesamtplätzen zudem ein so genanntes „5-Tage-Internat" und schließlich

8 Heinrich Tellen, Tun wir genug für die körperlich und geistig Behinderten?, in: Caritasblätter für das Bistum Münster 15 (1964), S. 217.

9 Zur Kinderheilstätte vgl. Lebensbild Prälat Joseph Tenspolde.

neben einer Diagnoseabteilung und einem familienentlastenden Dienst mit jeweils zehn Plätzen auch 40 Dauerpflege-Plätze ein. Perspektivisch nannte Direktor Tellen die Notwendigkeit, außerdem Fördermöglichkeiten für die dem Kindesalter entwachsenen Betreuten schaffen zu müssen.[10]

Schließlich baute Prälat Tellen, der 1964 zum Päpstlichen Geheimkämmerer ernannt worden war, mit großem Einsatz die Entwicklungs- bzw. Auslandshilfe des Diözesancaritasverbands Münster auf. Hier war Paul Kasper, den er im gleichen Jahr als Referent vor allem für dieses Feld und die Öffentlichkeitsarbeit gewinnen konnte, die treibende Kraft. Der Verband übernahm etwa die Patenschaft über den Algerischen Caritasverband und sandte 1965 erstmals Hilfsgüter – darunter auch die Ausstattung für 150 Nähstuben – nach Nordafrika, wobei Prälat Tellen den Transport begleite. Auf dem Rückweg machte die Delegation in Rom Station und besuchte Caritas Internationalis. Zwei Jahre später schuf er in Zusammenarbeit mit dieser Institution und dem DCV in Münster ein Katastrophenlager, um Hilfsgüter in die Notgebiete der Welt zu versenden. Nachdem dies zeitgleich auch an fünf anderen Orten geschehen war, konzentrierte sich die Lagerhaltung dann immer mehr auf Münster.

Neben diesen nur kurz beschriebenen Initiativen des Diözesancaritasverbands bildete vor allem der Auf- bzw. Ausbau der örtlichen Caritasverbände, der an anderer Stelle beschrieben ist[11], einen wesentlichen Schwerpunkt der Bemühungen Prälat Tellens. Aber auch in den anderen caritativen Feldern sah er sich auf Grund der vielfältigen Veränderungen immer wieder in unterschiedlicher Weise gefordert. Quasi fachbereichsübergreifend blieb bei kontinuierlich wachsendem Bedarf an Pflegekräften und Mitarbeitern in der Sozialen Arbeit auch in den 1960er Jahren die große Personalnot ein Dauerthema. 1959 hob er zwar noch die hohe Zahl der Ordensschwestern – von einer Krise der Gemeinschaften ging er nicht aus – und der Schwesterschülerinnen hervor, mahnte jedoch die weitere Verbesserung der Berufsbedingungen wie etwa den Bau von Schwesternwohnheimen an. Bei den freien Schwestern sei es zudem besonders wichtig, das „Berufsethos zu vertiefen".

Knapp zehn Jahre später benannte Prälat Tellen jedoch den eklatanten Nachwuchsmangel der Ordensgemeinschaften und die damit einhergehende Überalterung der Schwestern in klaren Worten und forderte eine stärkere

10 Über 50 Jahre Caritasverband in der Diözese Münster. Erworbenes bewahren – Künftiges bewältigen, hg. v. DiCV Münster, Münster 1968, S. 18f.

11 Vgl. Lebensbild Bernd Bietmann.

Abb. 31: Algerienbesuch im März 1965: Nähmaschine als symbolisches Geschenk.

Abb 32: Rom-Aufenthalt auf der Rückreise: Prälat Tellen bei der Audienz mit Papst Paul VI.

Besetzung auch der Leitungspositionen mit qualifizierten freien Kräften, die jedoch keine „Lückenbüßerinnen“ sein dürften. Außer den rein zahlenmäßigen Erfordernissen, die sich durch den Rückgang des Ordens- und Priesternachwuchses ergaben, spielten hier nicht nur die vermehrten Möglichkeiten einer qualifizierten Ausbildung, sondern auch die Stärkung der Stellung der Laien durch das Zweite Vatikanische Konzil eine wichtige Rolle.

Dabei müsse aber „der missionarische Dienst am Nächsten in unseren Einrichtungen der Gesundheits-, der Sozial- und der Jugendhilfe ureigenstes Anliegen der Kirche bleiben“ und gleichzeitig die „Sicherstellung der Dienstleistungen […] von der Sorge um die Ordensberufe“ getrennt werden. Schließlich zeigten auch die Erfahrungen mit den jungen Frauen, die ein „Jahr für den Dienst am Nächsten“, dem Vorläufer des Freiwilligen Sozialen Jahres, ableisteten, sowie mit den Jugendlichen, die eine Ausbildung beim Malteser-Hilfsdienst absolvierten – zwischen 1953 und 1967 waren es im Bistum Münster gut 136.000 Mädchen und Jungen –, „daß unsere Jugend den Dienst am Nächsten als etwas wesentlich zum Christsein Hinzugehörendes begriffen hat“.[12] Der Zivildienst erlangte zahlenmäßig erst im Lauf der 1970er Jahre größere Bedeutung, wobei die Stellen im Bereich der Caritas daraufhin vom Diözesancaritasverband verwaltet wurden.

Bis Ende der 1960er Jahre hatte Prälat Tellen also vielfältige Entwicklungen in Richtung Professionalisierung und Ausbau der Caritasarbeit angestoßen. Allerdings musste er feststellen, dass die Strukturen der Geschäftsstelle des Diözesancaritasverbands in Münster nicht Schritt hielten. So genügten manche Verwaltungsabläufe und Referatseinteilungen nicht mehr den deutlich gestiegenen Ansprüchen. Zudem erforderten etwa die vermehrten Schnittstellen mit den örtlichen Caritasverbänden in wirtschaftlichen Fragen verstärkt Kompetenzen. Hier spielte auch die Anfang der 1950er Jahre vollzogene Neuregelung des Kirchensteuereinzugs eine wichtige Rolle. Denn während bis dahin die Pfarrgemeinden eigenverantwortlich Ortskirchensteuern eingezogen und verwandt hatten, behielten jetzt die Finanzbehörden die Steuern per Lohnabzug ein und stellten sie den Diözesen zur Verfügung. Anfangs setzte die münsterische Bistumsleitung diese Diözesan-Kirchensteuer besonders für die Personal-Besoldung und Baumaßnahmen in den Gemein-

12 Heinrich Tellen, Das Problem der sog. freien katholischen Schwestern, in: Unsere Seelsorge, Nr. 4 v. Juli 1959, S. 10 u. ders., Fragen der strukturellen und personellen Planung in unseren caritativen Anstalten, in: Caritasblätter für das Bistum Münster 19 (1968), S. 39ff.

Abb. 33: Prälat Tellen mit Schülerinnen der 1965 neu errichteten Krankenpflegeschule des Marienhospitals in Lünen.

den, im Lauf der 1960er Jahre dann immer mehr für die „zentralisierten und überpfarrlichen Dienste" ein. Neben Bildungseinrichtungen und Schulen wurden vor allem „sozial-caritative Einrichtungen" gefördert.[13]

Prälat Tellen, der neben seinen zahlreichen Ämtern in den caritativen Fachverbänden und den Arbeitsgemeinschaften 1969 auch noch mit der Leitung des Dezernats „Caritas und soziale Dienste" im Generalvikariat betraut und ein Jahr später zum Domkapitular ernannt worden war, zog – auch gesundheitlich angeschlagen – in dieser Situation zukunftsweisende Konsequenzen. Denn ihm war klar, dass der Diözesancaritasverband einen Verwaltungsfachmann mit Erfahrungen im Bereich der Wohlfahrtspflege als Direktor brauchte. Da nur wenige Geistliche einem solchen Anforderungsprofil entsprachen und auch der neue Bischof Heinrich Tenhumberg (1969–1979) und Generalvikar Reinhard Lettmann im Sinne des Konzils die Suche außerhalb des geistlichen

13 Wilhelm Damberg, Abschied vom Milieu? Katholizismus im Bistum Münster und in den Niederlanden 1945–1980, Paderborn u.a. 1997, S. 152–162; vgl. auch Lebensbilder Wilfried Knievel und Bernd Bietmann.

Umfelds unterstützten, konnte mit dem 36-jährigen Stadtoberrechtsrat Ludger Müer erstmals ein Laie mit dieser schwierigen Aufgabe betraut werden. Bislang als stellvertretender Verwaltungschef der Stadt Dülmen tätig, besaß er vielfältige fachliche Voraussetzungen. Anfang 1971 trat er die Nachfolge von Prälat Tellen an, der selbst weiterhin Vorsitzender des Verbands blieb.

Innerhalb kurzer Zeit gelang es beiden, nicht nur die Organisation des Verbands zu reformieren, sondern mit der im September 1971 verabschiedeten neuen Satzung des Diözesancaritasverbands Münster auch die seit 1924 unverändert gültigen Bestimmungen an die aktuellen Rahmenbedingungen anzupassen. In Form eines eingetragenen Vereins galt der Caritasverband für die Diözese Münster nun als vom Bischof von Münster anerkannte und unter seiner Aufsicht stehende institutionelle Zusammenfassung und Vertretung der diözesanen katholischen Caritas. Er gliederte sich in „Bezirks-, Kreis-, Dekanats- und Ortscaritasverbände", wobei sich die „katholischen caritativen Fachverbände und Vereinigungen" den jeweiligen Gliederungen des Diözesanverbands zuordneten. Um sich „allen Aufgaben sozialer und caritativer Hilfe" hinwenden zu können, wurde auch die Möglichkeit zur „Unterhaltung caritativer Einrichtungen" festgeschrieben. Als Organe des Diözesancaritasverbands nannte die Satzung den Vorstand, den Caritasverwaltungsrat und die Vertreterversammlung. Die ersten beiden sollten sich aus Personen zusammensetzen, die entweder vom Bischof ernannt oder vom Kirchensteuerrat bzw. der Vertreterversammlung gewählt wurden.[14] Während der kommenden Jahrzehnte folgten weitere Änderungen der Satzung.

„Er [der Diözesancaritasverband Münster] soll insbesondere

a) Die Werke der Caritas sachkundig anregen und planmäßig fördern,
b) zur Fortentwicklung der sozialen und caritativen Facharbeit und ihrer Methoden beitragen,
c) die Gewinnung, die Aus- und Fortbildung von Mitarbeitern wahrnehmen und unterstützen,
d) eine Abstimmung und Zusammenarbeit mit anderen caritativen Organisationen herbeiführen, besonders bei Maßnahmen von überregionaler Bedeutung,
e) die Öffentlichkeit über Form, Inhalt und Bedeutung der caritativen Arbeit informieren, um so ein besseres Verständnis zu wecken,
f) die Zusammenarbeit mit öffentlichen Institutionen gewährleisten und in Organisationen mitwirken, die sich sozial-caritativen Aufgaben widmen."
(Satzung v. Sept. 1971, § 3, Abs. 3)

14 Satzung des Caritasverbandes für die Diözese Münster e. V. v. 9. Sept. 1971, in: Archiv DiCV Münster.

Die Anstrengungen, die diese entscheidenden Strukturveränderungen auch für Prälat Tellen mit sich brachten, dürften dazu beigetragen haben, dass sich sein Gesundheitszustand weiter verschlechterte. Als er am 28. Mai 1972 mit 57 Jahren starb, hatte nicht zuletzt der Einsatz für die Caritas seinen Tribut gefordert. Wenn der unbekannte, mit dem Verstorbenen offenbar eng in Kontakt stehende Autor seinen Nachruf mit Worten „Die Aufgaben kamen auf ihn zu, weil sein Herz ihnen entgegenkam", die dem hl. Vinzenz von Paul zugeschrieben werden, betitelte, traf dies auch für die letzte Lebensphase des Prälaten zu.[15] Diese Aufgaben erfüllte er zudem mit großer Konsequenz. Z. B. lebte er selbst abstinent, nachdem er 1955 Diözesandirektor des Kreuzbundes geworden war. Seine Art im Umgang mit anderen Menschen, die „des deftigen Humors im Dialekt seiner Heimat selten entbehrte", ließ ihn schnell Kontakt, „sein zielbewußtes, zähes Wirken" kompetente Mitstreiter finden.[16]

Die dafür erforderlichen „geistigen Lebensquellen" Prälat Tellens waren „die Schrift und die Liturgie." Denn er wollte, so die Worte des Nachrufs, der „‚Liebe des Herrn' […] dienen. Darum war ihm die Caritasarbeit nicht nur Hilfe für den Menschen, sondern zugleich Dienst an seinem Heil, Bestandteil der Pastoral. Oder auch: Bergpredigt plus Sachverstand. Noch in seinem letzten Krankenzimmer hat er täglich Hilfe- und Ratsuchende empfangen. Wenn es stimmt, daß nur zählt, was wir ausgegeben haben, Domkapitular Msgr. Heinrich Tellen hat sich wie eine an beiden Enden gleichzeitig brennende Kerze geradezu verzehrt für jene caritativen Belange und Aufgaben, die der Bischof ihm anbefohlen hatte; in einer den Erfordernissen der Zeit aufgeschlossenen Weise; auf seine Art sehr selbständig und zugleich in demütigem Gehorsam gegenüber dem Bischof, in dem er stets den Pater Pauperum sah."[17]

Literatur-Tipps

Traugott Jähnichen u.a. (Hg.), Caritas und Diakonie im „goldenen Zeitalter des bundesdeutschen Sozialstaats. Transformationen der konfessionellen Wohlfahrtsverbände in den 1960er Jahren, Stuttgart 2010.

Andreas Henkelmann u.a. (Hg.), Abschied von der konfessionellen Identität? Diakonie und Caritas in der Modernisierung des deutschen Sozialstaats seit den sechziger Jahren, Stuttgart 2012.

15 Ausarbeitung „Die Aufgaben kamen auf ihn zu, weil sein Herz ihnen entgegenkam, o. Verf. u. J., in: ebd., Ordner Heinrich Tellen.

16 Kessels, Heinrich Tellen, S. 48.

17 „Die Aufgaben", in: Archiv DiCV Münster, Ordner Heinrich Tellen.

Bernhard Tryba

(1922–2009)

Wandel der Behindertenhilfe

„Vorurteile, Intoleranz und offene Ablehnung durch eine unwissende Gesellschaft verurteilten geistig behinderte Kinder und ihre Eltern zu einem Dasein im Abseits." Mit diesen Worten skizzierten Betroffene im Rückblick die Situation junger behinderter Menschen in der ersten Nachkriegszeit, die auch für Erwachsene kaum anders aussah.[1] Wenn die Betreuung in der Familie nicht möglich war, blieb als Folge eines solchen Denkens meist nur die Verwahrung in einer Heil- und Pflegeanstalt, aber z. T. auch in einer anderen Einrichtung.

Die dortigen Verhältnisse waren jedoch auf Grund der Einbußen, die die Anstalten während der NS-Zeit erlitten hatten, baulich und personell völlig unzureichend. Zudem hatten die Maßnahmen der NS-‚Euthanasie' verständlicherweise zu einem großen Vertrauensverlust der Angehörigen gegenüber den Anstalten geführt. Schließlich sorgten zu geringe staatliche Pflegegelder für eine massive Unterfinanzierung der Häuser.

Dem entsprach die lange Zeit vorherrschende Sichtweise innerhalb der Gesellschaft, die meist nur auf die Defizite des Behinderten gerichtet und nicht selten diskriminierend war und ihn „als das letztgültig Andere und Besondere" fasste.[2] Außerdem wurde Behinderung meist nach wie vor an der Fähigkeit fest gemacht, am Erwerbsleben teilnehmen zu können. So galt Rehabilitation als (Rück-)Gewinnung gesundheitlicher wie beruflicher Leistung.

Auch auf Seiten der Caritas im Bistum Münster beschränkte sich die Unterstützung behinderter bzw. psychisch kranker Menschen weitgehend auf die Angebote der Heil- und Pflegeanstalten. Der „Anstaltsführer" von 1955 nennt für den NRW-Teil der Diözese neben dem Benediktus- und Bernardushof in Maria Veen als Häuser für Körperbehinderte, Haus Kannen in Amelsbüren bei Münster und das St.-Rochus-Hospital in Telgte schwerpunktmäßig für Menschen mit einer psychischen Erkrankung. Haus Hall in Gescher und das

1 Berthold Budde (Bearb.), 50 Jahre Lebenshilfe. Aufbruch – Entwicklung – Zukunft, hg. v. d. Bundesvereinigung Lebenshilfe für Menschen mit geistiger Behinderung, Marburg 2008, S. 12f.

2 Elsbeth Bösl, Politiken der Normalisierung. Zur Geschichte der Behindertenpolitik in der Bundesrepublik Deutschland, Bielefeld 2009, S. 127.

Kloster St. Bernardin in Hamb/Kapellen am Niederrhein nahmen sich vorwiegend Menschen mit einer geistigen Behinderung an, wobei sie auch eigene Hilfsschulen vorhielten. Im Stift Tilbeck waren sowohl psychisch kranke als auch geistig behinderte Frauen untergebracht. Alle Anstalten besaßen mehr oder weniger große landwirtschaftliche Betriebe, in denen viele Bewohner arbeiteten. Dabei gab es zwar arbeitstherapeutische Ansätze, aber letztlich dienten die Ökonomien vor allem der möglichst weitgehenden Eigenversorgung. Gleiches galt etwa für die eigene Schuhmacherei oder Schreinerei.[3]

Viele Menschen mit einer geistigen Behinderung lebten jedoch ohne Möglichkeiten zur schulischen oder beruflichen Betätigung im elterlichen Haushalt. Vor diesem Hintergrund gründeten 1958 betroffene Eltern und Pädagogen den Verein „Lebenshilfe für geistig Behinderte", der sich fortan für den Aufbau von Sonderschulen und Werkstätten außerhalb der Anstalten einsetzte. Mit dem BSHG von 1961 erhielten solche Bemühungen dann auch eine rechtliche Basis. Bezeichnender Weise wurden behinderte Menschen jetzt im Rahmen der so genannten Eingliederungshilfe in den Anstalten untergebracht.

1962 führte Hessen als erstes Bundesland die Schulpflicht für Menschen mit einer schweren geistigen Behinderung ein, 1966 folgte NRW. Damit waren in den Heimsonderschulen meist eine Differenzierung in Klassen für Lernbehinderte und für „Praktisch Bildbare" wie auch vermehrte kommunale Initiativen zur Gründung neuer Sonderschulen verbunden. Das Arbeitsförderungsgesetz von 1969 stellte einen entscheidenden Meilenstein für die individuelle berufliche Förderung behinderter Menschen dar. In seiner Folge entstanden etwa Berufsbildungswerke und Beschützende Werkstätten. Darüber hinaus riefen z. B. die mediale Berichterstattung über die Contergan-Affäre oder die 1964 ins Leben gerufene „Aktion Sorgenkind" ein größeres öffentliches Interesse am Leben behinderter Menschen hervor. Forderungen nach mehr Freiheit und Individualität sowie Selbstbestimmung und Pluralisierung fanden auf diesem Weg immer stärker Gehör.

Allerdings änderte sich der konkrete Alltag der Betroffenen nur langsam, stand ihre breite gesellschaftliche Anerkennung weiterhin aus. Immerhin bevorzugten noch Anfang der 1970er Jahre in einer bundesweiten repräsentativen Umfrage zwei Drittel der Bevölkerung die Heimunterbringung geistig be-

3 Die caritativen Anstalten im Bistum Münster, hg. v. DiCV Münster, Bd. 1, Münster 1955, S. 155–162; vgl. auch Lebensbild Prälat Ernst Laackman.

hinderter Kinder gegenüber einem Leben im familiären Umfeld. Noch größer war die Zustimmung zu einer abgeschiedenen Lage dieser Anstalten. Menschen mit psychischen, geistigen und schweren körperlichen Behinderungen galten auch noch Ende der 1960er Jahre für weite Teile der deutschen Bevölkerung als Fremde, die möglichst außerhalb der gesellschaftlichen Bezüge zu betreuen waren.[4]

Bis auf Aktivitäten der „Lebenshilfe" fehlten zudem immer noch Tagesstätten oder Übergangsheime außerhalb von Familie und Anstalt. Daher blieb die Auslastung der Anstalten hoch oder nahm sogar zu, zumal viele behinderte Menschen, die mit der notwendigen Unterstützung auch ein eigenständigeres Leben hätten führen können, notgedrungen in Anstalten leben mussten. In Anbetracht des Mangels an Anstaltsplätzen kam es außerdem zu Fehlplatzierungen von behinderten Menschen in Altenheimen oder Psychiatrien. Noch 1973 waren bundesweit fast 17.500 Menschen mit einer geistigen Behinderung in psychiatrischen Einrichtungen untergebracht.[5]

Allerdings gerieten im Lauf der 1960er Jahre nicht nur die oftmals völlig unzureichenden Betreuungsverhältnisse in den Anstalten, sondern auch ihre grundsätzliche Ausrichtung vermehrt in die Kritik. „Nicht allein die erschreckende Dürftigkeit und die ghettoartigen Strukturen vieler Anstalten machten in den Augen der Kritiker deren Fragwürdigkeit aus. Als Institutionen, deren Spielregeln den Ablauf und Rhythmus des Alltags diktierten, erschienen sie vielen auch als ein Ort ‚erlernter Hilflosigkeit'."[6]

Hier setzten wesentlich die in den 1970/80er Jahren vorgenommenen Verbesserungen der Betreuungsarbeit an. Durch die Verkleinerung der Gruppen auf in der Regel zwölf Bewohner, die Schaffung von Wohngruppen außerhalb der Kerneinrichtung, die Zunahme von Werkstätten für Menschen mit Behinderung (WfB) für interne und externe Beschäftigte wie auch die Einstellung etwa von Freizeitpädagogen wurden wichtige Grundlagen geschaffen. Gleichzeitig bemühten sich viele Einrichtungen um eine größere gesellschaftliche Integration ihrer Bewohner.

4 Wilfried Rudloff, Das Ende der Anstalt? Institutionalisierung und Deinstitutionalisierung in der Geschichte der bundesdeutschen Behindertenpolitik, in: Elsbeth Bösl/Anne Klein (Hg.), Disability History. Konstruktionen von Behinderung in der Geschichte. Eine Einführung, Bielefeld 2010, S. 172f.

5 Ebd., S. 172.

6 Ebd., S. 176.

Diese Entwicklung war für die Caritas im niederrheinischen Bereich des Bistums Münster eng mit Bernhard Tryba verbunden. Zwischen 1968 und 1990 legte er – zunächst als eine Art Pionier unter sehr einfachen Bedingungen – die Basis für die heutige „Caritas Wohn- und Werkstätten Niederrhein gGmbH", die 2015 mit ca. 650 Mitarbeitern rund 1.200 Frauen und Männer in Werkstätten für behinderte Menschen, 400 Menschen in Wohnheimen, fast 130 Menschen im Betreuten Wohnen und rund 120 Fälle im Familienunterstützenden Dienst betreute. Sein Lebensbild vermittelt einen Einblick in die Möglichkeiten und Schwierigkeiten der Behindertenhilfe während dieser gut zwei Jahrzehnte und zeigt nochmals das Engagement des Diözesancaritasverbands Münster auf diesem Feld.

Lebensbild

Bernhard Tryba war ein Kind des Ruhrgebiets. 1922 in Walsum im Kreis Dinslaken (heute Duisburg) geboren, wuchs er zusammen mit einer Schwester auf. Der Vater war aus dem in Pommern gelegenen Kaschuben ins Ruhrgebiet gekommen und nach der Geburt der Kinder früh gestorben. Bernhard Tryba ging in Walsum zur Volksschule und machte danach eine Autoschlosser-Lehre. Während dieser Jahre prägte ihn die Jugendarbeit in seiner Heimatgemeinde St. Josef in Walsum-Aldenrade und in der Sturmschar, die die Nationalsozialisten immer stärker einschränkten. Den Zweiten Weltkrieg erlebte er fast über die gesamte Dauer und auch in Russland als Soldat.

Nach Kriegsende machte Bernhard Tryba die (kirchliche) Jugendarbeit, die insgesamt stark aufblühte, zum Beruf. Von 1946 bis 1950 wirkte er als Jugendleiter im Kreis Dinslaken bzw. als Dekanatsjugendleiter und kümmerte sich vor allem um die aus den deutschen Ostgebieten geflohenen oder vertriebenen, jetzt in Lagern lebenden jungen Menschen. Zudem absolvierte er in Dortmund die Ausbildung zum Jugendwohlfahrtspfleger an der 1948 in Trägerschaft der Stadt und des Provinzialverbands ins Leben gerufenen Jugendwohlfahrtsschule. Nach seiner Heirat im Jahr 1948 wuchs die Familie durch die Geburt von fünf Söhnen kontinuierlich.

1951 wurde Bernhard Tryba Leiter der in Essen neu gegründeten Heimstatt der Christlichen Arbeiterjugend (CAJ). Die in den 1920er Jahren vom belgischen Arbeiterpriester Joseph Cardijn (1882–1967) ins Leben gerufene Bewegung wollte benachteiligte Jugendliche weiterbilden, damit sie in der Gesellschaft Verantwortung tragen können. In der Essener Einrichtung wohnten heimatlose junge Männer für ein Jahr und erhielten unterschiedliche Förderungen.

1955 wechselte Bernhard Tryba zum Berglehrlingsheim Asterlagen in den Süden des Kreises Moers. Drei Jahre zuvor hatte der Ortspfarrer den Verein Heimstatt Asterlagen gegründet, in dessen Trägerschaft das Heim neu errichtet worden war. Es bot Platz für 70 Jungen, die, in weiterer Entfernung von ihren Heimatorten, an den in der Nähe des Heims gelegenen Zechen eine Ausbildungsstelle gefunden hatten. Gemeinsam mit seiner Ehefrau und seinen Kindern wohnte Bernhard Tryba ebenfalls in dem Gebäude, wo sich das „Heimelternehepaar" mit Unterstützung einiger Mitarbeiterinnen „zusammen mit dem Vorstand und dem Heimseelsorger um die Jungen" bemühte und versuchte, „ihnen das Elternhaus zu ersetzen und sie über die leibliche Betreuung hinaus zu ganzen und charakterfesten, christlichen Persönlichkeiten heranzubilden".[7]

Seit 1964 wurden im Berglehrlingsheim auch türkische Jugendliche untergebracht. Als Mitglied des Sozial- und Jugendwohlfahrtsausschusses der Stadt Rheinhausen setzte sich Bernhard Tryba zudem für den Austausch deutscher und türkischer Jugendlicher ein. Sein ehrenamtliches sozial-caritatives Engagement umfasste darüber hinaus die Geschäftsführung des Heimstatt Asterlagen e. V. und des 1964 von ihm mitbegründeten Caritasverbands Rheinhausen. Ebenso war er am Aufbau des 1969 ins Leben getretenen Caritasverbands Moers-Xanten beteiligt.

Allein schon auf Grund dieser Ämter kam Bernhard Tryba regelmäßig in Kontakt mit Prälat Heinrich Tellen, zumal dieser seit 1953 Vorsitzender des Vereins Heimstatt Asterlagen war. Prälat Tellen gehörte, wie gesehen, außerdem zu den Caritasvertretern, die schon früh den Wandel innerhalb der Behindertenhilfe forcieren und dabei die eigenen Angebote der halboffenen und offenen Versorgung ausbauen wollten.[8]

Jedenfalls ergriff Prälat Tellen Mitte der 1960er Jahre die Initiative, als sich in Rumeln-Kaldenhausen die Möglichkeit zur Einrichtung einer Beschützenden Werkstatt ergab. Hier stand in absehbarer Zeit das britisch-deutsche Eingliederungszentrum für Flüchtlinge zur anderweitigen Nutzung zur Verfügung, da der gleichnamige, 1961 von britischen, belgischen und deutschen

7 Die caritativen Anstalten im Bistum Münster, Bd. II, S. 137.
8 Vgl. Lebensbild Prälat Heinrich Tellen.

Wohlfahrtsverbänden in Düsseldorf gegründete Verein sein Engagement auslaufen ließ. Das Eingliederungszentrum bestand aus Baracken, in denen der Verein Vertriebenen u.a. mit eigenen Werkstätten Umschulungsmöglichkeiten anbot, um ihnen die berufliche und soziale Integration in die neue Lebenswelt zu erleichtern.

Der münsterische Caritasdirektor Volkmann war einer von zwei Vorstandsmitgliedern des Vereins, was die weiteren Verhandlungen zur Übernahme des Zentrums durch den Diözesancaritasverband positiv beeinflusst haben dürfte.[9] Unter Umständen spielte für die Wahl des Standortes auch eine Rolle, dass es im damaligen Kreis Moers keine Einrichtungen gab, die für dieses Betreuungsfeld eine Perspektive eröffnet hätten. So konnte mit dem Kreisdirektor vereinbart werden, im Eingliederungszentrum insgesamt 50 Arbeitsplätze für behinderte Menschen zu schaffen. Auch gewann Prälat Tellen in Bernhard Tryba den entscheidenden Mitstreiter, der bereit war, dieses Pionierprojekt voranzutreiben.

Am 1. Juli 1968 begann Bernhard Tryba in der neuen „Eingliederungs- und beschützenden Werkstatt" mit sieben Personen aus dem Kreis Moers die Arbeit, Ende des Jahres waren es bereits 14. Rückblickend betonte Bernhard Tryba, dass er seine neue Aufgabe, die ihn schon bald „stärker erfüllte als jede andere zuvor", zwar „mit gutem Herzen, aber wenig Erfahrung" anging.[10] Mit dieser starken Motivation und dem ihm eigenen langen Atem baute er die Werkstatt trotz teilweise großer Schwierigkeiten kontinuierlich aus. 1970/74 konnten an Krankenhäusern in Kamp-Lintfort und Moers landschaftsgärtnerische Außengruppen mit der Arbeit anfangen, 1972 kamen weitere Arbeitsplätze im ehemaligen Kindergarten in Asterlagen hinzu und 1974 eröffnete für zwei Jahre im ehemaligen Lüllinger Schulgebäude im Kreis Geldern eine Zweigstelle.

Das im gleichen Jahr erlassene Schwerbehindertengesetz dürfte dabei nochmals für einen Schub gesorgt haben. Denn es beschrieb die WfBs als Einrichtungen zur Eingliederung behinderter Menschen ins Arbeitsleben. Denjenigen, die wegen der Art und Schwere ihrer Behinderung nicht, noch nicht oder noch nicht wieder auf dem allgemeinen Arbeitsmarkt Beschäfti-

9 Zu Caritasdirektor Volkmann vgl. Lebensbild Prälat Theodor Holling.

10 „Werkstatt für Behinderte soll nach Rheinkamp", in: Rheinische Post v. 11. Febr. 1972; Martin Plüm, Teilnehmen, lachen und schimpfen. 21 Jahre Caritas Behinderten Werkstätten, in: Jahrbuch Freundeskreis lebendige Grafschaft. Beiträge zur Heimat- und Kulturpflege 6 (1989/90), S. 43.

gung fanden, sollten die Werkstätten eine ihrer Leistungsfähigkeit angepasste Arbeit bieten und so ihr Leben bereichern. Das in den WfBs tätige Personal benötigte daher auch eine pädagogische Qualifikation. Das Gesetz schrieb auch die staatliche Anerkennung als WfB vor.

Zudem galt es für die Träger der Werkstätten, in gemeinsamer Absprache verbindliche Einzugsgebiete festzulegen. Hier war zu berücksichtigen, dass sich durch die Anfang 1975 abgeschlossene kommunale Gebietsreform in NRW wichtige Änderungen ergaben. So gelangte der Kreis Moers weitgehend zum neuen Kreis Wesel, wobei die Städte bzw. Gemeinden Homberg, Rheinhausen und Rumeln-Kaldenhausen fortan zur Stadt Duisburg gehörten. Der Kreis Geldern ging in den Kreis Kleve auf.

Trotz dieser Initiativen war den Verantwortlichen klar, dass die WfB in Rumeln-Kaldenhausen, in der etwa Kartonagen oder Spielzeuge und Haushaltswaren in Serie gefertigt sowie Kabelsätze hergerichtet wurden, weder die ausreichende Größe noch die erforderlichen Standards besaß. Daher erwarb der Diözesancaritasverband Münster bereits 1971 von der nahe der Stadt Moers gelegenen Gemeinde Rheinkamp ein Grundstück, das zu einem ausgewiesenen Gewerbegebiet zählte.

Die Finanzierung der für den Werkstatt-Neubau mit seinen 180 Plätzen veranschlagten 4 Mio. DM gestaltete sich vor dem Hintergrund der ersten Ölkrise jedoch äußerst schwierig. Zwar hielten Träger und Kreis Wesel ihren Anteil von zusammen 800.000 DM weiter vor, aber das Land und die Arbeitsverwaltung verzögerten die Verwirklichung ihrer Zusagen immer weiter.

Als die Verhältnisse in den Rumelner Baracken kaum noch zu verantworten waren – mittlerweile mussten die Decken abgestützt und im Winter eine nur unzureichende Heizleistung hingenommen werden –, mobilisierte Bernhard Tryba die Öffentlichkeit, zumal in Duisburg, Kleve und Rees Neubau-Maßnahmen für Werkstätten anderer Träger finanziert wurden. So wies er 1976 in einem Fernsehbeitrag, der die katastrophalen Verhältnisse anschaulich zeigte, auf die mangelnde Unterstützung hin und organisierte zudem massive Elternproteste.

Nachdem daraufhin die Finanzierung gesichert und die Baugenehmigung erteilt waren, begannen im Mai 1978 die Bauarbeiten. Dennoch zog die Werkstatt im gleichen Jahr für den Übergang von Rumeln in eine 3.000 Quadratmeter große Gewerbehalle nach Kamp-Lintfort, ehe 1980 der Neubau mit 120 Plätzen unter dem Namen „Caritas Werkstätten Niederrhein“ in Betrieb genommen werden konnte.

Abb. 34: Überziehen von Isoliertüllen in der Beschützenden Werkstatt.

Abb. 35: Arbeit unter einfachen Verhältnissen in Rumeln-Kaldenhausen.

Bernhard Tryba stellte sich aber nicht nur den großen Problemen, die mit dem Aufbau der Caritas Werkstätten Niederrhein verbunden waren, sondern vertrat auch nachdrücklich ihre spezifische Ausrichtung. Denn WfBs standen und stehen in der Spannung, auf der einen Seite auch für schwerstbehinderte Menschen mit dem entsprechenden Hilfebedarf und notwendigen langen Pausen angemessene Arbeitsplätze zu bieten, aber andererseits im „kallhart[en]" Wettbewerb zu „normalen" Betrieben zu stehen.

Während ein Betrieb der freien Wirtschaft etwa Arbeiten „mit 20 Mann schafft, das wird hier mit 40 oder 50 Leuten produziert", wie Bernhard Tryba darlegte. Dadurch entstehe „allerdings eine Solidargemeinschaft, in der die Leistungsfähigen für ihre schwerbehinderten Kollegen mit aufkommen". Letztlich gehe es darum, dass auch schwerer behinderte Menschen in der Werkstatt „teilnehmen, lachen und auch mal schimpfen" könnten. Gerade wirtschaftliche Krisenzeiten, die Deutschland z. B. Mitte der 1970er Jahre erfassten, erforderten besonderes strategisches Denken und bei der Auftragsakquise gegenüber den Kunden, zu denen durchaus auch Firmen wie AEG, Ford oder Daimler zählten, besondere Überzeugungskraft. Schließlich setzte sich Bernhard Tryba sowohl für eine leistungsorientierte als auch ausreichende Entlohnung seiner Beschäftigten ein, damit sie nicht mehr auf Sozialhilfe angewiesen wären.[11]

„In der freien Wirtschaft ist das Produkt vorgegeben, die Menschen aber sind, wie wir bei Krupp hautnah erleben müssen, austauschbar. Bei uns in den Caritas-Werkstätten hingegen sind die Menschen vorgegeben und dafür das Produkt beliebig austauschbar." (Aussage Bernhard Trybas, zit. n. Martin Plüm, Teilnehmen, lachen und schimpfen. 21 Jahre Caritas Behinderten Werkstätten, in: Jahrbuch Freundeskreis lebendige Grafschaft. Beiträge zur Heimat- und Kulturpflege 6 (1989/90), S. 43)

Darüber hinaus erkannte Bernhard Tryba schon früh, dass neben der Arbeit und den Freizeitangeboten für behinderte Menschen – hier warb er dafür, sie „aus ihrem Getto zu lösen"[12] und baute 1978 die Zweigstelle in Geldern-Lüllingen in eine Freizeit- und Begegnungsstätte um – vor allem ihre Wohnsituation verbessert werden müsse. Immer wieder beobachtete er, wie Beschäftigte der WfB, die nicht länger bei den Eltern oder anderen Angehörigen wohnen

11 Plüm, Teilnehmen, lachen und schimpfen, S. 43.
12 „In der Freizeit isoliert", in: Rheinische Post, Moers v. 8. Dez. 1973.

konnten, meist in das bei Kleve gelegene Landeskrankenhaus Bedburg-Hau kamen. Durch Wohnheime wollte er ihnen dagegen ein selbstständiges Leben im Rahmen der gesellschaftlichen Bezüge ermöglichen. Daher ergriff er die Gelegenheit, als sich Mitte der 1970er Jahre für das Berglehrlingsheim Asterlagen eine Umnutzung abzeichnete. 1977 zogen dann die ersten Bewohner in das „Behindertenwohnheim Asterlagen", und 1980 nahm Bischof Reinhard Lettmann die offizielle Einweihung und gleichzeitige Umbenennung in „Heinrich-Tellen-Haus" vor, das zunächst 32, dann 40 Bewohnern ein Zuhause gab.

In den nachfolgenden zehn Jahren entwickelte Bernhard Tryba gemeinsam mit dem Diözesancaritasverband Münster, der nicht nur die Letztverantwortung trug, sondern auch die intensive fachliche Beratung gewährleistete, die „Caritas Wohn- und Werkstätten Niederrhein" (CWWN) weiter fort. So konnten 1982 nach dem Abschluss eines längerfristigen Mietvertrags und umfangreichen Umbauarbeiten die Zweigstelle der WfB in Kamp-Lintfort und in der Moerser Werkstatt der zweite Bauabschnitt für weitere 60 Plätze eingeweiht werden. 1986 ging in Rheinhausen eine neue Zweigstelle der WfB mit einer KfZ-Abteilung in Betrieb, die seit 1990 schwerpunktmäßig psychisch kranke Menschen betreute.

In den leerstehenden Hallen einer ehemaligen Fensterfirma in Rheinhausen, die 1986 angemietet worden waren, entstanden auf 7.000 Quadratmetern Fläche bis 1991 nach einem aufwändigen Umbau 400 neue Arbeitsplätze. Diese neue „Werkstatt 2000" besaß Modell-Charakter: Im Gegensatz zu den vormals tristen Fabrikhallen gewährten vor allem die beiden neuen Lichthöfe ein „helles" Arbeitsklima, das zudem durch die eigene Großküche und schon bald durch die neue CWWN-Sporthalle weiter gefördert wurde. Darüber hinaus setzten die Verantwortlichen auch im technisch-wirtschaftlichen Bereich auf Innovationen. So diente der ehemalige Späneturm jetzt der eigenen Energieversorgung, und auch der Maschinenpark, der z. B. der Schreinerei zur Verfügung stand, erfüllte modernste Ansprüche. Diese Voraussetzungen entsprachen der Einschätzung Bernhard Trybas, sich „stets auf´s Neue" die „Nischen auf dem Markt" suchen zu müssen. Nun konnten etwa auch Aufträge für Mikroverfilmungen eingeholt werden.

Im Bereich Wohnen entstanden in Kamp-Lintfort (1983) und Moers (1986) spezielle Wohngruppen für Schwerstmehrfachbehinderte. Ebenfalls 1986 wurde nach Umbaumaßnahmen das ehemalige Issumer Krankenhaus unter dem Namen St.-Josefs-Haus als Wohnheim mit 24 und drei Jahre später mit weiteren 16 Plätzen in Betrieb genommen. Eine neue Wohnanlage am Heinrich-Tellen-Heim bot seit 1987 in vier speziellen Wohntrainingsgruppen Platz für 16 behinderte Menschen.

Ende der 1980er Jahre begannen Verhandlungen, die 1993 zur Übernahme des Klosters St. Bernardin in Sonsbeck-Hamb in Trägerschaft des Diözesancaritasverbands Münster führten. In der Einrichtung, die Mitte des 19. Jahrhunderts von den Franziskanerinnen von der Buße und christlichen Liebe (Provinzhaus Lüdinghausen) gegründet worden war, lebten 200 behinderte Frauen. Die Ordensgemeinschaft sah sich jedoch nicht mehr in der Lage, die in St. Bernardin notwendigen Umstrukturierungen dauerhaft durchzuführen. Diese, bis ins neue Jahrtausend reichende Aufgabe ging die CWWN konsequent an. Darüber hinaus konkretisierten sich die Planungen für die Errichtung einer Außenwohngruppe des Marienheims in Issum mit 10 bis 15 Plätzen und eines Wohnheims in Moers mit 40 Plätzen – letzteres wurde 1993 als Kardinal-von-Galen-Haus bezogen.

Im Februar 1990 ging Bernhard Tryba in den beruflichen Ruhestand. Aus den bescheidenen Anfängen in den Baracken des Eingliederungszentrums in Rumeln-Kaldenhausen war die CWWN mit ca. 650 Beschäftigten in den verschiedenen Werkstätten und 140 Wohnheimplätzen für Menschen mit einer Behinderung geworden, die zusammen von rund 200 Mitarbeitern betreut wurden. In der aus diesem Anlass veröffentlichten Presseerklärung hieß es, dass dieser Stand „nur durch seine Tatkraft und sein Engagement“[13] erreicht werden konnte. Diese Einsatzbereitschaft auf sozial-caritativem Feld hatte bereits 1989 durch die Verleihung des Bundesverdienstkreuzes eine besondere Würdigung gefunden.

Bernhard Tryba wird die weitere Entwicklung der CWWN verfolgt haben, die u.a. den Umzug der Werkstatt in Kamp-Lintfort in ein neues Gebäude in Rheinberg, Wohnheime und Außenwohngruppen in Rheinberg und Kamp-Lintfort sowie neue ambulante Angebote wie das „Betreute Wohnen“ und den „Familienunterstützenden Dienst“ brachte. Damit verbunden war die Fixierung der konzeptionellen Grundlagen. Außerdem erhielt die CWWN 1998 als gemeinnützige Gesellschaft mit beschränkter Haftung eine zeitgemäßere Rechtsform, wobei der Diözesancaritasverband als alleiniger Gesellschafter fungiert.

13 Pressemitteilung anlässlich der Verabschiedung Bernhard Trybas v. 9. Febr. 1990, in: Archiv CWWN.

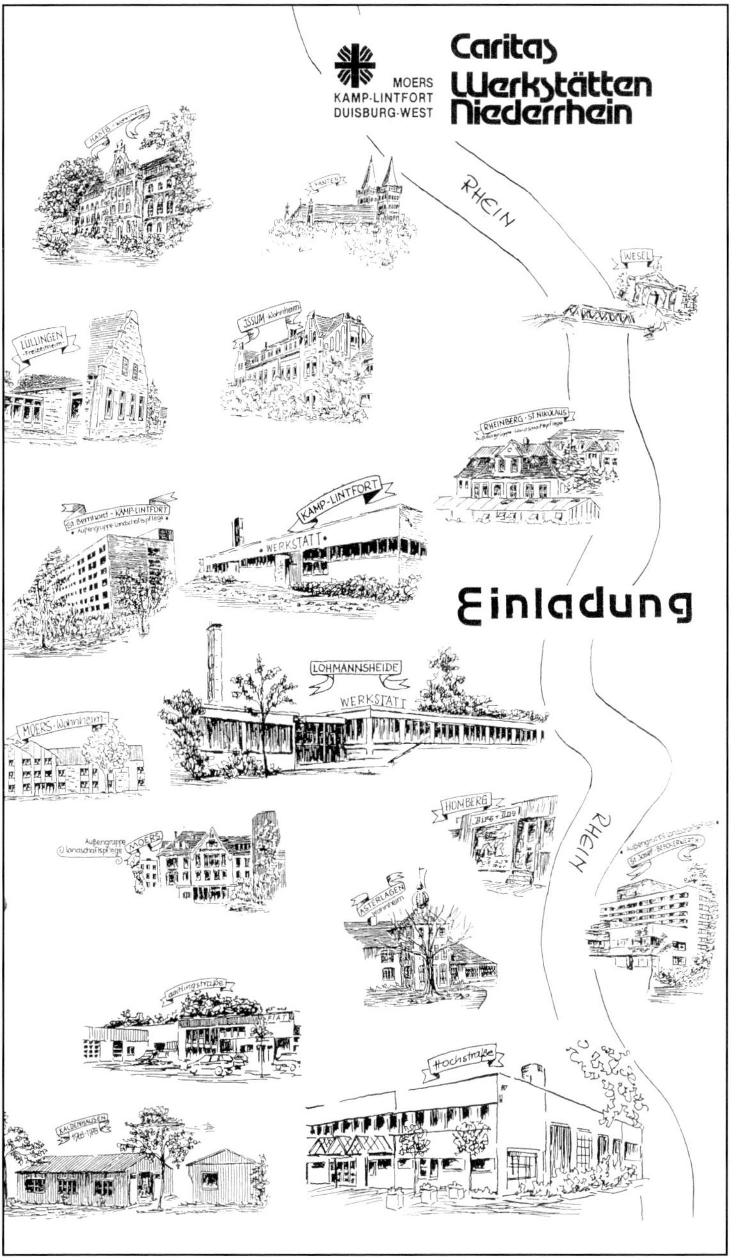

Abb. 36: Deckblatt der Einladungskarte zur Verabschiedung Bernhard Trybas: Dokumentation eines Lebenswerks.

Abb. 37: Bernhard Tryba auf einer Karnevalsfeier (1989).

Mit Bernhard Tryba starb am 7. April 2009 der in den beiden Anfangsjahrzehnten entscheidende Motor der CWWN, der auf einem festen christlichen Fundament innovativ und sogleich auch bodenständig agierte. So wurde auch in einem Nachruf über ihn in der Hauszeitung betont:

„Bernhard Tryba gewann mit der ihm eigenen Dynamik sowohl Mitarbeiterinnen und Mitarbeiter als auch sozialpolitisch Verantwortliche dafür, Lebenswelten für Menschen mit Behinderung vielseitig und interessant zu gestalten. Dabei zeigte er stets Visionen auf und richtete den Blick auf neue Entwicklungen und zukünftige Bedarfe in der Behindertenhilfe. [...] Mit tief verwurzeltem Glauben lebte er auf der Grundlage des christlichen Menschenbildes überzeugend sein Tun als Dienst am Menschen vor. In diesem Verständnis prägte er Mitarbeiterinnen und Mitarbeiter für einen engagierten Einsatz. Mit seinen markanten, gelegentlich provozierenden Aussagen forderte er sie gleichzeitig heraus, immer das Optimum zu suchen und zu geben. Sein herzhaftes Lachen und sein Herz für Menschen bereicherten viele, die ihm begegneten. Seine Fähigkeit, sich auf sein Gegenüber sehr gut einstellen zu können, ließ ihn immer nah am Menschen sein.“[14]

14 Nachruf Bernhard Tryba, in: Durchblick 2009, S. 30.

Literatur-Tipps

Ursula Ostermann (Red.), Gott wird sorgen. Geschichte der Franziskanerinnen von Heythuysen/Niederlande in Deutschland – Nonnenwerth und Lüdinghausen 1900–1995, Aachen 1995.
Wilfried Rudloff, Sozialstaat, Randgruppen und bundesrepublikanische Gesellschaft. Umbrüche und Entwicklungen in den sechziger und frühen siebziger Jahren, in: Franz-Werner Kersting (Hg.), Psychiatriereform als Gesellschaftsreform. Die Hypothek des Nationalsozialismus und der Aufbruch der sechziger Jahre, Paderborn 2003, S. 181–219.
Hans-Walter Schmuhl, Exklusion und Inklusion durch Sprache – Zur Geschichte des Begriffs Behinderung, Berlin 2010.

Wilfried Knievel

(1933–2008)

Diözesancaritasverband Münster seit den 1970er Jahren: Fachbereiche und Kommissionen

Wie bereits in anderen Lebensbildern beschrieben, führte der in den 1960er Jahren forcierte Weg in den bundesrepublikanischen Sozialstaat auch im Bereich der Caritas zu einem enormen Ausbau der professionellen Angebote.[1] Dem trug der Caritasverband für die Diözese Münster u.a. dadurch Rechnung, dass er 1971/72 seine Organisationsstrukturen reformierte. Nun gab es die „Zentralabteilung“ sowie die Abteilungen „Gemeindecaritas“, „Sozialpädagogische Einrichtungen“, „Krankenhäuser und Heime“. Diese Abteilungen waren wiederum in verschiedene Fachbereiche unterteilt.

Zur Zentralabteilung gehörten die Bereiche „Kollekten/Sammlungen“, „Wohlfahrtsmarken“, „Öffentlichkeitsarbeit“ sowie „Katastrophen- und Überseehilfe“, zur Abteilung Sozialpädagogische Einrichtungen die Bereiche „Kindergärten“, „Heime für Kinder und Jugendliche“, „Einrichtungen für behinderte Kinder und Jugendliche“ sowie „Fortbildung“. Zur Abteilung Krankenhäuser und Heime zählten jetzt noch die Fachbereiche „Krankenpflege, Caritasschwesternschaft“, „Statistik“ sowie „Buchhaltung, Personal und Besoldungsangelegenheiten“. Hier begann z. B. 1974 die zentrale Gehaltsabrechnungsstelle (ZGASt) ihre Arbeit, indem die 67 Personalfälle des Caritasverbands Bocholt übernommen wurden. 1988 waren es 85 Arbeitgeber mit 4.600 Personalfällen und 2015 knapp 130 mit über 8.000 Fällen. Die Abteilung Gemeindecaritas beheimatete ebenfalls ein weites Spektrum an Fachbereichen, die neben dem relativ neuen Feld der „Orts- und Kreiscaritasverbände“ auch traditionelle Aufgaben wahrnahm.[2]

In den nachfolgenden gut 40 Jahren passte der Diözensancaritasverband seine Strukturen mehrfach den Erfordernissen an, die sich im Zuge der sich wandelnden sozialpolitischen Rahmenbedingungen ergaben – so kam es etwa 1994 zur Einrichtung der „Geschäftsstelle für Pflegesatzverhandlungen“, um durch zentrale Verhandlungen mit den Kostenträgern die-

1 Vgl. Lebensbilder Prälat Heinrich Tellen, Bernd Bietmann, Bernhard Tryba, Margarete Hillebrand.

2 Vgl. Lebensbild Bernd Bietmann.

sen Bereich zu rationalisieren und den Fortbestand caritativer Einrichtungen zu sichern. 2015 bestanden nicht nur die Abteilungen „Interne Verwaltung“, „Soziale Dienste und Familienhilfen“, „Gesundheitshilfe“ sowie „Recht und Wirtschaft“, sondern zudem noch die Stabsstellen „Verbandspolitik und Kommunikation“, „Wirtschaftliche Beratung und Revision“ sowie „Fortbildung“. Somit sieht sich der Verband organisatorisch gut aufgestellt, um die weiter wachsenden Aufgaben bewältigen zu können.

Dies betraf und betrifft auch nach wie vor das Engagement in den unterschiedlichsten Gremien. So gehören Mitarbeiterinnen und Mitarbeiter des Diözesancaritasverbands Münster fachspezifischen Arbeitsgemeinschaften und Ausschüssen auf Bistums-, Landes- und Bundesebene an. Nicht selten geht es hier um strategische Entscheidungen im jeweiligen Hilfebereich, aber auch um Fragen der generellen Ausrichtung. Letztlich sollen Impulse und organisatorische Leitlinien für die Arbeit „vor Ort“ geschaffen werden.

Im Zuge dieser Entwicklung wuchs auch die Beschäftigtenzahl in der Geschäftsstelle des Diözesancaritasverbands an. 1973 waren bereits rund 50, vier Jahre später 65 Frauen und Männer tätig. 2015 arbeiteten etwa 135 Mitarbeiterinnen und Mitarbeiter im Gebäude des 1971 aufgelösten Konvikts „Collegium Ludgerianum“ am Kardinal-von-Galen-Ring in Münster, wohin der Verband 1982 aus den Räumlichkeiten des Studentenheims am Breul gezogen war.

Von 1972 bis 1993 zählte Wilfried Knievel als Referent des Fachbereichs Gefährdeten- bzw. Suchtkrankenhilfe zu diesen Mitarbeitern. Als Sozialarbeiter mit heilpädagogischer Zusatz-Qualifikation besaß er bereits vielfältige berufliche Erfahrungen, als er seine Tätigkeit beim Diözesancaritasverband Münster begann und mit großem Engagement gerade das Feld der Kreuzbund-Selbsthilfegruppen kontinuierlich ausbaute. Gleichzeitig galt sein Einsatz der „Kommission zum Schutz des ungeborenen Lebens im Bistum Münster“, deren langjähriger Geschäftsführer er war, wie auch der redaktionellen Mitarbeit bei der Zeitschrift „Caritas in Nordrhein-Westfalen“. Sein Wirken steht exemplarisch für die Anfang der 1970er Jahre eingeleitete Aufbruch- und anschließende Ausbauphase des Verbands als auch für die Auseinandersetzung mit ethischen, die caritativen Hilfen berührenden Grundsatzfragen dieser zwei Jahrzehnte.

Lebensbild

Wilfried Knievel besaß schon früh eine ausgeprägte sozial-caritative Grundhaltung. Sie ließ in ihm den Entschluss reifen, den Beruf der Sozialen Arbeit zu ergreifen. Am 19. Dezember 1933 in Münster als Sohn eines Schneidermeisters geboren – er hatte noch zwei jüngere Schwestern –, wuchs er im katholischen Umfeld einer großen Familie auf. Denn der Vater hatte 15 Geschwister, von denen drei Schwestern mit im Haus lebten. Es wurde musiziert, und Wilfried Knievel spielte ebenfalls ein Instrument. Auch sonst war er musisch begabt.

Seine Schulzeit beeinflussten maßgeblich die Auswirkungen des Zweiten Weltkriegs. Als alliierte Flieger 1943 auch sein Elternhaus zerstörten, erfolgte die Evakuierung nach Brochterbeck bei Tecklenburg, wo die Familie im Pfarrhaus wohnte. Von dort aus besuchte Wilfried Knievel das Aufbaugymnasium in Tecklenburg. Nach Kriegsende kehrte die Familie wieder nach Münster zurück, sodass er zum Johann-Konrad-Schlaun-Gymnasium wechseln konnte. Während dieser Jahre engagierte er sich in der Messdienerarbeit und bei der Pfadfinderschaft in Münster, an deren Wiederaufbau er beteiligt war.

Die Entscheidung Wilfried Knievels, nach dem Schulabschluss eine qualifizierte Tätigkeit im sozialen Bereich zu erlernen, war zu damaliger Zeit eher ungewöhnlich. Zwar gab es einen großen personellen Bedarf, da viele männliche Mitarbeiter der Wohlfahrtsämter in Krieg und Gefangenschaft umgekommen sowie zahlreiche Mitarbeiterinnen und Mitarbeiter als ehemalige Mitglieder der NSV oder anderer NS-Gruppierungen aus dem kommunalen Dienst entfernt worden waren. Aber nach wie vor betätigten sich auf diesem Feld weitgehend Frauen. Zudem existierten schon vor 1933 nur wenige entsprechende Ausbildungsstätten für Männer, die darüber hinaus spätestens zu Beginn des Zweiten Weltkriegs aufgelöst worden waren. Daher blieben die Ausbildungsmöglichkeiten Anfang der 1950er Jahre immer noch begrenzt.

Zunächst arbeitete Wilfried Knievel bei einer Baufirma, um einen finanziellen Grundstock für die angestrebte zweijährige Ausbildung zum staatlich anerkannten Jugendwohlfahrtspfleger zu schaffen – seit 1959 nach drei Jahren mit der offiziellen Berufsbezeichnung „Sozialarbeiter". Im Mai 1954 begann er im Jugendwohn- und Lehrlingsheim Don-Bosco-Haus in Hagen-Haspe ein einjähriges Vorpraktikum, das Voraussetzung für das Studium war. Dieses absolvierte er von 1955 bis 1957 am Sozialpädagogischen Seminar in Dortmund.

Die Schule befand sich, wie bereits erwähnt, in Trägerschaft der Stadt Dortmund und des Landschaftsverbands Westfalen-Lippe. Das Lehrinstitut, das zunächst nur Männer aufnahm, maß der Religion eine wichtige Bedeutung zu, ohne eine konfessionelle Ausrichtung zu besitzen. Neben den theoretischen Inhalten erhielt Wilfried Kinievel durch Praktika im Salvator-Kolleg Klausheide, einem Erziehungsheim bei Paderborn, und beim Landesjugendamt Westfalen-Lippe weitere Einblicke in die praktische Arbeit. Außerdem unternahm er einen mehrwöchigen Studienaufenthalt in London.

Dem Anerkennungsjahr beim Männerfürsorgeverein Hagen folgte noch ein Ergänzungslehrgang für Sozialarbeiter im gehobenen Dienst mit dem Abschluss eines Inspektors, sodass Wilfried Knievel eine leitende Stelle beim Männerfürsorgeverein übernehmen konnte. Seine Aufgaben umfassten u.a. Jugendgerichtshilfe, Nichtsesshaftenbetreuung, Suchtkrankenberatung und die Betreuung Inhaftierter. Gleichzeitig engagierte er sich beim Aufbau des Malteser Hilfsdiensts in Hagen, als dessen Ortsbeauftragter er drei Jahre fungierte. Im Frühjahr 1963 wechselte er in die Geschäftsführung des Männerfürsorgevereins Münster, den er reorganisierte und sich etwa im Kettlerheim in der Nichtsesshaftenhilfe engagierte. Zudem leitete er eineinhalb Jahre das vereinseigene Ludwigsheim. Hier betreute er oftmals jugendliche Straftäter, und da er auch im Haus schlief, also praktisch Tag und Nacht in der Verantwortung stand, stellte ihn die Tätigkeit vor große Anforderungen.

Von Anfang an war es Wilfried Knievel ein großes Anliegen, gerade Jugendliche zu unterstützen. Um ihnen näher zu sein und sie besser verstehen zu können, durchlief er 1966/67 eine einjährige Zusatzausbildung am Heilpädagogischen Seminar in Freiburg. Dabei machte er Praktika beim Westfälischen Institut für Jugendpsychiatrie und Heilpädagogik in Hamm und beim Christophorus-Jugendwerk in Oberrimsingen (Breisach). Mit dieser weiteren Qualifikation begann er im Herbst 1967 beim Ortscaritasverband Hagen, wo er für die „pädagogischen Einrichtungen" des Verbands – ein Jugendwohn- und Lehrlingsheim, eine WfB und eine Kindertagesstätte – wie auch für die Altenhilfe zuständig war. Sein Augenmerk galt nicht nur der Verwaltung der Häuser, sondern er beriet auch die Mitarbeiter und die Betreuten, hatte die Geschäftsführung der WfB inne und war für die Öffentlichkeitsarbeit verantwortlich.[3] Trotz dieser Fülle an Aufgaben fand Wilfried Knievel noch Zeit für seine musischen Interessen. So spielte er etwa Theater.

Nachdem er zwei Jahre zuvor geheiratet hatte, kehrte er 1972 in seine Heimatstadt Münster zurück, um beim Diözesancaritasverband als Referent in der Abteilung Gemeindecaritas den Fachbereich Gefährdetenhilfe zu übernehmen. Das Referat war in den 1960er Jahren eingerichtet worden, wobei der Schwerpunkt auf die Beratung suchtkranker Menschen gelegt wurde. Diese Aktivitäten standen durchaus auch in der Tradition der Katholischen Trinkerfürsorge im Bistum Münster, die, wie an anderer Stelle beschrieben, vor Ausbruch des Zweiten Weltkriegs unter der Leitung von Luise Floß und in enger Abstimmung mit dem Diözesancaritasverband einen hohen Organisationsgrad mit immerhin 25 Beratungsstellen erreicht hatte.[4]

Allerdings waren diese Strukturen im Zweiten Weltkrieg weitgehend zerstört worden, und offenbar fehlte nach 1945 eine Persönlichkeit, die daran anknüpfte und energisch den Wiederaufbau betrieb. Prälat Tellen setzte sich zwar für den Ausbau der Gefährdetenhilfe ein, 1970 bestanden jedoch im NRW-Teil des Bistums Münster nur neun und drei Jahre später elf Beratungsstellen – in Ahlen, Beckum, Bocholt, Coesfeld, Emsdetten, Ibbenbüren, Marl, Münster, Recklinghausen, Rheine und Warendorf –, deren Arbeit Wilfried Knievel koordinierte. So lange dauerte es auch, bis die in Trägerschaft des Ortscaritasverbands Münster stehende Beratungsstelle mit drei Fachkräften wieder den Stand der 1920er Jahre erreicht hatte. Darüber hinaus waren einer klinischen Behandlung der Kranken enge Grenzen gesetzt. Im Jahresbericht des Diözesancaritasverbands für 1973 wies Wilfried Knievel daher auch auf Schwierigkeiten bei der Arbeit hin:

„Die Arbeit der Beratungsstellen für Suchtkranke/Drogenabhängige war 1973 überall sehr gefragt, und verschiedene Beratungsstellen mußten längere Wartelisten einführen. Es wurde versucht, die Beratung und Behandlung zu intensivieren, was auch in einer höheren Zahl von therapeutischen Gesprächsgruppen seinen Ausdruck fand. Die Unterbringung in Fachkrankenhäusern zur langfristigen Entziehungsbehandlung war auch im vergangenen Jahr sehr schwierig. Es mußten lange Wartezeiten in Kauf genommen werden. Um hier auf längere Sicht etwas Abhilfe zu schaffen, unterstützte

3 Lebenslauf Wilfried Knievels anlässlich seiner Bewerbung beim DiCV Münster, in: Archiv DiCV Münster.

4 Vgl. Lebensbild Luise Floß.

der Fachbereich die Bemühungen des Krankenhauses Hörstel um eine Umwandlung in ein Fachkrankenhaus für kurzfristige Entgiftungsbehandlungen."

Unter den damaligen Bedingungen sah Wilfried Knievel vorrangig im personellen Ausbau der vorhandenen Beratungsstellen und weniger in neuen Stellen den erfolgversprechenden Weg. Neben der schwierigen Finanzierung bestand jedoch „vor allem in ländlichen Gegenden [das Problem], geeignete Sozialarbeiter für den schwierigen Arbeitsbereich zu finden". In immerhin fast 80 Gesprächen mit Mitarbeitern der Stellen oder Trägervertretern suchte er die Lage zu verbessern. Dem dienten auch monatliche Arbeitskonferenzen. Zudem organisierte er in diesem Jahr drei therapeutische Klienten-Freizeiten mit mehr als 180 Kranken samt Ehepartnern.

Aus der Erkenntnis heraus, dass es für Suchtkranke „auf die Dauer unumgänglich" ist, „sich einer Abstinenzgruppe anzuschließen, in der eine Aussprache möglich ist und in der alkoholfreie Geselligkeit und gegenseitige Anregung gefördert werden", unterstützte Wilfried Knievel entschieden „den weiteren Aufbau des Kreuzbundes (Verband abstinenter Katholiken)". So konnte die Zahl der Gruppen zwischen 1970 und 1973 von sechs auf elf erhöht werden, in denen sich nun insgesamt ca. 300 Betroffene zusammenfanden. An über 30 Sitzungen dieser Gruppen nahm Wilfried Knievel teil.[5]

Entscheidend für diese Entwicklung war nicht zuletzt der Wandel des Kreuzbundes „vom Helferdienst für alkoholkranke Menschen hin zu einer Selbsthilfegemeinschaft", den der Kreuzbund in den 1960er Jahren vollzogen hatte.[6] Damit verbunden war die Auflösung der „Polarität zwischen Helfer und Hilfloser", wie es Wilfried Knievel nannte. So führte der Kreuzbund 1964 die moderne Gruppenarbeit unter Mitwirkung der Partner/innen ein und besetzte die Leitungsämter zunehmend mit Betroffenen. Im gleichen Jahr erkannte die Weltgesundheitsorganisation auch auf Initiative des Kreuzbundes den Alkoholismus als behandlungsbedürftige Krankheit an, dem sich 1968 in Deutschland auch die Krankenkassen anschlossen. Als der DCV 1981 den Kreuzbund unter neuen Vorzeichen als Fachverband bestätigte, geschah dies also nicht umsonst unter dem Titel „Selbsthilfe- und Helfergemeinschaft für Suchtkranke und deren Angehörige".

5 Jahresbericht des DiCV Münster für 1973, S. 26.

6 100 Jahre Hilfe zur Selbsthilfe. Festschrift zum 100-jährigen Jubiläum des Kreuzbundes Münster 1906–2006, hg. v. Kreuzbund e. V. Stadtverband Münster, Münster-Roxel 2006, S. 14.

Abb. 38: Logo des Kreuzbundes mit deutlicher Aussage: Selbsthilfe- und Helfergemeinschaft für Suchtkranke und Angehörige.

Im NRW-Teil des Bistums bestanden 1980 89 und 1982 bereits 117 Kreuzbund-Gruppen. Neben den ca. 15 überörtlichen Veranstaltungen, besuchte Wilfried Knievel zahlreiche Gruppen. Viele Treffen fanden dabei an Wochenenden in katholischen Bildungshäusern statt. Außerdem arbeitete er im Vorstand des Kreuzbundes mit und sorgte dafür, dass die Mitarbeiter der Beratungsstellen als Präventivmaßnahmen Veranstaltungen in Gemeinden, Betrieben und Schulen durchführten – 1982 waren es 521.

Ein weiteres Merkmal seiner Aktivitäten war das Bemühen, die Kirchengemeinden für die Suchtkrankenproblematik zu sensibilisieren und deutlich zu machen, dass die Hilfen stets „entziehend" sein müssten und sich daher grundlegend von den gewöhnlich „gewährenden" Hilfen der Gemeinde-Caritas unterschieden. Wenn auf diese Aspekte etwa in Predigten eingegangen oder ein Pfarrfest alkoholfrei begangen würde, könnte die Suchtkrankenhilfe zur „Gemeindeaufgabe" werden. Trotz aller moderner Therapie-Konzepte galt für Wilfried Knievel nach wie vor die Regel: „Man kann Suchtkranken nur helfen, wenn man sie als Nächste liebt".[7]

„1988 bestanden im Arbeitsgebiet 22 Beratungsstellen für Suchtkranke und ihre Angehörigen in caritativer Trägerschaft. Darin waren 52 Beratungsfachkräfte tätig, die durch Einzel- und Gruppengespräche und soziale Interventionen zu helfen versuchten. Der Beratungsumfang 1988 wird deutlich in den 4.232 Ratsuchenden, von denen 34 Prozent Frauen und 66 Prozent Männer waren. 66 Prozent hatten Alkoholprobleme, acht Prozent waren von illegalen Drogen abhängig, bei sieben Prozent lag Medikamentenabhängigkeit vor, und jeweils drei Prozent litten unter Eßstörungen oder waren spielsüchtig. Besondere Probleme bereiteten Mehrfachabhängigkeiten bei 13 Prozent der Beratungen und eine allerdings noch geringe

7 Wilfried Knievel, Suchtkranke und christliche Gemeinde, hg. v. DCV, 3. Aufl., Freiburg i. Br. 1984, S. 16 (Nachdruck eines Artikels aus: Caritas in Nordrhein-Westfalen 2/1981).

> Zahl von HIV-infizierten Drogenabhängigen. Durchschnittlich jeder zehnte Suchtkranke mußte in stationäre Behandlung vermittelt werden. [...] Die Arbeit der Beratungsstellen wird durch stationäre Einrichtungen ergänzt. Es bestehen zur Zeit im NRW-Teil des Bistums Münster die Fachklinik St. Camillus in Duisburg-Walsum, das St.-Antonius-Fachkrankenhaus in Hörstel, die Einrichtungen ‚Quartal' in Rees und ‚Haus Unterberg' in Beckum für Drogenabhängige. Übergangswohngemeinschaften und -wohnheime bestehen in Beckum und Rheine. Die Caritas Emsdetten ist Träger eines Hauses für gehörlose Suchtkranke. Alkoholfreie Treffpunkte werden in Bocholt und Rheine unterhalten. [...] Im nordrhein-westfälischen Teil des Bistums bestehen derzeit 170 Gruppen dieser katholischen Selbsthilfe- und Helfergemeinschaft für Suchtkranke [Kreuzbund], die Fachverband des Caritasverbandes ist. Die Gruppen treffen sich wöchentlich in den Räumlichkeiten von Kirchengemeinden und sind in die Caritas der Pfarreien integriert. Der Kreuzbund-Diözesanverband Münster ist mit über 2.500 Gruppenmitgliedern der größte des Bundesgebietes und unterhält eine kleine, halbtags besetzte Geschäftsstelle in Bocholt." (Jahresbericht des Caritasverbands für die Diözese Münster für 1988, S. 25f.)

Neben diesen umfangreichen Aktivitäten im Bereich der Suchtkrankenhilfe bemühte sich Wilfried Knievel in den ersten Jahren seiner Tätigkeit beim Diözesancaritasverband Münster auch um die Felder der Nichtsesshaftenhilfe und die Straffälligenhilfe. Im ersten Bereich, der etwa die westfälischen Arbeiterkolonien Maria Veen und St. Antoniusheim bei Vreden sowie das St. Petrusheim bei Weeze am Niederrhein umfasste, sah er sich vor allem fachspezifischen Problemen gegenüber, die er zunächst durch Gespräche mit den Trägern anzugehen suchte. Da die Straffälligenhilfe nur noch in Ansätzen bestand, war hier ein Neuaufbau erforderlich. Im Zuge von Umstrukturierungen im Diözesancaritasverband wurde die Obdachlosenhilfe Ende der 1980er Jahre dem Referat „Soziale Hilfen/Existenzsicherung" zugeordnet, während Wilfried Knievel nun im Referat Beratungsdienste für die Suchtkrankenberatung zuständig war.

Wegen der häufigen Überschneidungen der Aufgabengebiete war es für Wilfried Knievel wichtig, gerade auch mit dem Sozialdienst katholischer Frauen und dem Sozialdienst katholischer Männer eng zusammenzuarbeiten, die seit Mitte der 1970er Jahre mit einer Diözesanstelle in der Abteilung Gemeindecaritas vertreten waren. Hier pflegte er auch durch seine 1973 erworbene Mitgliedschaft beim SKM Münster wichtige Kontakte. Darüber hinaus sah er sich schon bald mit den Folgen einer für Kirche und Caritas grundlegenden gesellschaftspolitischen Debatte konfrontiert.

Denn der Beginn der Tätigkeit Wilfried Knievels im Diözesancaritasverband Münster fiel mit der gesetzgeberischen Initiative der Bundesregierung zusammen, durch eine Reform des § 218 den Schwangerschaftsabbruch innerhalb einer bestimmten Frist bei bestimmten Indikationen straffrei zuzulassen, wie es 1974 dann auch vom Bundestag verabschiedet wurde. Auch vor dem Hintergrund der 1968 von Papst Paul VI. herausgegebenen Enzyklika „Humanae vitae" mit ihrem Verbot der künstlichen Empfängnisverhütung rief dieses Vorhaben hitzige Diskussionen hervor, wobei die Vertreter der katholischen Kirche eine klar ablehnende Haltung einnahmen. Auch Bischof Tenhumberg fand deutliche Worte gegen diese staatlichen Bestrebungen und betonte gleichzeitig den Willen der Kirche, in Not geratenen Frauen soweit wie möglich zu helfen, damit sie von einer Abtreibung Abstand nehmen.

Im Sommer 1973 gab die Deutsche Bischofskonferenz Rahmenrichtlinien für „Beratungs- und Hilfsmaßnahmen zum Schutz des ungeborenen Lebens" heraus. Darin wurde jede Diözese aufgefordert, eine zentrale Beratungsstelle und eine Kommission einzurichten, um entsprechende Aktivitäten anzuregen und zu koordinieren. Bald darauf ernannte der Diözesanrat im Bistum Münster einen Ausschuss, der diese Richtlinien auf die eigenen Verhältnisse anpassen sollte und zu dem mit Franz Schwarte, Leiter der Abteilung Gemeindecaritas, und Wilfried Knievel auch zwei Vertreter des Diözesancaritasverbands Münster zählten. Bei mehreren Treffen formulierte diese Gruppe eine modifierte Fassung der Richtlinien, die der Diözesanrat Anfang Oktober verbindlich beschloss.

Die Richtlinien sahen vor, dass Betroffene über die Vermittlung von Kontaktpersonen auf Gemeindeebene in caritativen Beratungsstellen – hier vor allem des SkF – eine fachliche Beratung und Unterstützung erhielten. Um in besonderen Notlagen finanzielle Beihilfen gewähren zu können, solle ein „kirchlicher Hilfsfonds" eingerichtet werden. Für die notwendigen übergeordneten Maßnahmen war beim Diözesancaritasverband eine zentrale Beratungsstelle zu schaffen. Schließlich hatte der Bischof eine Kommission zum Schutz des ungeborenen Lebens mit jeweils zwei, für fünf Jahre bestimmten Vertretern des Diözesanrats, des SkF, des Diözesancaritasverbands, der Arbeitsgemeinschaft katholischer Verbände und der Bistumsverwaltung zu berufen.

Als Aufgaben der Kommission legten die Richtlinien fest, neben der Koordination und Förderung von Maßnahmen und Beratung weitere Aktivitäten anzustoßen, in diözesanen und überdiözesanen Gremien mitzuarbeiten sowie einen Vergabe-Ausschuss für den Hilfsfonds zu bilden. Für die Geschäftsführung der Kommission war die zentrale Beratungsstelle vorgesehen.

> „Menschenwürdige Lebensverhältnisse zu schaffen, Not zu verhindern und Mitmenschen in Notsituationen zu helfen, ist Aufgabe des einzelnen Katholiken und der gesamten katholischen Kirche. Hilfsangebote sind nur dann auf lange Sicht erfolgreich, wenn gleichzeitig die Ursachen der Not erkannt und behoben werden. Da Not durch Einstellung und Verhalten des einzelnen und der Gesellschaft wesentlich mitverursacht ist, setzt erfolgreiche Hilfe Bereitschaft zur Änderung bei jedem einzelnen, in der Kirche und in der Gesellschaft voraus. Die spezielle Aufgabe, Frauen und Mädchen in durch Schwangerschaft bedingten Nöten und Konflikten zu helfen, ist daher langfristig nur zu lösen, wenn alle das ihnen Mögliche beitragen zur Verbesserung der Verhältnisse, in denen Kinder, Mütter und Familien leben. Darüber hinaus sind Hilfsangebote für die Betroffenen erneut zu sichern und auf Dauer zu garantieren." („Richtlinien für Beratungs- und Hilfsmaßnahmen zum Schutz des ungeborenen Lebens" für das Bistum Münster v. 3. Oktober 1973, in: Kirchliches Amtsblatt für die Diözese Münster 107 (1973), S. 200)

Die Gründungsversammlung der Kommission, der seitdem bis 1993 auch Wilfried Knievel angehörte, fand am 30. April 1974 statt. Da die geplante zentrale Beratungsstelle beim Diözesancaritasverband noch nicht eingerichtet worden war, übernahm er zudem die Geschäftsführung der Kommission, die er mit einer kurzen Unterbrechung ebenfalls bis 1993 ausübte. In der von ihm anlässlich des 25-jährigen Bestehens verfassten Broschüre über die Kommission zeichnete er ein anschauliches Bild der Arbeit wie auch der Spannungen, die mit den Aufgaben der Kommission verbunden waren.

Zunächst bildete die Arbeit des Vergabe-Ausschusses des Hilfsfonds, der weitgehend aus Kirchensteuermitteln, aber auch aus Spenden bestand, einen wichtigen Schwerpunkt. Dabei wurden Fälle, die sozialhilferechtliche Belange berührten, auch vom Justiziariat des Diözesancaritasverbands betreut. Zudem organisierte die Kommission Seminare für ehrenamtliche „Kontaktpersonen" und pflegte den Verkehr zu den Beratungsstellen.

Durch ein Urteil des Bundesverfassungsgerichts, nach dem die Reform des § 218 der „verfassungsrechtlichen Verpflichtung, das werdende Leben zu schützen, nicht in dem gebotenen Umfang gerecht" würde, kam es im Sommer 1976 zu einer Gesetzesänderung. Jetzt musste dem Schwangerschaftsabbruch eine medizinische und eine Sozialberatung durch eine staatlich oder kirchlich anerkannte Beratungsstelle vorausgehen und schriftlich bestätigt werden. Die Bearbeitung der Anerkennung der kirchlichen Beratungsstellen übernahm für den NRW-Teil des Bistums Münster der Vorsitzende des Diözesancaritasverbands, der spätere Weihbischof Dr. Josef Voß (1937–2009), ohne dass die Kommission sich daran beteiligte – 1989 arbeiteten hier 13 Beratungsstellen. Wilfried Knievel beschrieb die schnell aufbrechenden Konfliktlinien anschaulich:

„Vielen erschien sie [die Beratung] als eine Möglichkeit, den Versuch zu unternehmen, ungeborenes Leben zu schützen und Mütter zum Austragen der Schwangerschaft zu ermutigen. Hierbei sollte persönlicher und fachlicher Rat sowie Hilfe, auch finanzielle Hilfe angeboten werden. Anderen erschien die Bescheinigung über die Sozialberatung als eine mehr oder weniger direkte Beteiligung am Schwangerschaftsabbruch und war daher abzulehnen. Jedenfalls wurde mit der Beratungsbescheinigung den katholischen Beratungsstellen und ihren Mitarbeiterinnen eine schwere Gewissensentscheidung aufgebürdet. Sie blieb es übrigens die Jahre hindurch.“[8]

Als die Kommission im Frühjahr 1978 neue Richtlinien erhielt, war von einer zentralen Beratungsstelle keine Rede mehr. Damit verblieb die Geschäftsführung bei Wilfried Knievel, der dafür – „von Überstunden abgesehen“ – durchschnittlich 20 Stunden im Monat aufwenden musste. Auch machte sich unter den Mitgliedern, die bis auf die Vergabe der kirchlichen Mittel aus dem Hilfsfonds über keine wirklichen Entscheidungsrechte verfügten, eine gewisse Resignation breit. 1982 brachte dann die von der Deutschen Bischofskonferenz initiierte Aktion „Wähle das Leben“ auch neuen Wind in die Aktivitäten der Kommission, die u.a. einige Veranstaltungen organisierte. Die seit 1991 auf Anregung des Zentralkomitees der deutschen Katholiken (ZdK) und bald zusammen mit der Evangelischen Kirche Deutschlands (EKD) jährlich durchgeführte „Woche für das Leben“, die bei ihrer Premiere das ungeborene Leben ins Zentrum stellte, wirkte sich ebenfalls positiv auf die Arbeit der Kommission aus.

Anfang 1993 fand die 100. Sitzung der Kommission gemeinsam mit Bischof Lettmann in dessen Wohnung statt. Dabei berichtete der Bischof über das Ringen der deutschen Bischöfe im Zusammenhang mit dem Ausstellen der Bescheinigung einer Schwangerenkonfliktberatung, die vom Papst kritisiert wurde. Hier spielte auch die nach der deutschen Wiedervereinigung vorgenommene Neufassung der gesetzlichen Grundlagen des Schwan-

8 Wilfried Knievel, Im Auftrag des Lebens. 25 Jahre Kommission zum Schutz des ungeborenen Lebens im Bistum Münster, hg. v. d. Kommission zum Schutz des ungeborenen Lebens im Bistum Münster, Münster 1999, S. 15.

gerschaftsabbruchs eine Rolle. Die Diskussion führte in den nachfolgenden Jahren zu großen Spannungen, und 1998 ordnete der Papst trotz der gegenteiligen Bemühungen einer Reihe von Bischöfen an, dass kirchliche Beratungsstellen keinen Beratungsschein mehr ausstellen dürfen.

Dennoch blieben die Aufgaben der Kommission wie auch der Beratungsstellen zahlreich, wobei z. B. vorgeburtliche Testverfahren oder der Trend zu Eizellenspende, Leihmutterschaft und „Social Freezing" neue Herausforderungen darstellen. Zudem gilt es, im Sinne des Lebensschutzes auch nach der Entscheidung für das Kind die Familien zu unterschützen, wozu auch die „Bischof-Heinrich-Tenhumberg-Stiftung" dient. Immerhin bewilligte die Kommission 2013 bei über 1.800 Anträgen 1,2 Mio. Euro an Hilfen.

Wilfried Knievel beendete Ende 1993 mit dem Eintritt in den Ruhestand auch seine von Höhen und Tiefen begleitete Tätigkeit als Geschäftsführer der Kommission. Doch er blieb gerade diesem Feld auch weiterhin verbunden, wie er sechs Jahre später am Schluss seiner Jubiläumsausführungen prägnant erklärte:

„Für das Leben, das Ungeborene und Geborene, weiter zu ringen, zu sorgen, zu opfern und zu arbeiten, bleibt für mich göttlicher Auftrag. Die Form, in der dies geschieht, unterliegt menschlicher Entscheidung. Die Erfahrungen aus der Vergangenheit sollte man nicht unbeachtet lassen."[9]

Schließlich beteiligte sich Wilfried Knievel im Diözesancaritasverband Münster von Anfang an an der Öffentlichkeitsarbeit. Außer seinen Beiträgen auf Ebene des Verbands gehörte er zum Autoren-Team der Zeitschrift „Caritas in Nordrhein-Westfalen". Zwischen 1973 und 1993 verfasste er hier fast 130 Artikel, die neben den Anliegen seines Fachbereichs und grundsätzlichen Erörterungen auch die Caritasgeschichte behandelten. Letztere war für ihn Hobby wie Auftrag. Denn seiner Überzeugung nach gehörte zu guter Caritasarbeit stets auch die Vergewisserung der Wurzeln. So umfasste sein Privatarchiv zahlreiche, zum Teil jahrzehntealte Kleinschriften caritativer Vereine und Verbände, die den „Caritasgeist" vergangener Tage lebendig werden lassen. Auf dieser Linie lag auch sein Bemühen, die Überlieferung des Diözesancaritasverbands – so stammte auch die Festschrift anlässlich dessen 75-jährigen Bestehens zu weiten Teilen aus seiner Feder – durch die Übergabe alter Unterlagen an das Bistumsarchiv zu sichern. Es kann daher nicht überraschen, dass er gemeinsam mit dem damaligen Vorsitzenden des Verbands, Weih-

9 Knievel, Im Auftrag des Lebens, S. 43.

bischof Dieter Geerlings, im 1993 erschienenen Sammelband „Das Bistum Münster" die Geschichte der Caritas in der Diözese abhandelte.[10]

In den Stellungnahmen zur Verabschiedung Wilfried Knievels in den Ruhestand fand auch diese „Leidenschaft" ausdrückliche Erwähnung. Darüber hinaus kennzeichneten Wortschöpfungen wie „Caritas-Urgestein", „stiller Leidenschaftlicher" oder „caritativer Überzeugungstäter" seine Persönlichkeit. Auch wenn solche Formulierungen immer unvollständig bleiben müssen, standen sie doch für sein ganzheitliches Caritasverständnis und seinen unermüdlichen Einsatz für die Menschen und die Kirche – neben seinen beruflichen Verpflichtungen brachte er sich zudem über zwölf Jahre im Kirchenvorstand der münsterischen St.-Margaretha-Pfarrei ein. Freiräume zum Luftholen gönnte er sich dabei nur selten, da dies nicht „caritasüblich" sei. Aus dieser Perspektive heraus betrachtete er auch Ehrungen. Wenn er die Josef-Naumann-Plakette des Kreuzbundes noch annahm, verzichtete er 1991 bewusst auf das goldene Caritas-Ehrenzeichen.[11]

Auch nach dem Ende seines Berufslebens blieb Wilfried Knievel der Caritas verbunden. Als er am 15. Februar 2008 starb, stellte der Vorsitzende des Diözesancaritasverbands (1988–2010) und spätere Weihbischof Dieter Geerlings im Trauer-Gottesdienst nochmals heraus, dass Wilfried Knievels Beruf Berufung und durch die „Ehrfurcht vor dem Leben" bestimmt gewesen sei. Bescheiden, verbindlich, einfühlsam und diskret waren häufig gebrauchte Adjektive, mit denen er in Verbindung gebracht wurde. Als Wurzel seines Engagements galt dabei letztlich seine tiefe Frömmigkeit. So schrieb Joseph Hayck, ehemaliger Diözesan- und Bundesvorsitzender des Kreuzbundes in seinem Nachruf:

„Neben der Arbeit im Vorstand hat Wilfried Knievel in unzähligen Seminaren, Arbeitskreisen und ähnlichen Veranstaltungen sein reiches Wissen und sein Engagement dem Kreuzbund unentgeltlich zur Verfügung gestellt. [...] Immer, wenn ich als Diözesanvorsitzender oder später als Bundesvorsitzender Rat und Hilfe brauchte, konnte ich mich vertrauensvoll an ihn wenden. Und er hat mich nie enttäuscht. [...] Die Gewissheit, dass Wilfried Knievel in der ewigen Weggefährtenschaft mit Gott seine Heimat gefunden hat, ist mir Trost und gibt mir Zuversicht."[12]

10 Dieter Geerlings/Wilfried Knievel, Caritas – bleibender Auftrag im sozialen Wandel, in: Werner Thissen (Hg.), Das Bistum Münster, Bd. 2, Münster 1993, S. 203–228.

11 Vgl. „Dank an zwei profilierte Berater", in: Caritas in NRW 1/1991, S. 55f.

12 „Ein guter Freund ist gestorben", in: Der Weggefährte, hg. v. Kreuzbund e. V., Heft 3–4/2008, S. 48.

Abb. 39: Holzschnitt als Abschiedsgeschenk Wilfried Knievels: Engagierter Sozialarbeiter mit ausgeprägten musisch-künstlerischen Talenten.

Literatur-Tipps

Peter Deinhart u.a., Weil Hilfe möglich ist. Christen im Umgang mit Suchtgefährdung und Suchtkrankheit, hg. v. d. Katholischen Sozialethischen Arbeitsstelle e. V., 2. Aufl., Hamm 1989,

Hannes Kiebel, Katholische Fürsorge und Hilfe für „Wanderarme", „Wanderer", „Nichtseßhafte" und „Wohnungslose", in: Caritas 97 (1996), S. 64–68.

Manfred Spieker, Kirche und Abtreibung in Deutschland. Ursache und Verlauf eines Konflikts, Paderborn u.a. 2000.

Bernd Bietmann

(1936–2005)

Regionale Caritasverbände im Bistum Münster

Schon den Gründungsvätern des Diözesancaritasverbands Münster war klar, dass eine erfolgreiche Arbeit auf Dauer nur durch die Gründung von Caritasverbänden in den größeren Städten bzw. Kreisen zu gewährleisten sei. Man wird davon ausgehen können, dass sich die erste Generalversammlung des Diözesanverbands im Dezember 1920 auch mit dieser grundlegenden Ausrichtung befasste. Jedenfalls fragte Domvikar Holling wenig später eine Reihe bereits auf dem Feld der Caritas engagierte Geistliche an, ob sie für das Amt eines Dekanatsgeschäftsführers des Diözesanverbands bereit stünden. Zu einem wirklich flächendeckenden Netz örtlicher Caritasverbände führten diese Bemühungen jedoch noch nicht.[1]

Vor dem Hintergrund der 1922/24 diskutierten und auf den Weg gebrachten Wohlfahrts- bzw. Fürsorgegesetze erhielt dieser Aspekt noch größere Bedeutung. Wie schon näher beschrieben, ernannte Bischof Poggenburg daher für jeden Stadt- und Landkreis geistliche Kreiscaritassekretäre, die „die ideellen und materiellen Interessen der katholischen Caritas bei den öffentlichen Behörden und sonstigen Stellen vertreten".[2] Diese Vorgabe konnte konsequent umgesetzt werden, und Anfang der 1930er Jahre war der rheinisch-westfälische Bistumsteil in 40 Caritasbezirke organisiert.

Dabei besetzte der Bischof vermutlich vor allem auf Vorschlag Domvikar Hollings die wichtigen Stellen der Dekanats- und Ortscaritassekretäre, die nicht zuletzt für die Kontakte mit den damals gut 40 Jugendämtern im Bereich des Bistums Münster zuständig waren. In den Caritasbüros in der Diözese betätigten sich insgesamt 45 hauptamtliche und 80 ehrenamtliche Kräfte, und bis 1936 wurden immerhin insgesamt 90 Geistliche zu Caritassekretären ernannt.[3]

1 Vgl. Lebensbild Prälat Wähning und Antwortschreiben Kaplan Roleffs (Burgsteinfurt) an Domvikar Holling v. 14. Febr. 1921, in: BAM, DiCV Münster A 15.

2 Kirchliches Amtsblatt v. 30. Juli 1923; vgl. auch Lebensbilder der Prälaten Theodor Holling und Joseph Tenspolde.

3 Die Caritas im Bistum Münster an der Zeitwende 1933, S. 40; 20 Jahre Diözesan-Caritasverband Münster e. V., hg. v. DiCV Münster, Münster 1936, S. 19–22.

Nach Ende des Zweiten Weltkriegs galt es, im Bistum Münster möglichst rasch diese, nun weitgehend zerstörten Strukturen wieder zu errichten. In der Regel waren es die zum Teil neu ernannten Caritassekretäre, die schon bald die Hilfsmaßnahmen auf örtlicher und regionaler Ebene organisierten, um der großen Not zu begegnen. Auch nach Wiederaufbau und Konsolidierung der wirtschaftlichen Lage blieben die Anforderungen an die caritativen Gruppierungen und Institutionen hoch. 1954, nach der Neuordnung der Dekanate, widmeten sich im NRW-Bistumsteil 61 Geistliche als Dekanatscaritassekretäre diesen Aufgaben. Werner Pelster in Bottrop, Prälat Gerhard Jonczyk in Recklinghausen-Nord und Prälat Heinrich Tellen in Duisburg (St. Joseph) führten auf Grund der Bedeutung ihrer Verbände den Titel Caritasdirektor.[4]

Aber nach wie vor trugen der KFV, der Männerfürsorgeverein und der katholische Mädchenschutz auf dem Feld der Jugend- und Gefährdetenhilfe die Unterstützungsmaßnahmen, unterstützten die Elisabeth- und Vinzenz-Konferenzen die Bedürftigen in Familien- und Altenhilfe, boten vor allem Ordensschwestern in ihren Häusern ambulante Krankenpflege oder hauswirtschaftliche Fortbildungen an. Vereinzelt schufen jedoch auch die größeren örtlichen Caritasverbände neue Einrichtungen etwa für Kinder und Jugendliche oder für alte Menschen.

Bereits die Weisungen der Diözesansynode betonten 1958, dass ehrenamtliche und hauptamtliche Tätigkeiten im caritativen Dienst einander bedingen und der Einsatz der Laien an Bedeutung gewinnen müsse. In Anbetracht der tiefgreifenden sozialpolitischen Reformen zu Beginn der 1960 Jahre, die den freien Trägern weiterhin große Bedeutung beimaßen, musste auch die Caritas im Bistum Münster weiterentwickelt werden.

Erneut ging es zunächst um eine verstärkte Zusammenarbeit mit den staatlichen Stellen wie auch um neue Strukturen und Hilfsangebote gerade auf Ortsebene. 1964/65 suchten die Bistumsverantwortlichen den Caritasmitarbeitern in verschiedenen Veranstaltungen die dringende Notwendigkeit zu solchen Veränderungen deutlich zu machen und so die Gründung bzw. den Ausbau der örtlichen Caritasverbände zu fördern.

4 Vgl. Caritasblätter für das Bistum Münster 5 (1954), S. 283–286.

„Drei Kernfragen sind es also, auf deren Beratung wir uns heute konzentrieren wollen:

1. Lebendige Pfarrcaritas braucht als Fundament die freiwillige Pfarrcaritas-Mitgliedschaft möglichst aller Gläubigen sowie genügend große Helfergruppen (Elisabeth- und Vinzenz-Konferenzen).
2. Die uns aus den neuen Sozialhilfegesetzen erwachsenden Aufgaben bedeuten eine große Chance zur vollen Entfaltung der kirchlichen Liebestätigkeit. Im offenen Wettbewerb mit den Kommunen und den anderen Trägern der freien Wohlfahrtspflege (DRK, AWo, DPWV) – die Innere Mission scheidet für den ‚Konkurrenzkampf' aus – bedarf es dazu aber verstärkt und vordringlich des solidarischen Zusammenschlusses auf Orts- und Kreisebene in funktionsfähigen Orts- und Kreis-Caritasverbänden: also auf Ebene der Träger der Sozial- und Jugendhilfe, die in uns einen echten Partner haben müssen.
3. Diesen Verpflichtungen können wir nur gerecht werden, wenn wir den Kreis der entsprechend vorgebildeten hauptamtlichen Laienmitarbeiter (bes. Sozialarbeiter und Fürsorgerinnen) erweitern und mit ihnen den Orts- und Kreis-Caritasverbänden die notwendige personelle und fachliche Festigkeit geben."

(Prälat Heinrich Tellen, Die Mitarbeit in der Pfarrcaritas – Auftrag und Vollmacht aller, in: Caritasblätter für das Bistum Münster 16 (1965), S. 145)

Bis Mitte der 1970er Jahre kam es nachfolgend auf dieser Basis in allen Kreisen, kreisfreien Städten und größeren Orten im Bistum Münster zur Gründung von 29 örtlichen Caritasverbänden, wobei als Rechtsform der selbstständige eingetragene Verein gewählt wurde. Zudem konstituierten sich bisher nicht selbstständige Sekretariate oder Außenstellen des Diözesancaritasverbands als selbstständige Vereine neu. In Anpassung an die kommunale Neugliederung in NRW waren erneute Umstrukturierungen notwendig, und seit Anfang der 1990er Jahre führten Kooperationen von Caritasverbänden zu nochmaligen Änderungen des Gefüges. 2015 bestanden folgende örtliche Caritasverbände, die ganz bzw. teilweise im NRW-Teil des Bistums Münster liegen und manchmal noch Zweigstellen haben:

Caritasverband für die Dekanate Ahaus und Vreden e. V.
Caritasverband für das Dekanat Ahlen e. V.
Caritasverband für das Dekanat Bocholt e. V.
Caritasverband für das Dekanat Borken e. V.
Caritasverband für die Stadt Bottrop e. V.
Caritasverband Castrop-Rauxel e. V.
Caritasverband für den Kreis Coesfeld e. V.
Caritasverband Datteln e. V.

Caritasverband für die Dekanate Dinslaken und Wesel e. V.
Caritasverband für das Dekanat Dorsten e. V.
Caritasverband Duisburg e. V.
Caritasverband für das Dekanat Emsdetten-Greven e. V.
Caritasverband Geldern-Kevelaer e. V.
Caritasverband Haltern e. V.
Caritasverband Hamm e. V.
Caritasverband Herten e. V.
Caritasverband Kleve e. V.
Caritasverband Lünen-Selm-Werne e. V.
Caritasverband Marl e. V.
Caritasverband Moers-Xanten e. V.
Caritasverband für die Stadt Münster e. V.
Caritasverband für die Stadt Recklinghausen e. V.
Caritasverband Rheine e. V.
Caritasverband für das Dekanat Steinfurt e. V.
Caritasverband Tecklenburger Land e. V.
Caritasverband Waltrop/Oer-Erkenschwick e. V.
Caritasverband im Kreisdekanat Warendorf e. V.

Der beträchtliche Ausbau der örtlichen Caritasverbände im Bistum Münster zeigte sich allein schon an der Zahl der hauptamtlichen Mitarbeiter, die zwischen 1973 und 1991 von 280 auf 1.719 anstieg und auch für die kontinuierlich wachsenden Angebote stand. Damit verbunden waren nicht unerhebliche Personalkosten, die 1975 immerhin rund 13,7 Mio. DM betrugen. Neben 40 % aus Mitteln der öffentlichen Hand und 20 % aus Eigenmitteln der Verbände erstattete das Generalvikariat 40 % dieser Ausgaben.[5] Dieses System der Mischfinanzierung bestand und besteht weiter fort. Dabei stellten die Bistumsmittel, die durch ein Schlüsselzuweisungssystem über den Diözesancaritasverband an die jeweiligen Verbände und Dienste verteilt wurden, einen wesentlichen Beitrag dar.

Auch die 1972 erfolgte Organisationsänderung des Diözesancaritasverbands Münster trug dieser Entwicklung Rechnung und fasste die offene Caritasarbeit in der Abteilung „Gemeindecaritas“ zusammen. Neben die schon zuvor bestehenden Referate für die ehrenamtliche Arbeit[6], Erholungsmaßnahmen, Mädchenschutz und Auswanderungsberatung, waren in den 1960er Jahren bereits nach und nach die Bereiche Gefährdetenhilfe,

5 Jahresbericht des DiCV Münster für 1974, S. 26.
6 Vgl. Lebensbild Margarete Hillebrand.

Altenhilfe und „Ausländische Arbeitnehmer“ getreten. Die Fachbereiche, die nachfolgend innerhalb dieser Abteilung entstanden, wiesen auf die sozialen Probleme, die vor allem von den örtlichen Caritasverbänden durch neue ambulante Dienste aufgegriffen wurden: Erziehungsberatung, Aussiedlerhilfe, Soziale Brennpunkte, Hilfen für psychisch Kranke, Sozialstationen – 1974 gründete der Caritasverband Wesel die erste „Sozialstation neuer Prägung“, die die Bereiche Kranken-, Alten- und Familienpflege zusammenfasste und auch Krankenschwestern beschäftigte –, Gemeindecaritas, Sozialpädagogische Familienhilfe, Sozialberatung bei Schwangerschaft, Asylbewerber und nichtdeutsche Flüchtlinge.[7]

Die verschiedenen Etappen dieser Entwicklung lassen sich beispielhaft am Caritasverband Rheine nachzeichnen. Bereits seit Ende der 1950er Jahre wuchsen auch hier die Hilfsangebote kontinuierlich an, und unter Bernd Bietmann, der einige Jahre später die Geschäftsführung übernahm, wurde der Verband zum größten örtlichen Caritasverband im Bistum Münster.

Lebensbild

Bernd Bietmann war zeit seines Lebens eng mit der im nördlichen Münsterland gelegenen Stadt Rheine verbunden. Dabei liegen seine Wurzeln auf der rechten Seite der Ems. Hier befanden sich seit Mitte des 19. Jahrhunderts die Textilfabriken, die Rheine „zum größten Industrieort“[8] der Region gemacht hatten, und hier wurde er am 10. August 1936 als Letztes von vier Kindern geboren. Sein Vater war „Stuhlmeister“, und die meisten anderen Familienmitglieder arbeiteten ebenfalls in einer Textilfabrik.

So kann es nicht verwundern, dass auch Bernd Bietmann von 1951 bis 1953 nach dem Abschluss der Volksschule die zweijährige Ausbildung zum Weber durchlief. Aber nicht nur das Textilarbeiter-Milieu, sondern auch die kirchliche Jugendarbeit formte Bernd Bietmann entscheidend. Die Geistlichen seiner 1944 gegründeten und seit 1952 eigenständigen Heimatpfarrei

7 Franz Schwarte, Der Aufbau örtlicher Caritasverbände in der Diözese Münster und die Abteilung Gemeindecaritas, in: 75 Jahre Caritasverband für die Diözese Münster. Rückblicke 1916–1991, Münster 1991, S. 65.

8 Thomas Gießmann/Lothar Kurz, Chronik der Stadt Rheine von den ersten Siedlungsspuren bis heute, Rheine 2002, S. 111.

St. Marien schufen die Basis, die sich auf seinem weiteren Lebensweg als sehr tragfähig erwies.

Schon früh übernahm Bernd Bietmann Leitungsfunktionen in der Pfarrjugend, und im beruflichen Umfeld betätigte er sich als Jugendsprecher und jüngstes Betriebsratsmitglied. Aus dieser Gemengelage heraus fand er fast zwangsläufig den Weg zur CAJ, die auch in Rheine eine Gruppe gegründet hatte. Nach seinen Worten setzte er sich hier „hautnah und neu mit dem ‚Christsein' auseinander. […] Das Fundament der christlichen Soziallehre war dabei Grundlage unserer Arbeit und veränderte mein Leben."[9] Denn in ihm reifte der Entschluss, die Soziale Arbeit zum Beruf zu machen.

Mit 21 Jahren vertauschte Bernd Bietmann daher den Webstuhl in Rheine mit dem Vinzenzheim in Recklinghausen, wo er sein Vorschul-Praktikum machte. In diesem Caritas-Aufnahme- und Durchgangsheim für junge Männer begegnete er u.a. ehemaligen Fremdenlegionären und straffällig gewordenen jungen Menschen, zu denen er trotz durchaus rauer Umgangsformen schnell Zugang fand. Auch unterstützte er den Heimleiter bei den Verhandlungen mit Behörden und Firmen. Gleichzeitig bereitete er sich im abendlichen Privatunterricht auf die so genannte Begabten-Sonderprüfung vor, die er 1959 ablegte.

Es folgte bis 1961 das Studium zum Wohlfahrtspfleger am Caritas-Seminar in Freiburg einschließlich weiterer Praktika im Bereich freier und amtlicher Jugendarbeit in Freiburg, Burgsteinfurt und Rheine. Während seines Anerkennungsjahrs als Fürsorger beim Katholischen Männerfürsorgeverein in Münster sammelte er im Rahmen der vielschichtigen Arbeiten des Vereins[10] weitere Erfahrungen und profilierte sich nach Meinung des Vereinsvorsitzenden Ludwig Freibüter durch sein „Fachwissen", „Einfühlungsvermögen" und seine Ausstrahlung wie auch durch seine „rechte Einstellung zum sozialen Dienst" für Tätigkeiten in allen sozialen Bereichen.[11]

In den nachfolgenden 30 Jahren, die Bernd Bietmann ganz dem Auf- und Ausbau des Caritasverbands Rheine widmete, zeigte sich, dass diese Einschätzung zutraf. Denn er schuf gemeinsam mit dem langjährigen Vorsitzenden, Pfarrer Wilhelm Trappe (1908–2002), eine äußerst vielschichte Instituti-

9 Rede Bernd Bietmanns anlässlich seiner Verabschiedung als Geschäftsführer des CV Rheine v. 11. Okt. 2003, Dokumentation, S. 30.

10 Vgl. Lebensbild Clara Hellraeth.

11 Zeugnis über das Anerkennungsjahr v. 14. Mai 1962, in: Archiv DiCV Münster, Ordner CV Rheine 1961–1985.

on. Dabei gingen die organisatorischen Anfänge des Verbands schon auf das Jahr 1921 zurück. Zumindest wurde dieses Gründungsjahr wie auch Kaplan Joseph Sievert von der St.-Dionysius-Pfarrei als erster geistlicher Leiter des Caritas-Bezirks Rheine im Bericht des Diözesancaritasverbands Münster von 1936 angegeben.[12]

Vermutlich zählte auch Kaplan Sievert zu den Geistlichen, die von Domvikar Holling als Dekanatsgeschäftsführer vorgesehen waren. Jedenfalls ernannte ihn Bischof Poggenburg zum Caritassekretär für den Kreis Steinfurt. Ein Jahr später hatte er in Rheine ein „eigenes Caritasbüro" eingerichtet, von wo aus er mit Unterstützung einer ehrenamtlichen Kraft seine Aufgaben in der Stadt und im Kreis wahrnahm. Schwerpunkte waren die Betreuung und Schulung der Caritas-Ausschüsse in den Kirchengemeinden des Dekanats, aber auch der Elisabeth- und Vinzenzvereine an St. Dionysius und St. Antonius sowie des KFV und des Mädchenschutzes in Rheine.[13] Nach seinem Weggang folgten ihm andere Rheiner Geistliche als Caritassekretäre nach.

Während nach Ende des Zweiten Weltkriegs bereits 1945 in Rheine die Bahnhofsmission wieder errichtet und von einer hauptamtlichen Mitarbeiterin betreut werden konnte, dürften sich die Bemühungen der Caritassekretäre ansonsten weitgehend auf die traditionellen, allerdings vor dem Hintergrund der großen Not und der Flüchtlingsproblematik nicht geringen ehrenamtlichen Hilfen beschränkt haben. Daneben gab es mehr oder weniger regelmäßige Kontakte zu den von Ordensschwestern geleiteten Einrichtungen wie dem Altenheim der Mägde Mariens oder dem Marienheim, in dem Vorsehungsschwestern Arbeiterinnen betreuten. Auch das Agnesheim des KFV als Mütter- und Säuglingsheim sowie Vorasyl unter der Leitung von weltlichen Fürsorgerinnen bot Berührungspunkte.

1959 beauftragte Bischof Michael Keller Pfarrer Trappe mit der Leitung des Caritasverbands für das Dekanat Rheine. 1933 zum Priester geweiht und 1955 zum Pfarrer an St. Marien bestellt, hatte er bereits mehrere Stationen durchlaufen und dabei in den Nachkriegsjahren auch auf dem Feld der Caritas erfolgreiche (Wieder-)Aufbauarbeit geleistet. Sofort ergriff er die Initiative, unter den damals sehr bescheidenen Voraussetzungen professionelle Strukturen für die caritativen Tätigkeiten einzuführen. Den größten Bedarf sah er im Bereich der Männer- und Jugendfürsorge, für die er bereits 1959 einen

12 20 Jahre Diözesan-Caritasverband Münster, Münster 1936, S. 20.

13 Caritas-Verband für das Bistum Münster, Berichtsjahr 1924, Münster 1925, S. 58 u.113f.

Wohlfahrtspfleger anstellte. Die Geschäftsstelle des Caritasverbands brachte er zunächst im Jugendheim von St. Marien und bald darauf in zwei Räumen im Marienheim unter.

Als zweites Betätigungsfeld wandte sich Pfarrer Trappe zeitnah hauswirtschaftlichen und familienpädagogischen Kursen zu. Da die Vorsehungsschwestern Ende 1960 das Marienheim nach gut 60 Jahren zum Damen-Altersheim umgewandelt hatten und dort keine Koch- und Nähkurse mehr stattfanden, gleichzeitig die Nachfrage nach entsprechenden Angeboten in der Bevölkerung aber weiterhin groß war, übernahm der Caritasverband unter der Leitung zweier weltlicher Kräfte diese Aufgabe an verschiedenen Orten in der Stadt.[14]

1962 stellte Pfarrer Trappe eine Fürsorgerin für die Alten- und Familienpflege und mit Bernd Bietmann, der noch während seines Anerkennungsjahrs sein Interesse an dieser Aufgabe bekundet hatte, eine weitere Fachkraft für die Jugendfürsorge ein. Im Rückblick beschrieb Bernd Bietmann die sehr einfachen Bedingungen, unter denen er seine Tätigkeit beim Caritasverband Rheine begann. So bekam er „als Schreibtisch [...] einen Küchentisch und einen sehr schönen weißen Stuhl dazu, und als Dienstfahrzeug stand uns ein Dienstfahrrad zur Verfügung. Wir waren dann zu zwei Fürsorgern in der Männer- und Jugendfürsorge tätig und hatten unsere Unterkunft im Marienheim neben der Küche, das hat uns eigentlich gute Zeiten eingebracht, neben den Schwestern. Aber ansonsten war das alles, ja wie sich das für die Caritas gehört, so fing es auch an."[15]

Während der nächsten Jahre erweiterte der Caritasverband Rheine sein Angebot in den Bereichen Altenkuren, Mutter-/Kindkuren und Suchtberatung, und als die Kirchengemeinde St. Antonius neben dem Marienheim die Mütterschule – später Familienbildungsstätte – errichtete, zog der Caritasverband in den zwischen beiden Gebäuden entstandenen Verbindungstrakt. Nach dieser raschen Aufbauphase war den Verantwortlichen klar, dass auch die Leitungsstruktur dieser Entwicklung angepasst werden musste. Mit der Ernennung Bernd Bietmanns, der 1964 geheiratet hatte, zum Geschäftsführer schufen sie 1966 die personelle Voraussetzung für die sich anschließende

14 Renate Biegansky, Die Familienbildungsstätte – ein Haus vielfältiger Begegnung, in: Rheine gestern, heute, morgen, 1/79, S. 85f.; dies., Das Marienheim an der Lingener Straße, in: ebd., S. 86f.; Käthe Averwald, Caritas in Rheine, in: ebd., S. 89–92.

15 Rede Bernd Bietmanns anlässlich des 75. Geburtstags von Pfarrer Trappe am 19. Aug. 1983, Dokumentation, Archiv CV Rheine.

kontinuierliche Ausbauphase. Denn Bernd Bietmann erkannte oftmals frühzeitig den Bedarf für einen sozialen Dienst und suchte daraufhin konsequent nach einer Lösung, diesen in Rheine zu installieren.

So erinnerte sich Bernd Bietmann, wie er, „gerade in das Amt des Geschäftsführers berufen, [...] vier behinderte Kinder und deren Eltern" besuchte, um diese kennen zu lernen und „abzuklären, ob und was für behinderte Kinder zu tun ist, da es bis dato in Rheine keine Begleitung und Förderung für behinderte Kinder außerhalb des Elternhauses gab. Ich war beeindruckt von der Liebe und Zuwendung, die diese Kinder von ihren Eltern erfuhren; betroffen, was die Eltern ohne zusätzliche Hilfe und gelegentliche Entlastung zu leisten hatten. Der Anstoß für den Aufbau einer Tagesfördereinrichtung durch die Caritas war gegeben."[16]

Wenig später eröffnete in Räumen der Familienbildungsstätte die Tagesbildungsstätte mit sechs behinderten Kindern, die von den Schwestern des Marienheims verpflegt wurden. Der Umzug zum Kreiskinderheim nach Bentlage bei Rheine blieb nicht zuletzt wegen der großen Nachfrage ebenso ein Notbehelf wie ein 1969 bezogenes leerstehendes Fabrikgebäude. 1977/78 eröffneten dann im neu errichteten Heilpädagogischen Zentrum ein Sonderkindergarten und eine Beratungsstelle sowie in einem von der Stadt angemieteten Schulgebäude die Sonderschule, die zusammen rund 180 geistig behinderte Kinder und Jugendliche betreuten.[17]

1970/71 intensivierte der Caritasverband Rheine nochmals seine Jugendhilfe-Aktivitäten. Hier ersetzte das neue Caritas Kinder- und Jugendheim am Unland das Städtische Kinderheim, das Kreiskinderheim in Bentlage und das Agnesheim. Gleichzeitig begann im ehemaligen Kreiskinderheim die Fachschule für Sozialpädagogik mit der Erzieherausbildung, die sich in bischöflicher Trägerschaft befand. Zudem richtete der Verband eine Erziehungsberatungsstelle ein. Im gleichen Zeitfenster schuf der Verband auch eine Begegnungsstätte für ausländische Mitbürger – während der 1960er Jahre kamen hauptsächlich portugiesische Gastarbeiter für die Rheiner Textilindustrie – und ein sozialtherapeutischen Übergangswohnheim für alkoholkranke Männer.

Als im Sommer 1972 die Vorsehungsschwestern ihre Tätigkeit im Marienheim einstellten, übernahm der Caritasverband Rheine die Räumlichkei-

16 Rede Bernd Bietmanns anlässlich seiner Verabschiedung als Geschäftsführer des CV Rheine v. 11. Okt. 2003, Dokumentation, S. 30.

17 Vgl. auch Lebensbild Bernhard Tryba.

Abb. 40: Mitten im Stadt-Zentrum: Caritas-Haus in Rheine.

ten und gestaltete sie gezielt für seine Zwecke um, und im Juli 1976 wurde der Verband als eigenständige Institution in das Vereinsregister eingetragen. Im Lauf der nächsten drei Jahrzehnte entwickelte sich das „Caritas-Haus", das 1988 nochmals baulich umgestaltet wurde, für die Region Rheine immer mehr zur „‚Zentrale der Hilfen' für Menschen in Not".[18]

Immerhin erhöhte sich Mitte der 1970er Jahre nach der kommunalen Neuordnung, die u.a. die bisher selbstständigen Gemeinden Mesum und Elte in die Stadt Rheine eingliederte, die Einwohnerzahl von ca. 50.000 auf gut 70.000 Menschen, was sich auch auf den Bedarf an Hilfen auswirken musste. Gleiches gilt für den Niedergang der Rheiner Textilindustrie, die Ende der 1950er Jahre immerhin rund 50 % der Industriearbeiterschaft beschäftigte. 40 Jahre später waren die meisten Fabriken mit der Folge von Arbeitslosigkeit, fehlenden Lehrstellen-Angeboten und dem Verlust sozialer Bindungen geschlossen. So besaßen Ende der 1990er Jahre in Rheine 4.000 Menschen keine Arbeit, erhielten 3.000 Menschen Sozialhilfe. Zudem kamen immer mehr ausländische Mitbürger nach Rheine, ergaben sich durch die

18 Caritas Rheine in der Tradition des Helfens, hg. v. CV Rheine e. V., 2., überarb. Aufl., 1998, S. 7.

Reformbemühungen bei der Versorgung psychisch kranker Menschen weitere Anforderungen. Für den Caritasverband Rheine galt es also, nach wie vor innovativ neue bzw. weiter führende Hilfen anzubieten.

Gemeindecaritas, Hilfen für Familien, Hilfen für Kinder und Jugendliche, Hilfen für Flüchtlinge, Aussiedler und ausländische Bürger, Hilfen für suchtgefährdete und -kranke Menschen, Hilfen für psychisch gefährdete und psychisch kranke Menschen, Hilfen für ältere Menschen und ihre Angehörige im ambulanten, pflegerischen, teilstationären und stationären Bereich sowie Hilfen für behinderte Menschen und deren Familien. Diese große Vielfalt caritativer Angebote findet sich in der 1998 vom Caritasverband Rheine herausgegebenen Broschüre „Caritas Rheine in der Tradition des Helfens". Sie zeichnet ein anschauliches Bild der zahlreichen Einrichtungen und Dienste, die diese Überschriften wiederum beinhalten, hier im Einzelnen aber nicht alle aufgeführt, geschweige denn beschrieben werden können. Einige Stichwörter sollen den starken Ausbau des Verbands wie auch seine qualifizierten Strukturen unter der Leitung Bernd Bietmanns verdeutlichen.

Ein zentrales Anliegen blieb die Verknüpfung und Ergänzung hauptamtlicher mit ehrenamtlicher caritativer Tätigkeit, wie es etwa bei der gemeinsam von Caritas und Diakonie getragenen Bahnhofsmission der Fall war. Auch ermöglichen es vor allem Helferinnen und Helfer aus verschiedenen Rheiner Gemeinden, dass u.a. neben der ab 1978 betriebenen Kleiderkammer seit 1996 auch eine Suppenküche kontinuierlich Hilfen leistet.

Unter den Unterstützungsangeboten für Familien erwiesen sich nicht zuletzt die Sozialpädagogische Familienhilfe (1978), das Sozialbüro für von Armut bedrohte Menschen (1997) und das Modell-Projekt Wohnhaus Sadelstraße für so genannte Wohnungsnotfälle (1994) als zukunftsweisend. Z. B. umfasste letzteres 14 Wohneinheiten in unterschiedlicher Größe und Ausstattung, in denen Obdachlose, Frauen aus dem Frauenhaus oder Asylbewerber Aufnahme finden konnten.

Abb. 41: Bernd Bietmann mit NRW-Sozialminister Franz Müntefering beim Besuch des „Wohnhauses Sadelstraße" (1995).

Kinder und Jugendliche wie auch Menschen mit einer Behinderung blieben ebenso im Fokus des Caritasverbands Rheine. So entstanden 1984 Ausbildungsstätten für rund

150 leistungs- und lernbeeinträchtigte Jugendliche, und durch die 1997 eröffnete Kindertagesstätte im Neubaugebiet Ellinghorst für 60 Kinder beteiligte sich der Verband zudem an der Regelversorgung von Vorschulkindern. Als 1986 die Caritas-Emstor-Werkstätten erstmals Arbeitsplätze für behinderte Menschen schufen, konnte eine große Lücke in der Region Rheine geschlossen werden. Der 1998 fertig gestellte Neubau der Werkstatt verbesserte gut zehn Jahre später den Betreuungsstandard für die ca. 240 Beschäftigten nochmals deutlich.

Darüber hinaus machte der Caritasverband Rheine das Wohnen von Menschen mit Behinderungen zu seiner Aufgabe. Seit 1989 stand hier das Jacob-Meyersohn-Haus zur Verfügung. Das umfassend sanierte, unter Denkmalschutz stehende Gebäude ging auf die Jahre 1913/15 zurück und diente lange Zeit unter der Leitung von Vorsehungsschwestern als Städtisches Waisenhaus. Mit dem Namen der Einrichtung, die Platz für drei Wohngruppen bot, erinnerten die Verantwortlichen an einen Rheinenser jüdischen Glaubens, der trotz seiner Körperbehinderung als Lehrer und Kantor der jüdischen Gemeinde tätig war. Das Haus wurde Ausgangspunkt des gleichnamigen Wohnverbunds, der im Sinne des dezentralen Versorgungskonzepts im Kreis Steinfurt weitere Häuser in Rheine, Mesum und Neuenkirchen wie auch offene Wohnformen umfasst.

Aus der breiten Angebotspalette auf dem Feld der Altenhilfe stechen neben den Beratungsstellen etwa auch für pflegende Angehörige und dem 1993 gemeinsam mit der Diakonie geschaffenen ambulanten Hospiz verschiedene Alten-Wohnanlagen hervor. So übernahm der Caritasverband Rheine das städtische Altenheim Marienstift, das 1985 nach einem aufwendigen Umbau und mit einem modernen Konzept die Betreuung alter Menschen fortsetzte. Außer dem Wohn- und Pflegebereich zählten auch ein Seniorenbüro, ein Sozialgeriatrisches Zentrum, eine Sozialstation sowie Tagespflege, Kurzzeitpflege und das Betreute Wohnen zum Leistungskatalog. Das Marienstift diente gut zehn Jahre später als Vorbild für das neu errichtete Elisabethstift in Wettringen. Zudem plante der Verband für die ca. 1.200 Menschen, die Anfang der 2000er Jahre im Raum Rheine an einer fortschreitenden Demenz litten, ein Hilfsnetzwerk.

Ein wichtiger Bestandteil war hier das 2006 nach einer längeren Planungs- und Umbauphase eröffnete „Alfonsushaus“, das außer einer Wohneinheit mit zehn Plätzen eine Tagespflege-Gruppe, ein Tages- und Nachtcafé, eine Demenzberatungsstelle sowie Schulungsangebote für pflegende Angehörige bietet. Dieses u.a. von der Stiftung Wohlfahrtspflege als Modelleinrichtung

Abb. 42: Bernd Bietmann beim Richtfest der Alten-Wohnanlage Elisabethstift in Wettringen (1996).

unterstützte Projekt zeigte erneut das Bestreben Bernd Bietmanns, Gebäude mit einer kirchlich und/oder caritativen Tradition zu erhalten und gleichzeitig fortschrittlich umzugestalten. So befand sich das 1935 entstandene, denkmalgeschützte Fabrikanten-Wohnhaus von 1951 bis 2003 im Besitz des Redemptoristen-Ordens, ehe es vom Caritasverband Rheine erworben wurde.

Schließlich nahm Bernd Bietmann bereits die gemeindenahe Betreuung psychisch kranker Menschen in den Blick, als die durch die Psychiatrie-Enquete von 1975 ausgelösten Reformbemühungen auf diesem Feld vielfach noch in den Kinderschuhen steckten. Denn mit dem 1979 eingerichteten Sozialpsychiatrischen Dienst kam eine Entwicklung in Gang, die anstatt auf die nach wie vor verbreitete „Anstaltsunterbringung" auf andere Hilfeformen setzte. In seinen Augen war es dabei ein wesentliches Ziel, „die Gemeinde als Lebensort aller Bürger zum Zentrum der Hilfen für psychisch Erkrankte zu machen".[19]

Drei Jahre später folgte im Rahmen der psychiatrischen Versorgung das in eine Reha-Einrichtung umgewandelte St.-Antonius-Hospital in Hörstel-Bevergern, 1988/89 das Betreute Wohnen und ein alltagsorientiertes Integra-

19 Grußwort Bernd Bietmanns als Vorsitzender des Bundesverbands Psychiatrie in der Caritas anlässlich des 9. Herner Gemeindepsychiatrischen Gesprächs v. 8.-10. Okt. 2003, in: Matthias Krisor/Kerstin Wunderlich (Hg.), Psychiatrie auf dem Weg – Von der Anstalt zum Menschen, Lengerich 2004, S. 24.

tionskonzept für junge Erwachse, 1990 ein Tages-Zentrum sowie 2002 das Ambulant Betreute Wohnen.

Im Herbst 2003 gab Bernd Bietmann als Caritasdirektor die Geschäftsführung des Caritasverbands Rheine in die Hände seiner Nachfolgerin. Im Festvortrag anlässlich seiner Verabschiedung wurden zwei Leitsätze zitiert, die sein fast 45-jähriges caritatives Wirken charakterisierten: „Menschen nicht aufgeben" und „Kontakte suchen". Wie ihn der erste Satz nicht zuletzt auf Grund seines christlichen Menschenbilds antrieb, zeigt schon die Vielzahl der Hilfsangebote, die der Caritasverband – oftmals durch seine große Beharrlichkeit – einrichten konnte. Durch seine Mitarbeit in zahlreichen Fachausschüssen auf Diözesan- und Bundesebene bekam und pflegte er Kontakte, die viele dieser Angebote erst anstießen und möglich machten. Gleiches gilt für sein Engagement in der Lokalpolitik, das er für die CDU seit 1969 im Rheiner Stadtrat und seit 1998 auch als stellvertretender Bürgermeister wahrnahm.

Der erwähnte Vortrag zeichnete den Werdegang Bernd Bietmanns vom „Weber zum Sozialmanager" – so die Überschrift – nach. Immerhin beschäftigte der Caritasverband Rheine mittlerweile fast 1.000 Mitarbeiter, sodass der Verband zu einem der größten Arbeitgeber der Stadt geworden war und 2001/02 eine zusätzliche Leitungsebene erhielt. Ebenso weist sein enormes tägliches Arbeitspensum, das nicht selten auch die Wochenenden einschloss, in diese Richtung. Allerdings behielt Bernd Bietmann, der sich seiner Position durchaus bewusst war sowie Ecken und Kanten besaß, stets den einzelnen hilfsbedürftigen Menschen im Blick. So nahm er sich trotz bevorstehender Termine immer wieder die Zeit, mit ihnen über ihre Sorgen und Perspektiven zu sprechen.

Auch von seinen Mitarbeitern erwartete Bernd Bietmann ein hohes Maß an Professionalität und Einsatzbereitschaft. Dabei prägte er sie durch sein Vorbild. Viele Leitungskräfte des Caritasverbands Rheine gingen und gehen aus den eigenen Reihen hervor. Wie ihr Direktor hatten sie sich seit den 1990er Jahren einer zunehmenden Ökonomisierung der Sozialen Arbeit zu stellen. Dies führte nicht nur im Zuge der nun meist durchgeführten Binnendifferenzierungen der Einrichtungen und Dienste zu Konkurrenz-Situationen mit anderen Caritasverbänden, sondern unter seinen Nachfolgern auch zur Einführung eines hauptamtlichen Vorstands.

Nach seinem Ausscheiden als Caritasdirektor blieb Bernd Bietmann dem Caritasverband Rheine als Vorstandmitglied verbunden. Darüber hinaus kümmerte er sich auch noch um die Abwicklung begonnener Projekte und

Gremientätigkeiten. Bevor für ihn gemeinsam mit seiner Ehefrau und seinen beiden erwachsenen Kindern ein wirklicher Ruhestand einkehrte, starb er völlig überraschend am 16. Februar 2005.

Nur wenige Monate zuvor hatte Bernd Bietmann anlässlich des 9. Herner Gemeindepsychiatrischen Gesprächs als Vorsitzender des „Bundesverbands Psychiatrie in der Caritas" ein Grußwort an die Teilnehmer gerichtet, das vor dem Hintergrund aktueller sozialpolitischer Tendenzen nochmals maßgebliche Grundsätze seines Handelns zum Ausdruck brachte:

„Soziale Arbeit gerät zunehmend unter den Druck der Städte, Gemeinden und der Politik. Auch in der Sozialpsychiatrie gilt es, mit Ressourcen nachhaltig umzugehen. Vorhandene finanzielle Mittel werden effizient zunächst für die Bedürftigsten eingesetzt. Auch Kostenträger müssen ihre Mittel vernetzen im Sinne der Psychiatrieerfahrenen und nicht primär nur an ihre eigene Kasse denken. Leistungserbringer in der Gemeindepsychiatrie, Betroffene und Angehörige kämpfen gemeinsam um finanzielle Mittel für die Sozialpsychiatrie, weil nicht wirklich das Geld knapper geworden ist, sondern die Verteilung gesellschaftlicher Ressourcen fragwürdiger. Derzeit besteht die Gefahr, daß die inzwischen aufgebaute Qualität in Frage steht. Dabei wird das Argument der ‚leeren Kassen' häufig wie eine absolute und unvermeidliche Tatsache dargestellt und hingenommen. Wird die daraus resultierende Forderung, jeder Bereich müsse seinen Beitrag zur Kostenersparnis leisten, jedoch genauer hinterfragt, zeigt sich, daß es sich hier nicht um Verteilungsgerechtigkeit handelt, sondern um eine einseitige Kräfteverschiebung. Die besagte Geldknappheit betrifft nämlich nur Teile der Gesellschaft, während andere immer reicher werden, sich von der Verteilung der sozialen Lasten aber zu distanzieren versuchen. Insofern ist zu fragen, ob Kürzungen im Sozialbereich tatsächlich zum allgemeinen Wirtschaftswachstum und zur Wiederbelebung des Sozialstaates beitragen, ob ‚der Markt' denn wirklich die aufgetretenen wirtschaftlichen und sozialen Probleme heilt."[20]

Literatur-Tipps

Heinrich Pompey (Hg.), Caritas im Spannungsfeld von Wirtschaftlichkeit und Menschlichkeit, Würzburg 1997.

Brzosa, Ulrich, 100 Jahre Caritasverband für die Stadt Düsseldorf. Die Geschichte der Caritas von den Anfängen bis zur Gegenwart, Köln 2004.

20 Ebd., S. 25f.

Schwester M. Nikola (Renate) Ackfeld

(1938–2011)

Strukturen der Heimerziehung nach 1945 und das Vinzenzwerk Handorf

Wie bereits am Beispiel des Katholischen Fürsorgevereins gezeigt[1], war die Jugendhilfe innerhalb der caritativen Bemühungen in der Diözese Münster traditionell ein wichtiger Bereich. Dies galt nicht zuletzt auch für die Fremderziehung in Waisenhäusern/Kinderheimen und in Erziehungsheimen, die nach dem Ende des Zweiten Weltkriegs grundsätzlich vor großen Herausforderungen standen.

Immerhin waren in Deutschland 1,6 Mio. Kinder und Jugendliche Halb- oder Vollwaisen, kehrten viele Männer erst Jahre später aus der Kriegsgefangenschaft zurück, blieben Wohnungsnot – ein Drittel der Kinder lebte in unzureichenden Wohnverhältnissen – und das Herumtreiben von Mädchen und Jungen ein allgemeines Zeitphänomen. Auch in den vielen zerstörten Städten des Ruhrgebiets und Münsterlands sowie am Niederrhein hatte sich die Caritas dieser Situation zu stellen.

Wegen eigener Gebäudeschäden und Versorgungsengpässen bedurfte es großer Anstrengungen der Heime, für die Kinder und Jugendlichen ausreichende Unterbringungsmöglichkeiten zur Verfügung zu stellen. 1952 wies die Statistik für den NRW-Teil der Diözese 29 Waisenhäuser bzw. Kinderheime mit fast 2.500 Plätzen aus, wobei gerade die drei Duisburger Heime größere Kapazitäten besaßen. Anfang 1960 – also nach den Gebietsabtretungen an das neu gegründete Bistum Essen – waren es immer noch 24 Waisenhäuser/Kinderheime mit gut 1.800 Plätzen.

Die insgesamt zehn Erziehungsheime im Bistumsgebiet besaßen 2.200 Plätze. Dazu zählten für Mädchen die Klöster der Schwestern vom Guten Hirten in Münster, Bocholt und Ibbenbüren wie auch die Marienburg in Coesfeld, für Jungen das Martinistift in Appelhülsen (Nottuln) und das Josefshaus in Wettringen. Die letzten drei Heime standen in Trägerschaft des Bischöflichen Stuhls.[2]

1 Vgl. Lebensbild Clara Hellraeth.
2 Caritasblätter für das Bistum Münster 4 (1953), S.244 und 11 (1960), S. 262.

Die Nachkriegslage beeinflusste auch die Wiedereröffnung des 1912 errichteten, 1935 unter Zwang der NS-Behörden aufgelösten und dann als Militär-Flughafen genutzten Vinzenzwaisenhauses in Handorf bei Münster.[3] Nachdem der KFV Münster als ehemaliger Träger gemeinsam mit dem Diözesancaritasverband Münster den „Vinzenzwerk Handorf e. V." ins Leben gerufen hatte, konnte der Verein die – allerdings zu 50 % zerstörten – Gebäude und die Hälfte der Ländereien (ca. 40 ha) vom „Treuhänder für ehemaliges Wehrmachtsgut" pachten.

Der Wiederaufbau gestaltete sich schwierig, sodass die Schwestern Unserer Lieben Frau, die im Herbst 1947 zurückkehrten und Ende dieses Jahres die ersten Kinder aufnahmen, unter einfachsten Verhältnissen tätig waren. Die Annalen der Schwestern berichteten für Anfang 1948, dass „alles Wasser […] draußen an der Pumpe geholt werden [musste], für das Baden, für die Wäsche, für die Toiletten, und heißes Wasser musste alles vom Herd in die [!] Küche kommen. […] Die Kinderwäsche wurde auf dem Herd gekocht und nachts in der Küche zum Trocknen aufgehängt. Im Sprechzimmer wurde das Bunkeröfchen tüchtig geheizt und dann dort alles voll Wäsche gehängt."[4]

Nach und nach konnten mit beträchtlichem finanziellem Aufwand neben der Erweiterung der Landwirtschaft zur Eigenversorgung zwar Verbesserungen und Renovierungen an den Gebäuden durchgeführt werden. Aber auch nach der Währungsreform vom Sommer 1948 musste das Vinzenzwerk auf weiterreichende Baumaßnahmen verzichten, da immer wieder die erneute Nutzung des Areals als Flugplatz oder zu anderen militärischen Zwecken zu befürchten war.

Dennoch betreuten die Schwestern Mitte der 1950er Jahre ca. 160 Jungen und Mädchen im Alter von 6 bis 14 Jahren, im so genannten Marienheim gut 40 schulentlassene Mädchen, bei denen Fürsorgeerziehung angeordnet war, sowie im „Torhaus" fast 60 Kleinkinder. Außerdem befand sich auf dem Gelände noch das Annahaus, in dem die Schwestern 40 alte Menschen versorgten. In der heimeigenen Schule unterrichteten vier Lehrkräfte Mädchen und Jungen. Etwa 20 Schwestern und 60 weltliche Angestellte – davon ca. 30 im Erziehungsdienst – gewährleisteten den Betrieb der Einrichtung, der

3 Vgl. Lebensbild Clara Hellraeth.

4 Annalen der Schwestern Unserer Lieben Frau in Handorf für den 21. Jan. 1948, zit. n. Die Geschichte des Vinzenzwerk Handorf e. V. seit 1912. Eine Chronik, Maschinenschrift, S. 82.

bis weit in die 1960er Jahre wie in den meisten anderen Häusern innerhalb der traditionellen Strukturen der Heimerziehung ablief.[5]

Denn nach NS-Zeit und verlorenem Krieg orientierten sich während dieser Jahre weite Teile der deutschen Gesellschaft im Gegensatz zu den immer spürbarer werdenden Modernisierungstendenzen quasi rückbesinnend an „Wertmaßstäben" des wilhelminischen Kaiserreichs. Dies betraf gerade die Bereiche Familie, Jugend, Geschlechterrollen, Bildungschancen, Sittlichkeit und „Arbeitsethos". So bildeten auf christlicher Basis die Sekundärtugenden Disziplin, Ordnung, Gehorsam und Arbeitsamkeit zusammen mit einem starken Autoritätsdenken auch die maßgeblichen Ziele bei der Erziehung der Kinder und Jugendlichen in Familie, Schule und Berufsausbildung.

Für die Jugendfürsorge blieb zudem das Reichsjugendwohlfahrtsgesetz von 1922/24 die entscheidende rechtliche Grundlage, und auch die Heimerziehung behielt ihre Bedeutung. In einer Art Spiegelbild der weiterhin geltenden gesellschaftlichen Anschauungen von Erziehungsproblematiken gingen die Mitarbeiter der Jugendämter wie auch die Erziehenden in der Regel nach wie vor vom individuellen Versagen der Kinder und Jugendlichen aus.

Das 1962 in Kraft getretene Jugendwohlfahrtsgesetz brachte keinen grundlegenden Wandel. Zwar sollte z. B. die Beratung der Eltern in den Vordergrund der Hilfsangebote gerückt werden. Aber in der Praxis behielt die Heimerziehung im Rahmen der so genannten „Hilfen zur Erziehung" ihren hohen Stellenwert. Dies galt ebenso für die Fürsorgeerziehung bzw. die jetzt einheitlich anerkannte Freiwillige Erziehungshilfe. Auf diesem Feld bildete die „Verwahrlosung", die sich nach immer noch weit verbreiteter Meinung etwa in Schuleschwänzen, Arbeitsbummelei oder sexuellen Verfehlungen zeigte, weiterhin die Voraussetzung zur Heimeinweisung. Als wichtige neue Regelung schrieb das JWG jedoch die Heimaufsicht durch die Landesjugendämter verbindlich fest.

So kann es nicht verwundern, dass innerhalb Heimerziehung neue pädagogische Ansätze, die seit Ende der 1950er Jahre etwa auch vom katholischen Fachverband angemahnt wurden, nur schleppend in Gang kamen. Auch verhinderte der immer noch bestehende große Nachholbedarf bei Gebäuden und Ausstattung nicht zuletzt auf Grund unzureichender Pflegesätze

5 Die caritativen Anstalten im Bistum Münster, hg. v. DiCV Münster, Bd. 2, Münster 1955, S. 85. Die folgenden Ausführungen basieren weitgehend auf: Bernhard Frings/Uwe Kaminsky, Gehorsam – Ordnung – Religion. Konfessionelle Heimerziehung 1945–1975, Münster 2012.

Abb. 43: Das Vinzenzwerk Handorf Mitte der 1950er Jahre.

Veränderungen. Letztlich hinkten die Erziehungsmethoden vor dem Hintergrund der gesellschaftlichen Umwälzungen der 1960er Jahre deutlich hinter dem dynamischen Wandel her.

Erst die Heimkampagnen, die 1968/69 von der Außerparlamentarischen Opposition ausgingen und gerade auch die Defizite der Heimerziehung in den religiös geprägten Häusern anprangerten, wirkten als entscheidende Katalysatoren. Sie führten zu umfassenden gesellschaftlichen Diskussionen, denen in den 1970er Jahren tiefgreifende Reformen folgten, die flächendeckend aber erst in den 1980er Jahren griffen.

Für viele ehemalige „Heimkinder" hatte diese Gemengelage der Fremderziehung jener Jahrzehnte schwerwiegende Folgen, die auch zu Traumatisierungen Betroffener führten. Viele konnten erst jetzt nach Jahrzehnten des Schweigens und Verdrängens über ihre persönlichen Erfahrungen reden.

„Vor gut vier Jahren [um 2006] setzte eine umfangreiche Berichterstattung über die Heimerziehung in der frühen Bundesrepublik ein. Kritisiert werden erniedrigende Lebensverhältnisse: die bis in die 1970er Jahre hineinreichende Alltäglichkeit körperlicher Züchtigungen, demütigende Strafen, harte, meist unbezahlte Arbeit und ein repressives System, das die Kinder und Jugendlichen in ein Korsett rigider Moralvorstellungen zu zwängen versuchte. Im Mittelpunkt der Kritik steht bis heute die konfessionelle Heimerziehung. Dies kann zunächst rein zahlenmäßig nicht verwundern, da von den etwa 800.000 Minderjährigen, die zwischen 1949 und 1975 in der Bundesrepublik in Erziehungsheimen lebten, vermutlich 70 Prozent bis 80 Prozent in Einrichtungen in konfessioneller Trägerschaft waren. Wenn man zudem bedenkt, dass noch 1964 fast die Hälfte der gut 11.000 hauptberuflichen Mitarbeiter(innen) in den caritativen Heimen einer Ordensgemeinschaft angehörten, von denen nicht selten im erzieherischen Bereich die Gruppenleitung gestellt wurden, wird die stark konfessionelle Prägung dieser Häuser noch deutlicher." (Bernhard Frings/Andreas Henkelmann, „Heimerziehung der frühen BRD: Caritas auf Abwegen?", in: neue caritas 111 (2010), Heft 15, S. 25)

Impulse für die weitere Entwicklung der Jugendhilfe kamen schließlich durch das 1990 verabschiedete Kinder- und Jugendhilfesetz, das im Gegensatz zum JWG von 1961 mit seiner vorwiegenden Kontroll- und Eingriffsfunktion Angebote für Kinder und Jugendliche sowie für ihre Eltern – vielfach auch in ambulanter Form – ins Zentrum setzte. So fielen etwa Fürsorgeerziehung und Freiwillige Erziehungshilfe fort. Außerdem können die Hilfsleistungen seither nur durch das Jugendamt umgesetzt werden, wenn dies von den Leistungsberechtigten gewollt wird. Auch schrieb es den Rechtsanspruch auf Jugendhilfeleistungen noch deutlicher fest.

Der erste Artikel des Gesetzes ist das Achte Gesetzbuch (SGB VIII), das die differenzierten „Hilfen zur Erziehung" auflistet. Als konkrete Angebote werden Erziehungsberatung, Soziale Gruppenarbeit, Erziehungsbeistand und Betreuungshelfer, Sozialpädagogische Familienhilfe, Erziehung in einer Tagesgruppe, Vollzeitpflege in einer Pflegefamilie, Heimerziehung und sonstige betreute Wohnformen sowie die intensive sozialpädagogische Einzelbetreuung aufgeführt. Darüber hinaus kamen noch die so genannten Hilfen für junge Volljährige und als Schutzmaßnahme für gefährdete Kinder und Jugendliche deren Inobhutnahme hinzu.

Lebensbild

Im Februar 1963 begann Schwester Nikola (Renate) Ackfeld ihre Tätigkeit im Vinzenzwerk Handorf und setzte sich in den nachfolgenden fast 50 Jahren mit großem Engagement für die dort lebenden Kinder und Jugendlichen ein. Am Beginn dieses Wegs stand die Prägung im Elternhaus, wie sie für den ländlichen Raum typisch war. Renate kam am 7. September 1938 im mecklenburgischen Teterow, wohin die Familie aus dem östlichen Münsterland gezogen war, als eines von zehn Kindern zur Welt. Im gleichen Jahr kehrten die Ackfelds auf einen Bauernhof nach Wadersloh zurück.

Auch bei ihnen bestimmten die Erfordernisse des bäuerlichen Betriebs – also etwa das frühe Helfen der Kinder bei der Ernte oder im Haushalt –, klar umrissene Hierarchien und eine tief verwurzelte Frömmigkeit den Alltag, in dem die NS-Ideologie kaum eine Rolle gespielt haben dürfte. Auch die berufliche Ausbildung Renates war auf die kleinbäuerlichen Strukturen ausgerichtet. So besuchte sie nach der Volksschule 1952/53 für ein Jahr die Hauswirtschaftsschule des Kreises Beckum, 1956/57 die Landwirtschaftsschule in Neubeckum und legte 1958 vor der Landwirtschaftskammer das Examen zur ländlichen Hauswirtschaftsgehilfin ab.

Als eine weitere entscheidende Formung jener Jahre empfand Renate den besonders festen Zusammenhalt unter den Geschwistern, der durch die Krankheit eines älteren Bruders entstanden war, bei dem im Jugendalter Lähmungen auftraten. Das Bewusstsein, dass jeder von ihnen hätte betroffen gewesen sein können, führte zu selbstverständlichem solidarischen Handeln. Ihr Heimatpfarrer beschrieb sie zudem als „begnadete Frohnatur, mütterlich und hingabefähig“, die sich trotz ihrer familiären Beanspruchung „immer Zeit für die Mitarbeit in der katholischen Landjugendbewegung“ nahm und sich „oft zur Mitfeier der Werktagsmesse [losriss]“.[6]

In den ersten Nachkriegsjahrzehnten war es nach wie vor üblich, dass gerade Töchter bäuerlicher Großfamilien des Münsterlands und Niederrheins in eine der sozial-caritativen Ordensgemeinschaften eintraten, die im Bistum Münster ihr Mutter- bzw. Provinzhaus hatten. Dies traf auch auf Renate Ackfeld zu, die Ende Mai 1960 zu den Schwestern Unserer Lieben Frau fand. Sie hatte über eine Freundin, die die Aspirantinnen-Schule der Schwestern besuchte, Kontakt zur Gemeinschaft erhalten. Ihr Vater tat sich zwar schwer damit, die Entscheidung seiner Tochter zu akzeptieren. Aber das Verhältnis wurde dadurch nicht nachhaltig getrübt, und zu ihrer Familie behielt sie ihr Leben lang einen guten Kontakt.

Die Novizinnen erhielten während der ersten zwölf Monate, also im so genannten Kanonischen Jahr, das Korsett vermittelt, das ihr künftiges Ordensleben bestimmen sollte. Dazu zählten etwa die täglichen, genau einzuhalten-

6 Führungszeugnis des Heimatpfarrers für den Ordenseintritt (Mitteilung des Provinzarchivs der Schwestern Unserer Lieben Frau Coesfeld).

den Gebetszeiten, der Umgang mit den Mitschwestern und nicht zuletzt die große Bedeutung des Gehorsams gegenüber den Oberen. Im zweiten Noviziatsjahr stand die Vorbereitung auf die konkreten Aufgaben der Schwestern im Vordergrund, die neben der Hauswirtschaft in der Regel im erzieherischen und schulischen Bereich lag. Auch in dieser wichtigen Frage entschied die Ordensleitung über den weiteren Werdegang der Novizinnen bzw. Schwestern, ohne sie nach ihren Wünschen zu fragen. Oftmals wurden sie daher ins kalte Wasser geworfen und mussten sich zudem mit einer Arbeit anfreunden, die ihnen weniger lag.

Schwester Nikola kam während des Noviziats zunächst nach Vechta, wo sie sich im Internat der Liebfrauenschule betätigte, und Anfang 1963 in den Gruppendienst zum Vinzenzwerk nach Handorf. Dort blieb sie auch nach ihrer Profess und fand ihre Lebensaufgabe. Eine gezielte pädagogische Vorbereitung hatte sie jedoch wie viele andere Schwestern im Mutterhaus nicht erhalten, sodass sie sich zunächst an den älteren Schwestern orientierte. 1966/67 besuchte sie dann einen Sonderlehrgang des Seminars für Heimerzieherinnen an der Westfälischen Wohlfahrtsschule des SkF in Dortmund, den sie erfolgreich abschloss. Nun übernahm Schwester Nikola für eine ältere Schwester die Leitung einer der beiden Marienheim-Gruppen. Diese zählten jeweils 15 bis 20 Kinder und Jugendliche, die noch in Sälen schliefen.[7]

Während dieser ersten Jahre im Vinzenzwerk erlebte Schwester Nikola die weiter oben beschriebene Umbruchphase der Heimerziehung, wobei der seit Anfang der 1960er Jahre bemerkbare Mangel an Erziehungskräften die Belegung der insgesamt noch ca. 200 Plätze weiter einschränkte. Bis auf die Gruppe der älteren Jungen, in denen männliche Erzieher tätig waren – bis in die ersten Nachkriegsjahre verbot die Ordensregel sogar, Jungen über zwölf Jahren aufzunehmen –, leiteten in der Regel Schwestern als Heimerzieherin, Kindergärtnerin oder Säuglingsschwester die Gruppen und schliefen dort auch in kleinen Zimmern. Unterstützt wurden sie von „Fräulein" genannten Helferinnen, die bis auf wenige Ausnahmen Kinderpflegerinnen oder ohne pädagogische Ausbildung waren. Nach wie vor gingen die älteren Kinder und die Jugendlichen in die eigene Heimschule.

Sämtliche Mahlzeiten wurden in der Zentralküche zubereitet und von den dafür zuständigen Mädchen und Jungen abgeholt, wie auch sonst „Ämt-

7 Bericht v. 1. Juni 1971 über die Besichtigung des Vinzenzwerks v. 28. Jan. 1971, in: Archiv DiCV Münster, Ordner Vinzenzwerk Handorf – Schriftwechsel bis 1977.

chen" verteilt waren. Sehr große Bedeutung besaß zudem die religiöse Erziehung der Kinder und Jugendlichen. Zum religiösen Leben im Vinzenzwerk gehörten z. B. neben den täglichen Gebeten und der Teilnahme am sonntäglichen Gottesdienst auch die Sonntagsandachten, die besondere Feier der Hochfeste wie Weihnachten, Ostern, Pfingsten und die eigene Fronleichnamsprozession. Auch war für die Mädchen und Jungen die monatliche Beichte verpflichtend.

Eine Frau, die von 1970 bis 1974 im Vinzenzwerk gelebt und dort später als Pädagogin gearbeitet hat, berichtete, dass „das Leben im Kinderheim Anfang der siebziger Jahre ein Versorgen und Schützen vor dem [war], wo die Kinder hergekommen sind. Sie waren nicht mehr der Gewalt, dem Missbrauch und der Verwahrlosung ausgesetzt, stattdessen gab es Sicherheit. Die Sicherheit: Ich bekomme regelmäßig etwas zu essen, ich habe etwas zum Anziehen, ich habe ein Bett und ich habe auch Menschen, die sich um mich kümmern." Eine gezieltere „erzieherische Arbeit" mit den Mädchen und Jungen fand jedoch nicht statt. Auf Grund der heimeigenen Schule besaßen die Kinder zudem kaum Außenkontakte, zumal die Stigmatisierung als Heimkind noch weit verbreitet war.[8]

Allerdings gab es nach den Erinnerungen Betroffener unter Schwestern wie weltlichen Kräften als auch Lehrern Erziehende, die einen sehr strengen Ordnungsrahmen anlegten und zum Teil massiv körperlich straften. Auch begünstigten die häuslichen Strukturen vereinzelt verschiedene Formen von – u.a. sexualisierter – Gewalt gegenüber den Kindern, die nicht nur durch Erziehende des Heims, sondern auch durch externe Personen ausgeübt wurde, die regelmäßig das Haus besuchten. Auf der anderen Seite blieb Sexualität, die gerade Schwestern immer wieder mit Sünde gleich setzten, ein absolutes Tabu, das gebeichtet werden musste. Kontakte zwischen Mädchen und Jungen sollten möglichst verhindert werden.

Spätestens nach ihrer Fortbildung zur Heimerzieherin war Schwester Nikola ebenso wie anderen Schwestern der Gemeinschaft klar, dass in der Erziehungsarbeit dringend Änderungen auf den Weg gebracht werden müssten. Als Anfang der 1970er Jahre auch im Vinzenzwerk ein von der Ordensleitung unterstützter spürbarer Wandel einsetzte – wichtige Impulse gingen dabei von zwei Jahrespraktikanten aus Münster aus und gleichzeitig

8 Interview mit Lisa S. v. 12. Dez. 2006/Jan. 2007, zit. n. Die Geschichte des Vinzenzwerk Handorf e. V. seit 1912. Eine Chronik, Maschinenschrift, S. 100.

sorgten Zivildienstleistende für frischen Wind –, zählte Schwester Nikola zu den treibenden Kräften. Darüber hinaus brachten die jetzt vermehrt im Haus tätigen qualifizierten weltlichen Erziehenden neue Vorstellungen ein.

Jetzt kamen auch jüngere Geschwister der von Schwester Nikola betreuten Mädchen mit in die Gruppe, begann also die Alters- und Geschlechtsdurchmischung. Da sich dies erkennbar positiv auf die Entwicklung der Kleineren wie auch der Größeren auswirkte, wagten auch andere Gruppenschwestern diesen Schritt. Für Schwester Nikola bedeutete dies jedoch, bei einer durchschnittlichen Belegung von nur noch 14 Kindern in ihrer Gruppe über 20 Mädchen und Jungen betreuen zu müssen, wobei sie eine Erzieherin ohne entsprechende Ausbildung und eine Praktikantin unterstützten. Daher hob das Landesjugendamt nach einem Besuch des Hauses zwar die gemütlichen Möbel der Gruppe hervor, mahnte aber gleichzeitig an, dringend die Gruppengrößen zu reduzieren und die Zahl der Erziehenden zu erhöhen.[9]

Allerdings entsprachen die räumlichen und sanitären Verhältnisse in den verschiedenen Gebäuden des Vinzenzwerks längst nicht mehr den geforderten Standards. Wegen des bevorstehenden Endes des Pachtverhältnisses planten die Verantwortlichen Mitte der 1970er Jahre daher den Neubau des Heims mit noch 60 Plätzen auf einem in der Nähe gelegenen Grundstück – die Heimschule schloss bereits 1975. Aber vor dem Hintergrund der sehr kritisch geführten Diskussionen über die pädagogische Notwendigkeit der Heimerziehung setzten die Jugendämter vermehrt darauf, Kinder anstatt in Heimen in Pflegefamilien unterzubringen. Daher sank auch im Raum Münster der Bedarf an Heimplätzen, sodass für den Neubau keine staatlichen Mittel gewährt wurden.

Träger wie Ordensleitung überlegten daher, ob das Vinzenzwerk weiter Bestand haben sollte. Durch die mittlerweile bestehende Option, den Pachtvertrag für das Vinzenzwerk für zunächst zehn Jahre zu verlängern, ergaben sich aber wieder realistische Perspektiven für Umbau- und Sanierungsmaßnahmen. Klar war aber auch, dass gleichzeitig die vom Landesjugendamt geforderte weitere pädagogische Neuausrichtung der Einrichtung auf den Weg gebracht werden musste.

So schloss sich das Vinzenzwerk 1977 dem vom Diözesancaritasverband Münster initiierten Heimverbund mit den Kinderheimen St. Mauritz und Herz-

9 Bericht v. 1. Juni 1971 über den Besuch v. 28. Jan. 1971, in: Archiv DiCV Münster, Ordner Vinzenzwerk Handorf – Schriftwechsel bis 1977.

Abb. 44: Seltener Anblick im Vinzenzwerk Handorf: Schwester Nikola mit Baby.

Jesu in Münster sowie den Kinderheimen in Dülmen, Rheine und Werne an, die für den Raum Münster eine Diagnose- und Beratungsstelle unterhielten. Diese sollte nicht nur die Differenzierung der pädagogischen Angebote und die Mitarbeiterschulung der beteiligten Heime vorantreiben, sondern auch Erziehungspläne erarbeiten und die bislang weitgehend vernachlässigte Elternarbeit forcieren. Das Vinzenzwerk setzte bei seiner Betreuungsarbeit einen heilpädagogischen Schwerpunkt.

Bis 1985 konnte das Vinzenzwerk neben den entsprechenden baulichen Verbesserungen vermehrt pädagogisch qualifizierte Mitarbeiter etwa für den gruppenübergreifenden Freizeitbereich gewinnen und Außenwohngruppen errichten. Der um diese Zeit entstandene Hausprospekt fasste anschaulich die Ergebnisse dieser Entwicklung zusammen:

So bot die Einrichtung den Kindern und Jugendlichen durch das große Heimgelände, auf dem in vier Einzelhäusern fünf unterschiedliche Gruppen mit insgesamt 55 Plätzen bestanden, weiterhin „den notwendigen Frei- und Schonraum", aber durch seine Lage am Ortsrand von Münster-Handorf auch den Zugang zu allen Schulen, Ausbildungsstätten, Freizeiteinrichtungen und sonstigen Bereichen des öffentlichen Lebens. In einem weiteren Gebäude befanden sich Räumlichkeiten für Therapie, Freizeit, Verwaltung und Wirtschaft. Die beiden Außenwohngruppen in einem Doppelhaus in Telgte und einem Mehrfamilienhaus in Münster beherbergten jeweils sieben Kinder bzw. Jugendliche mit ihren Erziehenden. Weiter hieß es im Prospekt:

„Der Schwerpunkt der pädagogischen Arbeit im Heim liegt innerhalb der Gruppe. Sie ist für die Kinder und Jugendlichen ein Lebensraum, in dem sie zu einer individuellen und stabilen Persönlichkeit heranwachsen können. Auf der Grundlage des christlichen Auftrages stellt das Vinzenzwerk Handorf die Individualität eines jeden Kindes in den Vordergrund und bietet im sozialen Umfeld der Lebensgruppe neue Lernerfahrungen an. Ziel der pädagogischen Arbeit ist neben dem Abbau von Verhaltens- und Persönlichkeitsdefiziten die Förderung des Einzelnen und die Vorbereitung auf Reintegration in die Ursprungsfamilie, Vermittlung in Adoptions- bzw. Pflegefamilien oder Verselbständigung im Hinblick auf ein eigenständiges und eigenverantwortliches Leben. Durch das Zusammenleben in der Gruppe und die Unterstützung durch gezielte pädagogische und therapeutische Maßnahmen, werden diese Ziele mit den Kindern und Jugendlichen erreicht. Schwerpunkte dieser Arbeit sind die Förderung lebenspraktischer Fähigkeiten, Motivationshilfen zu Lern- und Leistungsbereitschaft, Hilfe zur Ich-Findung und Hinführung zur sozialen Reife u.v.a.m.“[10]

Nach den Umstrukturierungen übernahm Schwester Nikola für die nächsten rund 20 Jahre die Leitung der Landhaus-Gruppe, die abseits vom Hauptgebäude im Gelände lag und eine besondere Einbindung in die Natur besaß. Gemeinsam mit drei weiteren Erziehenden und einer Hauswirtschaftskraft betreute sie hier ältere Mädchen und Jungen – Ende 1988 waren es bei zehn Plätzen sechs Jungen im Alter von 13 bis 19 Jahren und sieben Mädchen im Alter von 14 bis 17 Jahren. Bis auf ein oder zwei Doppelzimmer gab es nur Einzelzimmer, wobei keine getrennten Trakte für Mädchen und Jungen vorgesehen waren. Allerdings besaß die Gruppe jeweils ein Badezimmer für die Mädchen und eines für die Jungen.[11]

Wenn eine Mitarbeiterin des Landesjugendamts nach ihrem Besuch des Vinzenzwerks Anfang 1986 vermerkte, dass die Erziehenden in den Gruppen um eine „warme gemütliche, z. T. private, individuelle Atmosphäre“, letztlich um eine „vertrauensvolle Atmosphäre“ bemüht waren, um für die Kinder „Geborgenheit“ spürbar werden zu lassen, traf dies in besonderem Maß auf

10 Prospekt „Kinderheim Vinzenzwerk Handorf e. V.“ o. D. [nach 1982], in: Archiv DiCV Münster, Ordner Vinzenzwerk Handorf – Schriftwechsel ab 1987.

11 Mitteilung Dagmar Meyers v. 11. Dez. 2014.

Schwester Nikola zu. Gleiches galt für den Eindruck, den Mädchen und Jungen „Bewegungsräume und ausreichende Möglichkeiten“ zu geben, „sich zurück[...]ziehen“ zu können, sowie „Freiräume“ zuzugestehen, „die für die Entwicklung ihrer Selbständigkeit erforderlich sind“.[12]

Dies setzte voraus, jedem der betreuten Jugendlichen eine positive Eigenschaft zuzuerkennen. In den Erinnerungen von Mädchen und Jungen des Hauses besaß Schwester Nikola gerade diese Grundhaltung, die sie auch dazu befähigte, ihnen einfühlsam und ehrlich Rat zu geben. Ihr Erziehungsstil war gewinnend und zugleich pragmatisch ausgerichtet. So galt sie durchaus auch als Respektsperson, die z. B. konsequent durchgreifen konnte, wenn sie „Sittenwache“ hielt. Letztlich stand Schwester Nikola in der Frage geschlechtsgemischter Gruppen auch bei älteren Jugendlichen für den Wandel in der pädagogischen Praxis, den die Erziehenden im Vinzenzwerk – Schwestern wie weltliche Kräfte – durchlaufen hatten. Die damit verbundenen „Gefahren“ verkannte sie allerdings nicht.[13]

Ein weiteres Merkmal des Erziehungsstils Schwester Nikolas war das Vertrauen, das sie jedem Jugendlichen entgegenbrachte. So erlaubte sie es etwa, dass diese auch abends des Öfteren „loszogen“. Neben den Freizeitmöglichkeiten in Handorf ging es am Wochenende auch schon mal nach Münster in eine Disco. Da die Jugendlichen keinen Gruppen-Schlüssel mit bekamen, bestand die Abmachung, sich per Klopfen am Fenster wieder zurückzumelden. Schwester Nikola stand dann auf und öffnete die Haustür.[14]

Auch im Vinzenzwerk Handorf führte das KJHG zu weiteren Differenzierungen auf dem Stammgelände und zu weiteren Außenwohngruppen. Zudem kamen das Betreute Wohnen auch für Mütter mit ihren Kindern, die Professionelle Familienerziehung oder das Angebot des Heilpädagogischen Reitens hinzu. Als Schwester Nikola 2005 aus dem Gruppendienst des Vinzenzwerks ausschied, hatte sich die Landhaus-Gruppe zu einer Wohnform entwickelt, die gezielt auf die Selbstständigkeit vorbereitete. Dabei wohnten die jungen Erwachsenen zum Teil auch in kleinen Appartements auf dem Gelände oder der näheren Umgebung. Das Landhaus, das Schwester Niko-

12 Bericht des Landesjugendamts v. 29. Jan. 1986 über den Besuch v. 23. Jan. 1986, in: Archiv DiCV Münster, Ordner Vinzenzwerk Handorf – Schriftwechsel ab 1987.

13 „Für Schwester Nikola, von uns ehemaligen Jugendlichen“, Abschiedsbrief zum Tode Schwester Nikolas v. Febr. 2011, in: Archiv Vinzenzwerk.

14 Mitteilung Dagmar Meyers v. 11. Dez. 2014.

Abb. 45: Seitenansicht des „Landhauses": Schwester Nikolas Zimmer unten auf der Ecke.

la durch ihre offene Art entscheidend prägte, blieb dabei der zentrale Ausgangs- wie auch später Treffpunkt.

Zwei Jahre zuvor sollte Schwester Nikola anlässlich ihres 40-jährigen Einsatzes im Vinzenzwerk das Bundesverdienstkreuz erhalten. Sie lehnte diese Ehrung jedoch mit der Begründung ab, nur „ihre Arbeit tun" und „dafür nicht im öffentlichen Rampenlicht stehen" zu wollen. Münsters Oberbürgermeister, Dr. Berthold Tillmann, dem die Ordensverleihung zugekommen wäre und der als ehemaliger Jugend- und Sozialdezernent der Stadt die vom Vinzenzwerk geleistete Arbeit kannte, würdigte das Wirken Schwester Nikolas in einem Brief mit folgenden Worten:

„Generationen von Kindern, die ein schweres Schicksal erleiden mussten oder schlicht und einfach schlechte Startvoraussetzungen für ihr Leben hatten, verdanken Ihnen, dass Sie einen guten Lebensweg nehmen konnten. Sie leisten damit eine schwierige und wichtige Arbeit, in der Sie sicherlich auch von Rückschlägen und Enttäuschungen nicht verschont geblieben sind. Sie haben sich nicht entmutigen lassen, sondern stattdessen immer wieder neue Ideen und Initiativen entwickelt und neues Engagement entfaltet."[15]

15 Dr. Berthold Tillmann an Schwester Nikola v. 8. Jan. 2003, in: Archiv Vinzenzwerk.

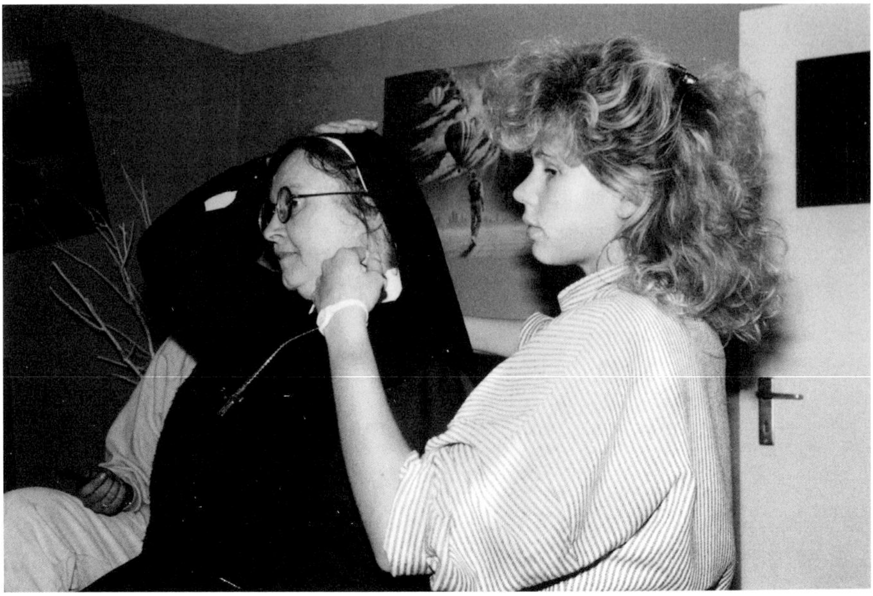

Abb. 46: Im Zimmer einer Jugendlichen: Schwester Nikola im Gespräch.

Man wird davon ausgehen können, dass manche Kinder und Jugendlichen, die in einer der Gruppen Schwester Nikolas gelebt haben, nicht so positiv empfinden. Denn die vielfältigen Ausprägungen prekärer familiärer Verhältnisse und der eigenen Persönlichkeit beeinflussten sowohl die Stellung im Gruppengefüge als auch die Beziehung zu den Erziehenden. Trotzdem ist es bezeichnend, dass Schwester Nikola während der Jahre ihres Ruhestands neben den Verpflichtungen im Schwestern-Konvent des Vinzenzwerks und diversen Aufgaben im Haus vor allem den Kontakt zu „Ehemaligen" pflegte. Am 9. Februar 2011, fast 50 Jahre nach ihrer Ankunft im Vinzenzwerk, starb Schwester Nikola in ihrer Wirkungsstätte.

Als aufmerksame Beobachterin ihres Tätigkeitsfeldes nahm auch Schwester Nikola wahr, in welch großem Maß sich die Jugendhilfe in den letzten Jahrzehnten verändert hatte, wie auch im 14. Kinder- und Jugendhilfebericht der Bunderegierung zum Ausdruck kam. So stellten die Autoren etwa fest, dass 2010 in Deutschland immerhin knapp eine Million junge Menschen Hilfen zur Erziehung erhielten, was 6 % aller unter 21-Jährigen entsprach. Dazu zählten nicht zuletzt auf Grund der „neuen Kultur des Hinsehens" vermehrt auch gefährdete Kinder, die die Jugendämter aus ihren Familien nahmen.

Gleichzeitig gewannen die „Frühen Hilfen“, die werdende und junge Eltern beraten und unterstützen sollen, an Bedeutung. Schließlich vergrößerten Ganztagsangebote an Schulen und der Ausbau der Tagesbetreuung – seit August 2013 besteht der Rechtsanspruch auf einen Betreuungsplatz für jedes Kind ab dem vollendeten ersten Lebensjahr – die Strukturen der Hilfen zur Erziehung. Die Herausforderungen, die sich im Zuge dieser Entwicklungen auch für die caritative Jugendhilfe ergeben, dürften auch Schwester Nikola vor Augen gestanden haben.

> „Der BVkE [Bundesverband katholischer Einrichtungen und Dienste der Erziehungshilfe] unterstützt eine fachliche Weiterentwicklung der Kinder- und Jugendhilfe, die darauf abzielt:
> Familien präventiv in ihrer Erziehungsverantwortung zu stärken und zu unterstützen [...]
> Das Zusammenwirken von Leistungen nach dem SGB VIII mit Leistungen nach anderen Sozialgesetzbüchern sowie von Angeboten der Schule zu verbessern [...]
>
> - Die Entwicklung von Konzepten für multiprofessionelle, inklusive Ganztagsschulen und deren Umsetzung bieten eine Gestaltungsaufgabe, in die die freien Träger der Erziehungshilfen sich mit ihren Kompetenzen und Möglichkeiten einbringen können. Dies kann in einem kooperativen Prozess erfolgen, der die Belange und Verantwortlichkeiten der jeweiligen Akteure berücksichtigt. [...]
> - Die Ausgestaltung von präventiven und inklusiven Angeboten im Sozialraum als gemeinsame Gestaltungsaufgabe von Kommunen und freien Trägern mit dem Ziel, Notlagen früh zu erkennen und rechtzeitige passgenaue und wirksame Hilfen anzubieten, wird vom BVkE unterstützt.“
>
> (Positionspapier „Zur Weiterentwicklung der Hilfen zur Erziehung“ des BVkE v. 12. Sept. 2013)

Literatur-Tipps

Friedrich Trost, Handbuch der Heimerziehung, Frankfurt a. M. 1952–1966.
Maria Raphaelita Böckmann/Maria Birgitta Morthorst (Bearb.), Geschichte der Kongregation der Schwestern Unserer Lieben Frau von Coesfeld, Deutschland, 7 Bde., Geldern 1993–2004.
Bernhard Frings, Tanz auf dem Seil. Don Bosco Kath. Jugendhilfe in Osnabrück 1917–2013, Osnabrück 2014.

Leitungsverantwortliche des Diözesancaritasverbands für die Diözese Münster

Vorsitzende

1916–1921	Weihbischof Theodor Kappenberg (1848–1920)
1921–1923	Prälat Albert Schütte (1860–1948)
1923–1936	Professor Heinrich Weber (1888–1946)
1936–1961	Weihbischof Heinrich Roleff (1878–1966)
1961–1972	Prälat Heinrich Tellen (1914–1972)
1973–1974	Domkapitular Heinrich Kreyenberg (1911–1974)
1974–1988	Domvikar Dr. Josef Voß (1937–2009)
1988–2010	Domkapitular Dieter Geerlings
2011–2015	Domkapitular Dr. Klaus Winterkamp
2016–	Domkapitular Josef Leenders

Caritassekretäre

1916–1920	Kaplan Heinrich Weber (1888–1946)
1920–1924	Domvikar Heinrich Holling (1888–1964)
1922–1924	Pfarrer Dr. Joseph Tenspolde (1886–1959)

Caritasdirektoren

1924–1961	Domkapitular Heinrich Holling (1888–1964)
1924–1959	Prälat Dr. Joseph Tenspolde (1886–1959)
1959–1972	Prälat Heinrich Tellen (1914–1972)
1971–1998	Ludger Müer
1998-	Heinz-Josef Kessmann

Abkürzungen

Abt.	Abteilung
AEG	Allgemeine Elektrizitäts-Gesellschaft
all.	allgemein
a. M.	am Main
Aufl.	Auflage
Aug.	August
AWO	Arbeiterwohlfahrt
BAM	Bistumsarchiv Münster
Bd.	Band
Bearb.	Bearbeiter
bes.	besonders
b(e)zw.	beziehungsweise
BGV	Bischöfliches Generalvikariat
BRD	Bundesrepublik Deutschland
BSHG	Bundessozialhilfegesetz
BVkE	Bundesverband katholischer Einrichtungen und Dienste der Erziehungshilfen e. V.
ca.	cirka (ungefähr)
CAJ	Christliche Arbeiterjugend
CARE	Cooperative for Assistance and Relief Everywhere
CKD	Caritas-Konferenzen Deutschlands
CV	Caritasverband
CWWN	Caritas Wohn- und Werkstätten Niederrhein
DCV	Deutscher Caritasverband
DDR	Deutsche Demokratische Republik
Ders.	Derselbe
Dez.	Dezember
d. h.	das heißt
DiCV	Diözsancaritasverband
Div.	Diverses
DKM	Darlehnskasse der Kirchengemeinden und kirchlichen Einrichtungen im Bistum Münster
DM	Deutsche Mark
Dr.	Doktor
DRK	Deutsches Rotes Kreuz

Ebd.	Ebenda
eGmbH	eingetragene Genossenschaft mit beschränkter Haftung
EKD	Evangelische Kirche Deutschlands
erw.	erweitert
e. V.	eingetragener Verein
f.	folgende
Febr.	Februar
gGmbH	gemeinnützige Gesellschaft mit beschränkter Haftung
GV	Generalvikariat
Hg.	Herausgeber
HIV	Humanes Immundefizienz-Virus
hl.	heilig
i. Br.	im Breisgau
Jan.	Januar
JWG	Jugendwohlfahrtsgesetz
KAB	Katholische Arbeitnehmerbewegung
kath.	katholisch
KFV	Katholischer Fürsorgeverein für Mädchen, Frauen und Kinder
KJHG	Kinder- und Jugendhilfegesetz
M.	Maria (in Ordensnamen)
MHA	Mutterhausarchiv
Mio.	Million
Msgr.	Monsignore
Nov.	November
Nr.	Nummer
NRW	Nordrhein-Westfalen
NS	Nationalsozialismus
NSV	Nationalsozialistische Volkswohlfahrt
o. J.	ohne Jahr
Okt.	Oktober
o. O.	ohne Ort
o. Verf.	ohne Verfasser
Red.	Redaktion
RFV	Reichsverordnung über die Fürsorgepflicht
RJWG	Reichsjugendwohlfahrtsgesetz
RM	Rentenmark/Reichsmark
S.	Seite

Sept.	September
SGB	Sozialgesetzbuch
SkF	Sozialdienst katholischer Frauen
SKM	Sozialdienst katholischer Männer
St.	Sankt
u.	und
u.a.	und andere/unter anderen
USA	Vereinigte Staaten von Amerika
u. U.	unter Umständen
u. v. a. m.	und vieles andere mehr
v.	vom/von
verb.	verbessert
Vgl.	Vergleiche
WfB	Werkstatt für behinderte Menschen (ab 2001 WfbM gebräuchlich)
z. B.	zum Beispiel
ZdK	Zentralkomitee der Katholiken Deutschlands
ZGASt	Zentrale Gehaltsstelle
zit. n.	zitiert nach

Bildnachweis

Archiv des Deutschen Caritasverbands: Abb. 6, 7.

Bistumsarchiv Münster: Abb. 8, 10, 12, 13.

Barbara Pauls: Abb. 29.

Caritasblätter für das Bistum Münster 8 (1933): Abb. 9.

Caritas Rheine in der Tradition des Helfens (1998): Abb. 40, 41 u. 42.

Caritasverband für die Diözese Münster: Abb. 1, 30 (Foto: Rudolf Dimmerling, Münster), 31, 32, 33 (Foto Storch, Lünen), 39.

Caritas Wohn- und Werkstätten Niederrhein: Abb. 34, 35, 36, 37.

Dagmar Meyer: Abb. 46.

Deutscher Caritasverband: Abb. 2, 3.

Die caritativen Anstalten im Bistum Münster, hg. v. DiCV Münster, Bd. 1, Münster 1955: Abb. 43 (Foto Heller, Telgte).

Elisabeth-Krankenhaus Recklinghausen: Abb. 22, 23.

Korrespondenzblatt der Zentrale des Katholischen Fürsorgevereins für Mädchen, Frauen und Kinder 20 (1950): Abb. 5.

Kreuzbund (Bundesgeschäftsstelle, Hamm): Abb. 38.

Lena Dirksmeier: Abb. 27, 28.

Mutterhausarchiv der Mauritzer Franziskanerinnen: Abb. 21.

Prosper-Hospital Recklinghausen: Abb. 14, 15, 16.

Schwester Theresia Hesse: Abb. 44, 45.

Stift Tilbeck: Abb. 17, 18, 19, 20.

Weber, Heinrich, Die katholische Anstaltsfürsorge im Bistum Münster, Düsseldorf o. J. [1928]: Abb. 4, 11.